浙江省高职院校“十四五”重点立项建设教材

1+X跨境电商海外营销职业技能等级考试推荐教材

新编21世纪高等职业教育精品教材 · 经济贸易类

国际市场推广

主　编　**张建辉**

副主编　**陈园园**

中国人民大学出版社

· 北京 ·

图书在版编目（CIP）数据

国际市场推广 / 张建辉主编 . -- 北京：中国人民大学出版社，2024.1

新编 21 世纪高等职业教育精品教材. 经济贸易类

ISBN 978-7-300-32330-5

Ⅰ. ①国… Ⅱ. ①张… Ⅲ. ①企业管理－市场营销学－高等职业教育－教材 Ⅳ. ① F274

中国国家版本馆 CIP 数据核字（2023）第 217090 号

浙江省高职院校“十四五”重点立项建设教材

1+X 跨境电商海外营销职业技能等级考试推荐教材

新编 21 世纪高等职业教育精品教材 · 经济贸易类

国际市场推广

主　编　张建辉

副主编　陈园园

Guoji Shichang Tuiguang

出版发行	中国人民大学出版社		
社　址	北京中关村大街 31 号	邮政编码	100080
电　话	010-62511242（总编室）		010-62511770（质管部）
	010-82501766（邮购部）		010-62514148（门市部）
	010-62515195（发行公司）		010-62515275（盗版举报）
网　址	http:// www. crup. com. cn		
经　销	新华书店		
印　刷	天津鑫丰华印务有限公司		
开　本	787 mm × 1092 mm　1/16	版　次	2024 年 1 月第 1 版
印　张	16	印　次	2025 年 7 月第 3 次印刷
字　数	356 000	定　价	49.00 元

前言 Preface

党的二十大报告指出："推进高水平对外开放。"全球产业链、供应链延伸范围将不断扩大，进一步促进以跨境电商为代表的新业态、新模式的发展。越来越多的生产商、供应商从供应链后端来到前端，利用跨境电商进行品牌全球推广。站在国际战略需求的高度，进一步巩固中国对外贸易大国地位、推动中国品牌出海，跨境电商无疑都面临着重大的发展机遇，肩负着重要的历史责任。

中国在跨境电商市场规模、创新活跃度、数字化应用等方面均居全球首位，具有很强的国际竞争力。然而跨境电商人才缺乏，特别是能胜任国际市场推广操作的跨境电商人才市场缺口大，成为制约跨境电商及相关产业发展的瓶颈。目前，市场上有关国际市场推广的教材，滞后于跨境电商快速发展带来的国际市场推广的理念与技术的变化。鉴于此，编者联合跨境电商海外营销职业技能等级证书标准制定人员、Shopify 官方合作讲师以及具有多年国际市场推广经验的业务专家，共同编写了这本教材。本书是浙江省高职院校"十四五"重点立项建设教材、1+X 跨境电商海外营销职业技能等级考试推荐教材。

本书具有以下四个主要特点：

1."岗课赛证"融通，科学构建知识技能体系

本书内容遵照国家高等职业教育跨境电子商务专业教学标准，对接国际市场推广专员岗位标准、跨境电商海外营销职业技能标准和跨境电商创新创业能力大赛标准，由院校与企业共同组成的团队经过多次研讨、论证确定十大项目内容，覆盖了国际目标市场确定、企业独立站搭建与优化、搜索引擎营销、海外社交媒体营销和国际市场推广管理等国际市场推广专员岗位所要具备的核心知识和技能。

2. 线上线下融合，配套知识图谱 AI 课程

编写团队在智慧树学习平台创建"国际市场推广"智慧共享课程，开发了 380 多个教学资源，覆盖 5 大模块、348 个知识节点和 78 个知识点，配套超过 600 道的知识题库。扫描教材中的二维码，可获取重要知识点、技能点对应的优质教学资源，实现了线上线下资源融合。引入 AI，根据应用场景的不同，择优选取不同的大语言模型作为底层的技术支持，比如在 AI 智能问答方面引入 DeepSeek，结合课程知识库，生成课程 AI Agent，使得人工智能回答更精准，辅助教学效果更佳。

3. 职业活动导向，实现教学做一体化目标

本书引入数字营销的新技术、新知识、新模式、新方法，依据课程标准和跨境电商海外营销新职业技能标准，细化跨境电商营销专员技术能力要求，序化教材技能体系，形成“目标市场确定——企业独立站建设与优化——搜索引擎营销——海外社交媒体营销——国际市场推广管理”的技能体系架构，设置“学中做”栏目，理实一体，实现教学做一体化。

本书由温州科技职业学院张建辉教授担任主编并进行统稿，编写项目一、项目三、项目四、项目六、项目七、项目十，温州科技职业学院陈园园编写项目八、项目九，温州科技职业学院李海琼编写项目二、项目五。

本书在编写过程中，得到了温州国际贸易集团有限公司董伯俞等企业专家的大力支持，北京中清研信息技术研究院有限公司、成都易行无忧科技有限公司、浙江橙树网络技术有限公司等部分企业专家参与教材编写内容的讨论，并提供了诸多优化建议。此外，编者借鉴了诸多教科研成果和国内外先进的国际市场推广实践经验与做法，得到了中国人民大学出版社有关编辑的支持，在此一并表示衷心的感谢。

由于编者水平有限，书中难免有疏漏之处，恳请广大读者指教匡正。

编者

目录

Contents

模块一　国际市场推广概述

模块二　国际市场推广准备

模块三　企业独立站建设与推广

模块四　搜索引擎营销推广

模块五 海外社交媒体营销推广

模块六 国际市场推广管理

模块一

国际市场推广概述

项目一　国际市场推广认知

项目描述

企业要想成功地开展国际市场推广，必须首先树立正确的国际市场推广理念，全面、深刻地认知国际市场推广的运行模式。学生要想未来从事国际市场推广岗位的工作，必须了解该岗位内容及能力要求。

学习目标

知识目标

1. 掌握国际市场推广的概念；
2. 掌握国际市场推广的方式；
3. 了解国际市场推广的发展阶段；
4. 了解国际市场推广的相关理论；
5. 掌握国际市场推广的岗位能力要求及岗位职责。

能力目标

1. 能够结合实际，运用国际市场推广概念及方式；
2. 能够分析企业使用国际市场推广的具体方式，指导企业选择正确的国际市场推广方式。

素养目标

1. 培养在以国内大循环为主体、国内国际双循环相互促进的新发展格局背景下的全球营销意识；
2. 了解国际市场观念变革发展，培养国际市场推广能力；
3. 通过实训项目的团队合作，培养团队协作、统筹规划的能力。

知识导图

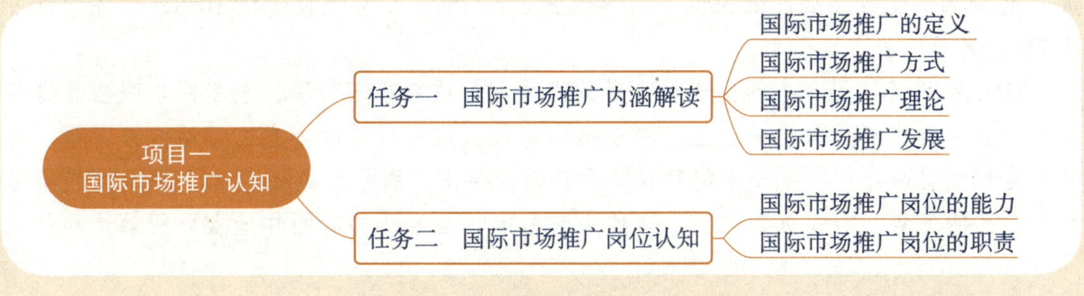

案例导入

SHEIN 的海外增长之路

南京领添信息技术有限公司创办于2008年，后于2020年改为南京希音电子商务公司，公司总部位于南京。SHEIN（中文名：希音）的前身是“Sheinside”，成立之初就建立了独立运营站点。2011—2012年上线初期，Sheinside的品类线比较简单，以女装为主；2015年，Sheinside改名为SHEIN。SHEIN是一家全球领先的时尚和生活方式在线零售商，致力于“人人尽享时尚之美”。SHEIN通过按需生产的模式赋能供应商共同打造敏捷柔性供应链，从而减少浪费，并向全球消费者提供丰富且具有性价比的产品。目前SHEIN直接服务全球超过150个国家和地区的消费者。

SHEIN的成功很大程度上源自海外KOL较低的营销成本，抓住了社交媒体兴起的红利。Facebook、Instagram、Pinterest等社交媒体在2016年开始进入爆发期，以KOL为主的社交模式逐渐稳定。“社交化推广”成为广告行业的新宠儿。SHEIN先后入驻TikTok、Pinterest、Instagram、Facebook等平台，并进行广告投放。SHEIN 30%的流量来自Rstyle、Lookbook等时尚博主聚集的平台。根据数字营销平台OneSight的统计，2019年SHEIN在Facebook的日均发帖量高达6.7篇，帖文平均互动量超过7 000，转评量长期过百。2020年，SHEIN在Facebook的粉丝数超过3 000万，在Instagram的粉丝数超1 800万。

2020年，由于疫情的原因，很多线下活动被取消，SHEIN在线上举办了多场直播活动，直播平台包括SHEIN App和社交媒体账号（Facebook、Instagram、YouTube），每场观看人数达百万。

除了海外网红和直播推广之外，SHEIN的推广方式还有如下两种：（1）联盟营销推广，鼓励用户或者联盟客推广产品，获得销售额后根据销售额的比例给联盟客返佣，从而获得大量的引荐流量；（2）广告投放，SHEIN在搜索引擎上做了大量付费搜索和展示广告，在图片广告投放上预算量比较大，通过大量广告A/B测试图片的点击率来优化广告，大量的精美图片是其广告投放的法宝。

SimilarWeb数据显示，SHEIN网站月均流量在6 000万左右，其中UV有4 000万以上。流量来源TOP 5国家里，其中有47%来自美国。另外，在这些流量中，直接流量占比31%、搜索流量占比39%、引荐流量占比7%、社交流量占比10%、邮件营销占比2%、展示广告占比11%。

SHEIN的营销渠道布局：通过大量的海外网红进行口碑带货，利用网站联盟营销等成熟的分佣合作来获取长尾流量，利用站内邮件、短信推送等方式进行站内再营销，与站外再营销渠道合作以提升复购率和减少弃购，将用户引导至App复购。每个营销渠道都有自己的优势，有些负责拉新，有些负责引流，在合适的时间和地点分别触达和转化用户，实现流量价值的最大化。

（资料来源：佚名．增长案例 | 中国最神秘百亿公司 SHEIN 的海外增长之路．知乎．（2021-03-29）[2022-01-18].）

问题思考

1. 分析 SHEIN 国际市场快速增长的原因。
2. 国际市场推广方式有哪些？SHEIN 采用了哪些国际市场推广方式？

任务一　国际市场推广内涵解读

一、国际市场推广的定义

关于国际市场营销，著名营销学家菲利普·科特勒认为：国际市场营销（International Marketing）是指企业跨越国界的营销活动。具体来说，就是引导企业的商品和劳务提供给一个以上国家消费者或用户以满足其需求，实现企业盈利目标的整体营销活动行为。

国际市场营销的内涵强调了以下五个方面：

（1）确定全球顾客的需求；
（2）满足全球顾客的需求；
（3）超越竞争对手；
（4）协调营销活动；
（5）确认全球环境限制因素。

国际市场推广与国际市场营销是两个不同的概念。国际市场推广包含于国际市场营销，是国际市场营销策划和实施中的一部分。国际市场推广的目的是利用各种推广方法（主要是网络推广方法），让更多的潜在客户了解、购买企业的产品或服务。而国际市场营销则涵盖更多的工作内容，包括国际市场营销调研、国际市场营销战略规划、国际市场营销策略制定及国际市场营销管理。因此，国际市场推广投入相对于国际市场营销而言较少，只需要国际市场推广人员完成国际市场推广任务。

国际市场推广是保证国际市场营销成功的关键，是国际市场营销的重要组成部分。当国际市场营销落实到执行层面时，需要国际市场推广专员为之服务。

企业连线 1-1

沃尔沃汽车的体验式营销

对于手机、IT、汽车这类产品，消费者的潜在需求已经存在，铺天盖地的硬性广告并不会带来消费需求大幅提升，这就对企业的营销思路如何创新提出挑战。如果企业在消费者收集信息的渠道进行互动推广，如将企业产品或活动内容投放在搜索引擎或在网站的相关频道中，消费者若有兴趣，就会主动做出回应。

沃尔沃通过通联传媒为旗下 S40、S80、C70 三款车型定制了多种内容的互动数字视频杂志。用户可以动态地了解沃尔沃汽车各个组件的构造和特性，自由搭配喜欢的车身颜色。潜在用户在获取信息的过程中，通过新媒体的视频、动作及声音效果的体验，对沃尔沃独特的“安全”“新时尚”的理念会有更深刻的感受，在一对一的沟通中达到了很好的效果。沃尔沃通过与消费者的互动强化了品牌理念，同时也获得了用户关注点的宝贵数据。对于一些成熟的品牌来说，在互联网中利用新媒体数字化、虚拟化的技术与消费者进行沟通，不失为一种有效促进营销的手段。

（资料来源：佚名 . 2020 国外营销案例 . 百度文库 .（2020-9-25）[2022-1-19].）

二、国际市场推广方式

互联网的快速发展对国际市场推广的方式产生了非常大的影响。国际市场推广的方式较多，在众多的推广方式中，企业网站是核心。企业网站是企业品牌象征及整合营销的重要基础。企业整合搜索引擎营销、社群营销等国际市场推广方式，实施 1（企业网站）+ N（多种国际市场推广方式）运营模式，营销效果会更好。

（一）企业网站

1+N 模式中的 1 是指企业需要拥有一个独立的企业网站。企业网站的目的并非只是展示产品和企业这么简单，它承载着一个流量池的作用，后续的推广工作都会将客户引流到此，进而实现转化。因此，只是做一个展示网站并不能满足国际营销的需求，企业需要建立更具营销性且符合优化标准的高转化的企业网站。

（二）国际营销推广方式

1. 搜索引擎优化

站外引流方式

搜索引擎优化（Search Engine Optimization）是指通过分析搜索引擎的排名规律，了解各种搜索引擎如何抓取网站内容、如何进行搜索展示、如何确定特定关键词的搜索结果排名的技术。搜索引擎优化有助于吸引更多的用户访问网站，增加网站的访问量，提高网站的销售能力和宣传能力，从而提升网站的品牌效应。在搜索引擎优化的过程中，企业应该充分考虑用户的使用体验，同时做好网站原创价值内容和网站外部链接的工作，从而使网站整体的PR值（Page Rank，网页排名，又称网页级别）充分提升，最终增进整个企业的搜索引擎优化效果，不断提升网站的自然搜索流量。

2. 搜索引擎广告

搜索引擎广告（Search Engine Advertisement）是指广告主根据产品或服务的内容、特点等确定相关的关键词，撰写广告内容并自主定价投放的广告，属于付费搜索广告。当用户搜索到广告主投放的关键词时，相应的广告就会展示，并在用户点击后按照广告主对该关键词的出价收费，无点击不收费。企业在广告设计的过程中，要筛选正确的关键词，并将之呈现在广告的标题和内容中，尽可能地利用广告语将产品、服务和其他方面的优势清晰地呈现出来，展现出企业产品或服务的独特优势。企业可以选择两个以上的广告来进行测试，然后选择点击率相对较高的广告，并根据广告数据进一步优化着陆页，为潜在客户提供更多的有效信息。尽管搜索引擎广告的效果相对较好，但是企业往往需要支付一定的广告费用，所以如果目标群体的转化率达不到相应的标准，就会浪费大量的资源。

3. 许可邮件营销

许可邮件广告（Opt-in Email Marketing）或称许可营销（Permission Marketing），是指电子邮件的收信人事前同意收到销售邮件的广告营销形式，也是消除电子邮件营销的缺点的方式之一。比起漫无目标的广告，许可邮件营销更容易引起用户的共鸣。对于许可邮件来说，用户可以从周期性的邮件中获得需要的、有价值的信息和资源；如果邮件内容没有什么帮助，用户可以随时拒绝来自发送方的邮件。

知识拓展 1-1

许可邮件营销的必要条件和注意事项

许可邮件营销是指邮箱的用户许可并主动要求发件人发送邮件及相关信息给他的一种邮件营销方式。凡是未经用户许可的邮件营销都不属于许可邮件营销。

一、许可邮件营销的必要条件

（1）邮件发送方在将邮件群发给接收方之前，必须经过接收方的同意，即需要接收方在主观上愿意接受或主动要求接收。

（2）邮件联系人即接收方可以随时自由加入或退出邮件列表。

（3）邮件发送方应保障邮件联系人信息的安全，不把联系人的信息以任何方式共享或出售给第三方。

（4）邮件发送方应该尊重接收方的意愿，周期性地发送切合主题的、有价值的信息和资源，不发送任何与主题无关的信息、广告和内容等。

二、许可邮件营销的注意事项

（1）针对不同群体的属性和爱好发送不同的内容。

（2）紧扣邮件内容来撰写邮件标题，不用虚假夸张的标题诱惑用户。

（3）不要频繁地向用户发送邮件，这样会让用户感到厌烦，甚至使用户流失。

（4）个性化设置邮件，让用户感到被关注并拥有优越感。

（5）利用各种方式来吸引用户，如用户注册即可获得优惠券等，以更好地推广品牌，让用户能心甘情愿地接受产品。

（资料来源：窦红日．什么是许可式邮件营销？知乎．（2017-08-12）[2022-01-18].）

4. 社交媒体营销

随着现在海外社交媒体的发展，社交媒体营销（Social Media Marketing）在国际市场营销中的作用越来越明显，企业开始重视海外社交媒体的运营推广。从外贸企业的询盘来源方面分析，外贸企业从海外社交媒体上获取的询盘比重在增加。

企业在国际市场营销过程中应该充分利用社交媒体。例如，利用专栏展示和宣传企业文化和相关产品的内容，可以利用社交媒体与潜在客户进行良好的互动沟通，选择视频网站向目标客户展示企业的形象短片。通过海外社交媒体的充分使用，企业能够更好地开展国际市场推广活动。

知识拓展 1-2

海外社交媒体介绍

如今，社交媒体成为一个重要的流量来源。海外社交媒体的种类繁多，下面在每个种类下列举几个主流的社交媒体。

社交类：Facebook、Twitter（现为“X”）、LinkedIn、Google+、VK 等；

图片分享类：Instagram、Pinterest、Flickr 等；

问答类：Quora、Reddit、Ask.fm 等；

即时聊天类：Snapchat、Messenger、WhatsApp、Line 等；

视频类：YouTube、Vimeo、TikTok 等；

博客类：Medium、Wordpress、Blogger 等。

学中做 1-1

国际市场推广方式分析

企业在进行国际市场推广时，分析同行优秀网站的推广方式很有借鉴意义。成功的企业网站所选取的国际市场推广方式是非常有效的。企业可以借助工具分析国际市场推广方式，比较常用的工具是SimilarWeb。

例如，使用SimilarWeb分析shein.com的流量渠道（见图1-1）。

独立站流量来源分析

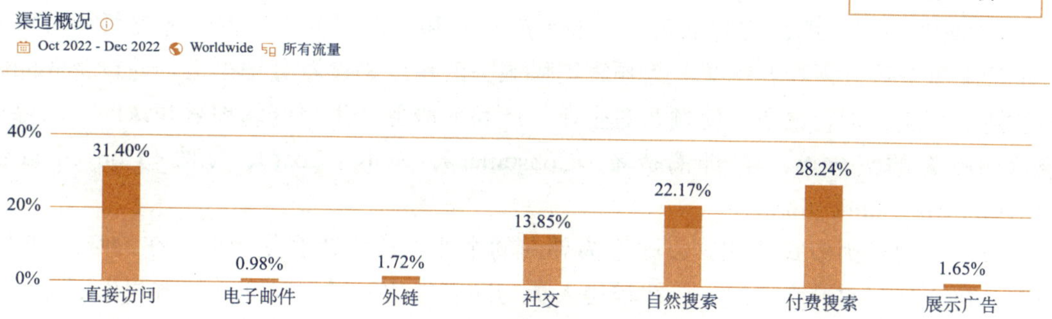

图 1-1 shein.com 流量渠道分析

通过分析得到，shein.com的主要流量来源是直接访问，其次是付费搜索、自然搜索、社交、外链、展示广告和电子邮件（见表1-1）。通过分析得到网站的流量来源，企业还要进一步确定相应流量来源的推广方式。

表 1-1 shein.com 的流量来源和推广方式

流量来源	推广方式
直接访问	取决于品牌影响力
付费搜索	谷歌搜索引擎广告
自然搜索	搜索引擎优化
社交	社交媒体营销，主要有Facebook、YouTube、Pinterest等
外链	社交媒体营销，各类博客、新闻、Wiki等网站
展示广告	联盟营销
电子邮件	许可邮件营销

通过分析，确定shein.com主要的国际市场推广方式，包括谷歌搜索引擎广告、搜索引擎优化、社交媒体营销、联盟营销、许可邮件营销。

三、国际市场推广理论

（一）以满足市场需求为目标的4P理论

4P理论是指市场营销人员综合运用并优化组合多种可控因素，以实现其营销目标的活动的总称。这些可控因素归结为以下四种：产品（Product）、价格（Price）、渠道（Place）和促销（Promotion）。企业的营销活动就是以适当的产品、适当的价格、适当的渠道和适当的促销手段，将适当的产品和服务投放到特定市场的行为，这就是4P理论。

（二）以追求顾客满意为目标的4C理论

4C理论是根据顾客的需求和欲望来生产产品和提供服务，根据顾客支付能力来进行定价决策，从方便顾客购买及为顾客提供服务的角度来设置分销渠道，通过企业同顾客的情感交流、思想融通，使顾客对企业、产品或服务产生更好的理解和认同，以寻求企业同顾客的契合点，4C即消费者（Consumer）、成本（Cost）、方便（Convenience）和沟通（Communication）。

与传统的营销模式相比，以顾客为导向的企业，认为顾客是企业存在的唯一理由，顾客是企业利润的最终来源，一线销售人员与顾客发生互动，在互动的瞬间决定了企业的命运。企业管理者在该理论指导下，主要做好两方面工作：一是为一线销售人员提供活动支持；二是保持和顾客不断接触，及时响应顾客需求。

（三）以建立顾客忠诚为目标的4R理论

4R理论的内涵为市场反应（Reaction）、顾客关联（Relation）、关系营销（Relationship）和利益回报（Retribution）。它指出了企业的营销活动的目标应该是建立并维护长期顾客关系，而这种关系建立在顾客忠诚的基础之上。忠诚的顾客不仅重复购买产品或服务，降低了对价格的敏感性，而且能够为企业带来良好的口碑。4R理论强调了四个满意，即顾客满意、社会满意、员工满意、企业满意，体现了较强的社会营销观念。

（四）新经济时代的4V营销组合理论

4V营销组合理论的内涵为差异化（Variation）、功能化（Versatility）、附加价值（Value）和共鸣（Vibration）。首先，4V营销组合理论强调企业实施差异化营销，一方面使自己与竞争对手区别开来，树立独特形象；另一方面使消费者相互区别，满足消费者个性化的需求。其次，4V营销组合理论要求产品或服务有更大的柔性，能够针对消费者的具体需求进行组合。最后，4V营销组合理论更加重视产品或服务中的无形要素，通过品牌、文化等满足消费者的情感需求。

（五）元宇宙营销的4A营销理论

在未来，虚拟世界的创意产业规模将远大于物理世界。在虚拟世界中，创意人员能够制造比物理世界更丰富多样的东西。4A营销理论的内涵为数字替身（Avatar）、增强赋能（Augmentation）、全时互动（Always-on）和共创共生（Alliance）。4A营销理论勾勒出元宇宙新的营销策略，将促进去中心化营销（Decentralized Marketing）方式的产生和发展，并推动企业探索从现实到虚拟的去中心化转型。

企业连线 1–2

Nike 的元宇宙乐园

元宇宙既为消费者提供了前所未有的沉浸式数字体验，也为品牌带来了新的人、货、场三要素。面向数字替身的营销为品牌提供了直接与消费者沟通的机会，NFT（非同质化代币）为品牌提供了“虚拟商品”这个新的产品形式和商业模式，同时品牌元宇宙社区可以让品牌实现与用户的持续性实时互动，并在实时互动中与之建立新的品牌关系。

面临营销生态和消费者行为的改变，品牌应该始终保持尝试和学习模式，以强大的求知欲探索营销思想和营销方法的迭代。

Nike 是积极探索元宇宙营销的品牌之一，不仅大力投入对虚拟产品的研发，还在元宇宙平台上建立了品牌虚拟专区。Nike 对元宇宙的积极探索是公司数字化转型的重要战略组成部分。元宇宙为Nike提供了一个链接玩家、运动员和艺术家的平台，并把体育、创意、游戏和文化四个要素完美地结合在一起。

（资料来源：栗建．元宇宙营销认知、方法与实践 [M]. 北京：机械工业出版社，2022.）

四、国际市场推广发展

国际市场推广经历了 1.0、2.0 和 3.0 三个阶段。

（一）国际市场推广 1.0 阶段

在国际市场推广 1.0 阶段，展会仍然是企业国际市场推广的主要渠道。企业采用网上信息展示、线下交易的信息服务模式，主要的国际市场推广工具为线上展示平台和线下展会，为企业信息以及产品提供线上线下展示平台。当时线上平台的主要代表是 1971 年成立的环球资源网、1999 年成立的阿里巴巴国际站。这些国际市场推广平台后期逐渐衍生出竞价推广、咨询服务等，为供应商提供一条龙的信息流增值服务。

（二）国际市场推广 2.0 阶段

在国际市场推广 2.0 阶段，跨境 B2B 服务平台推广成为国际市场拓展主渠道。跨境 B2B 服务平台开始摆脱纯信息黄页的展示行为，整合资源与服务，将线下交易、支付、物流等流程线上化，逐步转变为在线交易平台。该模式为许多中国企业做出了不小贡献。随着平台内同类型产品的会员越来越多，同质化的竞争越来越严重，商家反映收到的询盘多、回复少，再加上价格战，商家难以在同行中处于有利的位置。部分买家将这一模式当作了解报价和拿样品的渠道。该阶段，较多企业除了通过跨境 B2B 服务平台推广业务外，开始使用搜索引擎、博客、微博、论坛、社群等渠道进行国际市场推广。但总的来说，2.0 时代下的各种国际市场推广方式处于孤军奋战状态，没有整合形成整体网络营销效应。

（三）国际市场推广 3.0 阶段

随着网络时代发生的巨大变革，如何利用互联网精准营销以赢得买家的重视和信任是企业要研究的重要课题。过去，企业对电子商务的理解紧紧停留在通过互联网获取买家询盘信息。而现在，互联网信息量爆炸、网络透明化，通过互联网获取买家信息已经轻而易举。实际上，现在企业不缺客户资源，企业困惑的是难以成交。关键问题在于：这些买家是否属于企业的目标客户，目标客户是否真正重视或信任你的企业。

国际市场推广 3.0 时代是精准营销，也称为个性化营销。基于大数据技术，企业精准定位目标市场，通过多种渠道、多种展示方式，多次创造买家与企业接触的机会，让买家对企业有充分的了解和认知，促使买家发出意向性较高的询盘。

学思之窗

中国连续 6 年稳居世界货物贸易第一大国地位

据海关统计，2022 年我国货物贸易进出口总值 42.07 万亿元人民币，首次突破 40 万亿元人民币关口，比 2021 年增长 7.7%，连续 6 年稳居世界货物贸易第一大国地位。

从品类看，机电产品、劳动密集型产品依然是主力军。其中，劳动密集型产品出口同比增长 8.9%，机电产品进出口同比增长 2.5%。此外，绿色低碳产品成为出口新动能，太阳能电池、锂电池和汽车的全年出口分别同比增长 67.8%、86.7% 和 82.2%，增速亮眼。

一个亮点是，民营企业作为外贸第一大主体的地位继续巩固，外贸“稳定器”作用持续发挥。2022 年，我国有进出口实绩的外贸企业 59.8 万家，同比增加 5.6%。其中，民营企业进出口规模所占比重达到 50.9%，年度占比首次超过一半，提升 2.3 个百分点，对我国外贸增长贡献率达到 80.8%。

与此同时，2022 年我国对 RCEP 其他 14 个成员国进出口增长 7.5%，占我国外贸进出口总值的 30.8%。其中对印度尼西亚、新加坡、缅甸、柬埔寨、老挝进出口增速均超过 20%。

不仅如此，我国对“一带一路”沿线国家出口增长 20%，拉动整体出口增长 6.1 个百分点，对非洲、拉丁美洲出口分别增长 14.8%、14.1%。

尽管未来仍有诸多不确定因素，一个加快构建新发展格局的中国将在不断创新和扩大开放中，继续成为全球贸易的“稳定器”和世界经济增长的“强引擎”。

（资料来源：2022 年外贸成绩单出炉：规模首破 40 万亿元，连续 6 年保持世界第一货物贸易国地位．华夏时报．（2023-01-14）[2023-07-23].）

任务二 国际市场推广岗位认知

一、国际市场推广岗位的能力

国际市场推广岗位主要是面向跨境电商企业、外向型生产企业和外贸公司等企业，从事跨境营销市场分析、跨境独立站营销推广方案制定与分析、海外搜索引擎优化、海外搜索广告投放、海外社交媒体运营操作、海外社交媒体广告投放等工作，具备跨境营销市场分析、跨境独立站营销推广方案制定与效果分析、搜索引擎优化策略制定与效果分析、搜索广告投放与效果分析、社交媒体策略制定与执行等能力。

课证融通

跨境电商海外营销职业技能等级证书

面向职业岗位	对应 1+X 证书
跨境营销推广（主要面向开展跨境业务、提供跨境电商上下游服务的企业，从事跨境运营、跨境营销推广、跨境销售等岗位）	跨境电商海外营销（中级）（主要面向外向型企业单位和个体经营者等行业领域，从事跨境独立站营销调研、跨境独立站选品、跨境独立站营销推广、海外搜索引擎优化、海外搜索广告投放、海外社交媒体运营操作、海外社交媒体广告投放、海外展示广告投放与视频营销、邮件营销等工作）

国际市场推广岗位能力要求如图 1-2 所示。

二、国际市场推广岗位的职责

国际市场推广与跨境电子商务既有区别又有联系。跨境电子商务的核心是电子化交易，强调交易方式和交易全过程的各个环节；国际市场推广注重以互联网为主要手段的营销活动，主要研究的是交易前的宣传推广、交易中的营销转化及交易后的售后服务和二次推广。

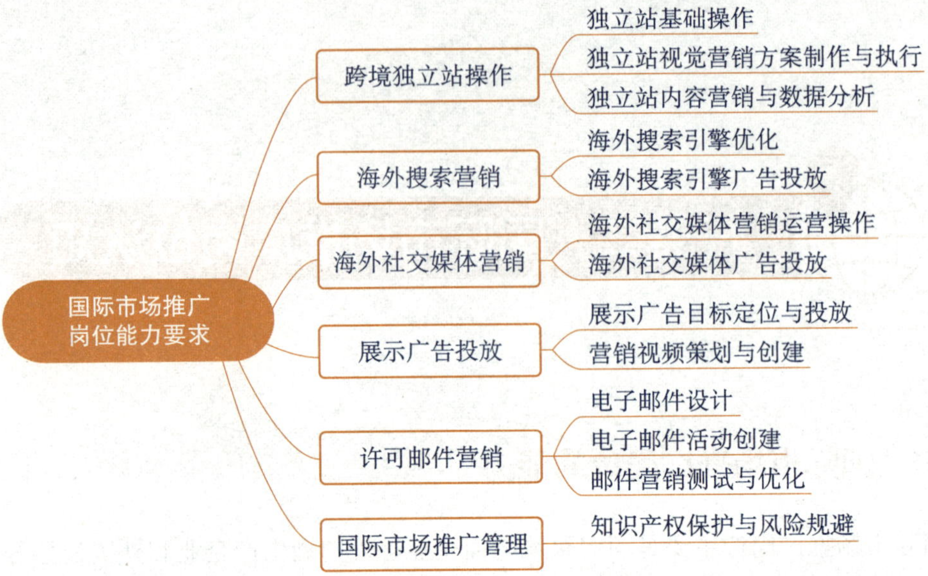

图 1–2　国际市场推广岗位能力要求

企业连线 1–3

跨境电商运营专员与国际市场推广专员的岗位职责

跨境电商运营专员与国际市场推广专员的岗位职责如表 1–2 所示。

表 1–2　跨境电商运营专员与国际市场推广专员的岗位职责

跨境电商运营专员的岗位职责	国际市场推广专员的岗位职责
✧ 负责公司跨境电商平台运营管理、产品发布、标题优化、价格趋势调查、回复客户咨询； ✧ 熟悉平台政策与制度，确保店铺销售正常运作，保持店铺好评率与信誉度； ✧ 负责这些平台的市场调查及分析，制定销售策略，提升产品市场占有率，完成销售业绩； ✧ 店铺活动设置，平台促销，收集、分析竞争对手状况，制订推广计划； ✧ 熟悉爆款打造方式，具备选品能力； ✧ 根据上级的安排完成其他相关工作。	✧ 负责外贸网站的运营、网站品类规划、页面优化； ✧ 负责制定并执行网站营销销售策略和销售计划； ✧ 负责外贸网站的产品分析（商品定价、确定主推商品、分析销售情况），产品销售（商品销售、配合推广促销），活动运营（策划活动方案、执行促销活动、协助促销宣传），根据各阶段的销售目标以及完成情况，进行统计、分析、汇报和总结； ✧ 负责网站 EDM、Affiliate、Deal、SNS 策划以及跟进执行； ✧ 分析客户行为，提升转化率和复购率。

项目小结

企业通过国际市场推广将国际市场营销策划落地执行，吸引更多的潜在客户了解、购买产品。企业实施 1+N 国际市场推广方式，取得了较好的营销效果。目前较为常用的国际市场推广方式包括谷歌搜索引擎广告、搜索引擎优化、社交媒体营销、许可邮件营销。

国际市场推广理论丰富，常见的理论主要包括：以满足市场需求为目标的 4P 理论、以追求顾客满意为目标的 4C 理论、以建立顾客忠诚为目标的 4R 理论、新经济时代的 4V 营销组合理论和元宇宙营销的 4A 营销理论。

国际市场推广经历了一个漫长的发展演变过程。在这一过程里，曾先后经历了以展会为主的国际市场推广 1.0 阶段、以跨境电商平台为主的国际市场推广 2.0 阶段和以精准营销为主的国际市场推广 3.0 时代。

通过项目一的学习，读者对于国际市场推广的基础理论知识、国际市场推广的岗位能力和岗位职责要求都会有比较全面的把握，从而为以后各项目的学习打下良好的基础。

直通大赛

本课程对接跨境电商创新创业能力大赛，该比赛根据跨境电子商务新业态的出口和进口业务发展前沿、职业标准和国际标准要求，考察参赛选手跨境电子商务出口业务、进口业务的职业核心技能；考察参赛选手的管理意识、成本意识、风险意识、服务意识、劳动意识等职业素养；考察参赛选手的逻辑思维、合作沟通、时间管理、数据分析、业务运营、创新创业等综合能力。本课程的学生将以团队的形式参加跨境电商创新创业能力大赛独立站赛道。

通过本项目学习，完成竞赛任务——行业优秀网站国际市场推广方式分析。

竞赛名称	竞赛任务
跨境电商创新创业能力大赛（独立站赛道）	行业优秀网站国际市场推广方式分析

团队选择露营产品作为跨境独立站运营项目，先收集优秀的露营产品网站，再分析各网站主要流量来源，总结得出适合露营产品的常用的国际市场推广方式（见表 1-3）。在实施国际市场推广时，重点做好搜索引擎优化和搜索引擎广告，其次做好各类博客、新闻、Wiki 等网站的反向链接和社交媒体营销。

表 1-3　露营产品网站的流量来源和推广方式

网站	流量来源	推广方式
www.campsaver.com	搜索（43.62%）	搜索引擎优化、谷歌搜索引擎广告
	显示广告（5.49%）	谷歌搜索引擎广告
	外链（1.84%）	社交媒体营销，各类博客、新闻、Wiki 等网站
	社交（1.73%）	社交媒体营销，主要有 Facebook、YouTube、Pinterest 等
www.cabelas.com	搜索（52.88%）	搜索引擎优化、谷歌搜索引擎广告
	显示广告（4.68%）	谷歌搜索引擎广告
	外链（4.35%）	社交媒体营销，各类博客、新闻、Wiki 等网站
	社交（2.06%）	社交媒体营销，主要有 Facebook、YouTube、Pinterest 等
www.campmor.com	搜索（46.61%）	搜索引擎优化、谷歌搜索引擎广告
	社交（3.05%）	社交媒体营销，主要有 Facebook、YouTube、Pinterest 等
	邮件（1.66%）	许可邮件营销
	外链（0.84%）	社交媒体营销，各类博客、新闻、Wiki 等网站
www.kumaoutdoorgear.com	搜索（67.53%）	搜索引擎优化、谷歌搜索引擎广告
	外链（2.8%）	社交媒体营销，各类博客、新闻、Wiki 等网站

知识巩固

应知考核

一、名词解释

1. 国际市场推广
2. 搜索引擎优化
3. 搜索引擎广告
4. 许可邮件营销
5. 社交媒体营销

二、不定项选择题

1. 国际市场推广的方式包括（　　）。

A. 搜索引擎广告　　　　B. 社交媒体

C. 搜索引擎优化　　　　D. 许可邮件

2. 国际市场推广 4P 理论中，4P 包括（ ）。

A. 价格　B. 包装　C. 渠道

D. 促销　E. 产品

3. 国际市场推广 4C 理论中，4C 包括（ ）。

A. 消费者　B. 成本　C. 产品

D. 方便　E. 沟通

4. 以下哪些社交媒体属于海外社交媒体？（ ）

A. WeChat　B. Facebook　C. TikTok

D. LinkedIn　E. Pinterest

5. 搜索引擎营销最常用的方式有（ ）。

A. 竞价排名　B. SEO

C. 站内链接优化　D. 站外链接优化

应会考核

⊙ 技能应用

请根据自己小组选择的行业背景，寻找该行业优秀的网站，分析其主要流量来源，之后总结得出适合本行业常用的国际市场推广方式，为企业开展国际市场推广提供参考，完成表 1-4 的填写。

表 1-4　网站流量来源及推广方式

网站地址	流量来源	推广方式

实践操作

<table>
<tr><td>项目团队</td><td colspan="4"></td></tr>
<tr><td rowspan="4">项目负责人</td><td>姓　名</td><td colspan="3"></td></tr>
<tr><td>专业班级</td><td colspan="3"></td></tr>
<tr><td>学　号</td><td colspan="3"></td></tr>
<tr><td>联系方式</td><td></td><td>Email</td><td></td></tr>
<tr><td rowspan="5">项目团队成员</td><td>姓　名</td><td>学　号</td><td>专业班级</td><td>分工 / 角色</td></tr>
<tr><td></td><td></td><td></td><td></td></tr>
<tr><td></td><td></td><td></td><td></td></tr>
<tr><td></td><td></td><td></td><td></td></tr>
<tr><td></td><td></td><td></td><td></td></tr>
<tr><td>任务起止时间</td><td colspan="4">年　月　日—　年　月　日</td></tr>
<tr><td>实训内容</td><td colspan="4">当地行业 / 企业开展国际市场推广的情况调查。</td></tr>
<tr><td>实训目的</td><td colspan="4">通过该实训项目，学生将了解当地行业 / 企业开展国际市场推广的现状与动因，明确行业 / 企业进行国际市场推广的必要性和重要性，找出其存在的问题，并提出可行的解决措施。</td></tr>
<tr><td>实训要求</td><td colspan="4">1. 教师先对当地的行业 / 企业按一定的标准进行分类，根据教学班级的分组情况，要求各项目团队分别选择不同的行业 / 企业进行相应的资料收集。
2. 教师需要与有关行业协会 / 企业取得联系，帮助学生取得相关资料。
3. 各项目团队在开展实地调查前需做好准备，如调查计划的制订、调查问卷的设计、访谈提纲的设计等，并注意与调查对象的沟通方式。</td></tr>
<tr><td>实训操作步骤</td><td colspan="4">步骤一：搜集、整理、分析资料。
通过实地走访、网络等途径搜集资料，掌握背景企业基本情况以及其近几年来开展国际市场营销的概况。
步骤二：集体讨论。
在搜集诸多相关信息资料的基础上，以项目团队为单位进行讨论，围绕该背景企业开展国际市场推广的方式、国际市场营销理念、国际市场推广成效和发展前景、存在的不足及改进措施等进行讨论和分析。
步骤三：成果提交。
在集体讨论和分析的基础上，各项目团队以 Word 文件形式形成并提交格式规范的《×××行业 / 企业国际市场推广状况调查报告》，包括：
1. 背景企业开展国际市场营销的概况。
2. 背景企业开展国际市场推广方式、推广成效。
3. 背景企业国际市场推广的局限及改进措施等。
步骤四：实训成果汇报、质询、评议及成绩综评。
1. 各项目团队推选一名代表采用 PPT 形式进行实训成果汇报。
2. 各项目团队之间互评、师生质询，教师进行适当点评并总结。
3. 教师对各项目团队及其成员进行综合成绩评定。</td></tr>
</table>

续表

<table>
<tr><td rowspan="2">实训成果</td><td>各项目团队按以下要求撰写、提交调查报告，字数不少于 1 500 字，文字表述要精练，观点明确。</td></tr>
<tr><td>
<table>
<tr><td colspan="2">《×××行业 / 企业国际市场推广状况调查报告》</td></tr>
<tr><td>时间</td><td></td></tr>
<tr><td>项目团队</td><td></td></tr>
<tr><td>项目负责人</td><td></td></tr>
<tr><td>执笔人</td><td></td></tr>
<tr><td>项目团队成员</td><td></td></tr>
<tr><td colspan="2">调查报告</td></tr>
<tr><td colspan="2">Ø 目录
Ø 正文</td></tr>
</table>
</td></tr>
<tr><td>实训考评
（百分制）</td><td>
<table>
<tr><td>评分维度</td><td>信息的处理与应用</td><td>知识的应用性</td><td>分析的逻辑性</td><td>创新性</td><td>实训文本</td><td>汇报者的仪容仪态</td><td>答辩</td><td>团队分工合作</td></tr>
<tr><td>百分比</td><td>10%</td><td>15%</td><td>15%</td><td>18%</td><td>10%</td><td>10%</td><td>10%</td><td>12%</td></tr>
<tr><td>得　分</td><td></td><td></td><td></td><td></td><td></td><td></td><td></td><td></td></tr>
</table>
</td></tr>
</table>

模块二

国际市场推广准备

项目二　国际市场分析

项目描述

企业开展国际市场推广前，需要进行国际市场调研和目标市场消费者分析，掌握目标市场及其市场潜力、竞争对手及其竞品、目标市场消费者特征等信息，为国际市场推广实施做好准备工作。

学习目标

■ 知识目标

1. 掌握国际市场信息来源渠道；
2. 掌握国际营销调研方法；
3. 掌握国际市场消费者特征，了解消费者购买行为类型；
4. 掌握国际市场消费者购买决策过程及其影响因素。

■ 能力目标

1. 能够结合实际，为涉外企业进行实用、适用的国际市场营销调研；
2. 能够分析国际市场消费者的购买行为。

■ 素养目标

1. 增强数据分析素养；
2. 了解用户隐私保护与数据安全相关规定；
3. 通过实训项目的团队合作，培养良好的自主学习与合作学习能力。

知识导图

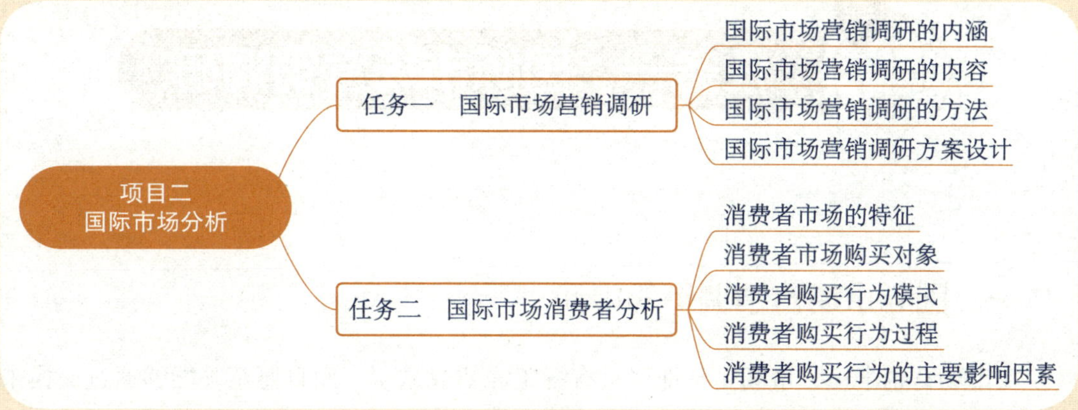

案例导入

用大数据，让每场营销更有度

2017年，云南白药牙膏官方旗舰店在天猫上线。为了提高品牌知名度，云南白药和阿里巴巴开展了大数据营销。

对于许多刚开业的在线商店来说，其营销目标通常是短期的品牌曝光和销售增加。对于云南白药而言，不同之处在于，它致力于通过在线上的营销来升级品牌，并以“长期市场优势的沉淀”作为目标，因此与阿里巴巴的合作主要集中在品牌形象的创造和传播上，以获得长期的品牌效应。为了实现这一目标，云南白药基于品牌特征和产品优势，主要利用阿里巴巴的生态平台和大数据技术来收集和分析淘宝用户的相关数据，包括用户搜索、浏览、点击、购买和共享。云南白药深入了解淘宝用户的使用习惯和偏好，并根据用户年轻化的特征，结合云南白药的特点，构建了将明星粉丝转变为店铺粉丝的营销理念。

为了激发明星粉丝团体的参与和互动热情，云南白药和阿里巴巴开展了一项活动——帮助偶像在淘宝上成为头条新闻，通过PK增强粉丝和品牌之间的互动。该活动一经推出，在短短的几天内，吸引了粉丝的积极参与，并在短时间内获得了很高的评价以及品牌知名度。云南白药还在其他平台上进行了相应的重合度抓取和资源整合，并设计了一套IP媒体矩阵。这样，云南白药牙膏成功实现了销售额的大幅增长。

（资料来源：佚名．云南白药：用大数据，让每场营销更有度．艾瑞网．(2020-06-01)[2022-01-21].）

问题思考

企业在开展国际市场调研时，重点是要获取哪些市场信息呢？

任务一　国际市场营销调研

一、国际市场营销调研的内涵

在市场营销学里，市场是指那些具有特定需要或欲望，而且愿意并能够通过交换来满足这种需要或欲望的全部顾客。这个市场的大小取决于人口（用户数量）、购买力和购买欲望三个要素。人口（用户数量）、购买力和购买欲望这三个要素互相制约、缺一不可。如果人口（用户数量）很多，收入很低，则市场非常狭窄；相反，假如收入很高，但人口（用户数量）很少，市场同样也有限。当然，有了人口和购买力，如果商品激发不了消费者的购买欲望，对于企业来说，同样也不能形成市场。所以，对于企业营销人员来说，分析市场的大小，除分析人口（用户数量）多少之外，还要研究购买力和购买欲望。

国际市场营销调研是指以国际市场为对象，采用科学的方法，客观、系统地收集、整理、分析有关目标市场的数据、信息和资料，为跨国经营企业进行有效的国际营销决策与制定国际市场营销战略提供客观依据。

课证融通

跨境电商海外营销职业技能等级证书（中级）要求

面向职业岗位	职业技能要求
跨境营销调研	1. 能使用国际经济组织和公开国别数据开展目标市场国家发展概况和消费者需求分析，形成区域与国别市场营销分析报告。 2. 能根据主要国别市场营销分析报告，利用第三方工具对跨境电商平台进行市场调查分析，完成平台经营品类和供应商产品竞争分析报告。 3. 能利用数据化分析工具，确定独立站目标受众消费特征，确定独立站目标消费人群。

二、国际市场营销调研的内容

国际市场营销调研的内容非常广泛，主要包括国际市场产品调研、价格调研、渠道调研和促销调研。

（一）产品调研

主要调研目标市场同类或类似产品的：

（1）供给情况（如产品的来源渠道、竞争者的生产能力等）；

（2）需求状况（产品需求的种类、数量、质量要求等）；

（3）价格状况（如竞争者产品的价格、价格与供求变动的关系、影响定价的因素等）；

（4）产品的知识产权。

（二）价格调研

主要调研目标市场的：

（1）产品生产成本；

（2）不同地区间的价格差异；

（3）市场供求关系对产品供求的影响。

（三）渠道调研

主要调研目标市场的：

（1）国际分销渠道模式及特征；

（2）主要竞争者流量渠道分布；

（3）市场惯例等。

（四）促销调研

主要调研目标市场的：

（1）相关法律规定和商业惯例；

（2）消费者对各种促销方式的反应；

（3）各种促销方式的效果等。

学思之窗

从平台商家的角度来看，熟客基本都是会员，通过非免费方式成为会员的用户大都忠诚度较高、消费能力较强、消费需求呈刚性增长，这些用户对价格相对不敏感，更注重消费效率与体验。加之平台与用户信息不对称，平台通过数据分析、页面设置、信息隐藏等方式展示高价商品，使得用户不知不觉就被“杀熟”了。

2022年1月，国家互联网信息办公室、工业和信息化部、公安部和国家市场监督管理总局联合发布《互联网信息服务算法推荐管理规定》，自2022年3月1日起施行。该规定针对算法歧视、“大数据杀熟”、诱导沉迷等进行了规范管理，要求保障算法选择权，告知用户其提供算法推荐服务的情况；应当向用户提供不针对其个人特征的选项，或者便捷的关闭算法推荐服务的选项。此外，不得利用算法推荐服务诱导未成年人沉迷网络，应当便利老年人安全使用算法推荐服务；不得根据消费者的偏好、交易习惯等特征，利用算法在交易价格等交易条件上实施不合理的差别待遇等违法行为。

三、国际市场营销调研的方法

（一）国际市场营销直接调研方法

国际市场营销直接调研是指为当前特定的目的收集一手资料或原始信息的过程。国际市场营销直接调研方法有观察法、专题讨论法和在线问卷法等。

1. 观察法

观察是网络市场调研不可缺少的活动和手段。观察法，即通过观察了解周围的各种现象，特别是对本企业产品的评价，从而使调研者能够从一线市场获取一手资料，了解现实情景中事物的发展进程。调研者通过观察，能够了解事物发生的背景，发现平时容易忽略的事物和参与者在访谈中不愿谈论的事物等，从而进行一定的推理。由于观察中经常会出现无法预测的偶然的情况，因此观察结果具有一定的新颖性。

通过观察，调研者可以获得以下数据：

（1）环境信息，包括物理环境及其结构；

（2）人的信息，包括人的组织结构、被观察者的特征（如性别、年龄等）；

（3）相互关系信息，包括人与人之间、人与环境之间的各种相互作用关系，这些关系可以是正式的或非正式的、计划的或非计划的、语言的或非语言的等。

2. 专题讨论法

专题讨论法可通过新闻组、BBS 或邮件列表讨论组进行，其实施步骤如下：

（1）确定要调查的目标市场；

（2）识别目标市场中要加以调查的讨论组；

（3）确定可以讨论或准备讨论的具体话题；

（4）登录相应的讨论组，通过过滤系统发现有用的信息，或创建新的话题让大家讨论，从而获得有用的信息。

3. 在线问卷法

在线问卷法即使用专业的问卷平台提供的功能来创建或生成问卷，然后将问卷 url 或二维码分享给需要调查的群体，通过对答卷的分析和研究，得出相应结论的方法。在线问卷法可以委托专业公司开展，其步骤如下：

（1）向相关的讨论组发去问卷；

（2）在本企业的网站上放置问卷；

（3）给讨论组发送相关信息，并链接至企业网站上的问卷。

要注意的是，在线问卷不能过于复杂、详细，否则会使调研对象产生厌烦情绪，从而影响问卷调查所收集数据的质量。另外，企业也可采取一定的激励措施，如提供免费礼品、抽奖送礼等。

（二）国际市场营销间接调研方法

1. 搜索引擎

搜索引擎长期以来一直是最受欢迎、最热门的互联网业务之一。互联网的大力发展，促使世界从“信息时代”走进“信息经济时代”，商业价值重点的延伸和转移正在推动搜索引擎的价值不断提升、价值来源不断扩展。搜索引擎的价值主要来源于以下几个方面：

（1）信息发现。信息发现是信息从无到有的过程。通过搜索引擎，人们可以找到和发现以前所不知道的信息。搜索的价值来源于信息本身的价值。

（2）信息处理。信息处理是信息从无序到有序、从粗糙到精细的过程。通过搜索，可以从无量的、无序的信息中得到少量的、有序的信息，单位信息的价值得以提升，获取单位价值信息的时间和成本得以降低。搜索的价值来源于对时间的节省。

（3）信息私有。信息私有是信息从公共到私有的过程。能够带来竞争优势和核心竞争力的信息必须是稀缺的、垄断的、私有的。通过更加智能化、个性化或辅助以人工的搜索，人们有望获取这样的信息。搜索的价值来源于信息的稀缺和相对垄断。

（4）知识发现。知识发现是从数据、信息到知识的过程。通过搜索技术与专家介入相结合的方式，从互联网上搜寻和加工信息，借助搜索和人工进行信息的个性化和私有化，借助智能化技术和专家对信息进行知识挖掘，进一步发现隐藏在信息背后的知识，这是知识时代、知识经济和知识管理对搜索提出的任务，也是搜索引擎新的发展方向。

（5）协同整合。协同整合是信息和知识从孤立、分离到协同、整合的过程。信息和知识都是相互关联的，与搜索关联的信息和知识也与其他方面的信息（如广告和广告目标受众的信息）和知识相关联——这正是搜索排名广告和内容关联广告得以大行其道的基础。网络广告的效率和成本与广告目标的精确程度密切相关，而网上搜索行为则对用户的偏好有所解释，两者结合的结果更加精确地定位和细化了网络广告的目标受众，大大提高了广告的有效性。

学中做 2-1

学会使用 Google 搜索技巧

Google 搜索技巧是利用各种高级搜索语法或者搜索指令进行精确化的搜索，快速寻找目标信息。

- **准确搜索**　在搜索词上加上双引号，在这种情况下，搜索引擎只会反馈和关键词完全吻合的搜索结果。把搜索词放在双引号中，代表完全匹配搜索，也就是说搜索结果返回的页面包含双引号中出现的所有的词，连顺序也完全匹配。

- **多个关键词匹配** 在搜索引擎框里把多个关键字用加号（+）连接起来（见图2-1），搜索引擎就会自动匹配互联网上与所有关键词相关的内容。

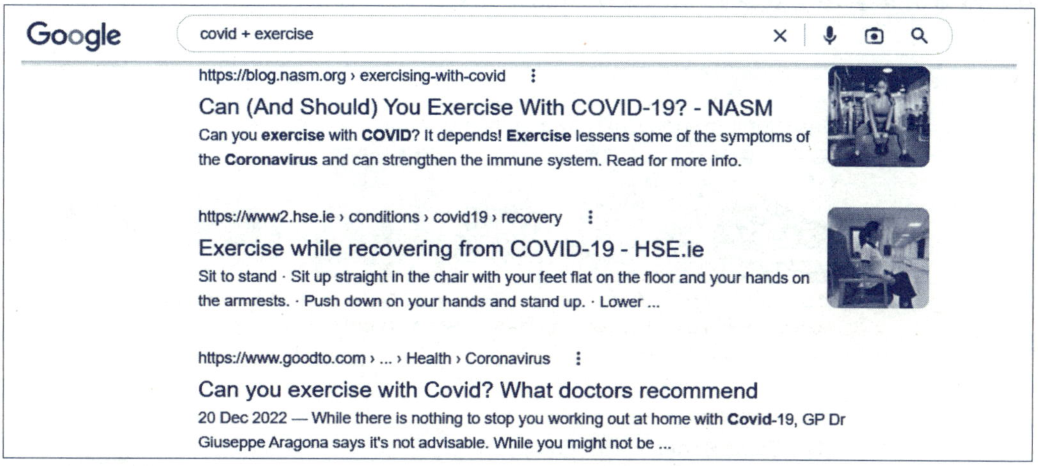

图2-1 多个关键词匹配

- **排除关键词** 如果在进行准确搜索时没有找到想要的结果，用户可以对包含特定词汇的信息进行排除，仅需使用减号（-）即可。减号代表搜索不包含减号后面的词的页面，使用这个指令时减号前面必须是空格，减号后面没有空格，紧跟着需要排除的词。
- **OR 或逻辑搜索** 在默认搜索下，搜索引擎会反馈所有和查询词汇相关的结果，但通过使用「OR」逻辑，可以得到和两个关键词分别相关的结果，而不仅仅是和两个关键词都同时相关的结果。巧妙使用「OR」搜索可以在未能确定哪个关键词对于搜索结果起决定作用时依然可以确保搜索结果的准确性。
- **inurl: 指令** 用于搜索查询词出现在 url 中的页面。例如，搜索 inurl:camping（见图2-2），返回的结果都是网址 url 中包含“camping”的页面。由于关键词出现在 url 中对排名有一定影响，因此使用 inurl: 搜索可以更准确地找到与关键词相关的内容。

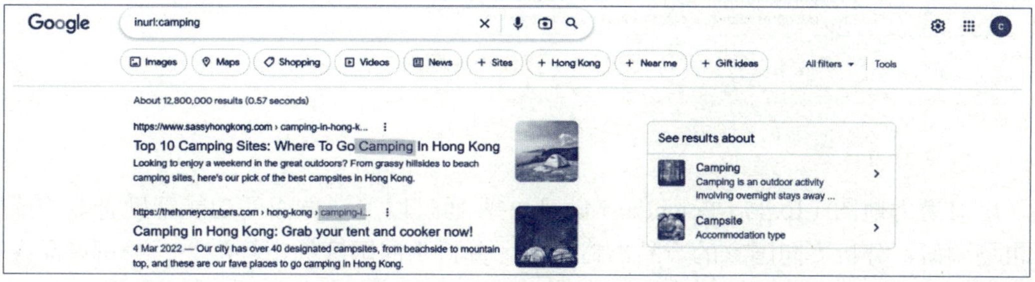

图2-2 inurl: 指令

- **site 站内搜索** 只需要在搜索引擎上输入「site:https://site.com」加上关键词（见图 2-3），搜索引擎就会反馈网站「http:https://site.com」内和关键词相关的所有条目。如果再结合准确搜索功能，这项功能将会变得更加强大。

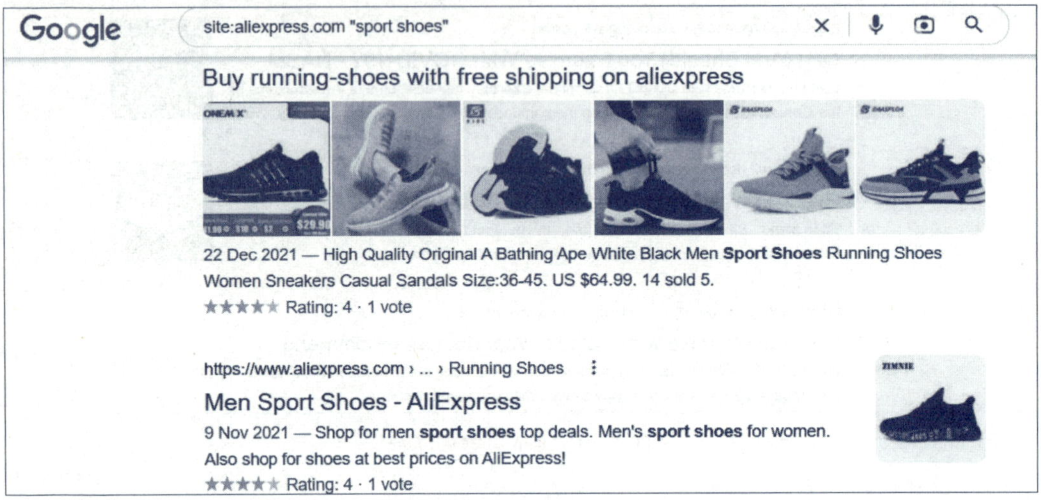

图 2-3 site 站内搜索

- **搜索相关网站** 查找相关网址，如输入「related:aliexpress.com」，得到与全球速卖通类似的网站反馈结果（见图 2-4）。

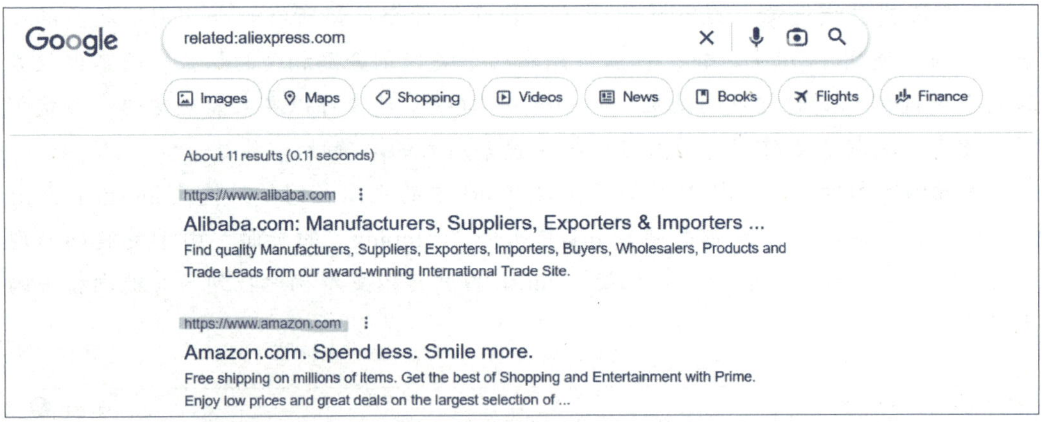

图 2-4 搜索相关网站

2. 出口潜力地图

出口潜力地图（Export Potential Map）主要通过以下三方面的功能帮助企业完成国际市场调研：分析不同国家的产品出口潜力，分析不同国家的市场潜力，分析产品在不同国家的出口潜力。

学中做 2-2

使用出口潜力地图开展市场分析

• **分析不同国家的产品出口潜力** 例如，选择美国作为出口国，显示出口潜力最大的产品是汽车相关产品（见图 2-5），出口潜力达 670 亿美元，实际出口达 520 亿美元，未开发潜力达 200 亿美元。所有商品中，大豆未开发潜力最大，达到 250 亿美元。

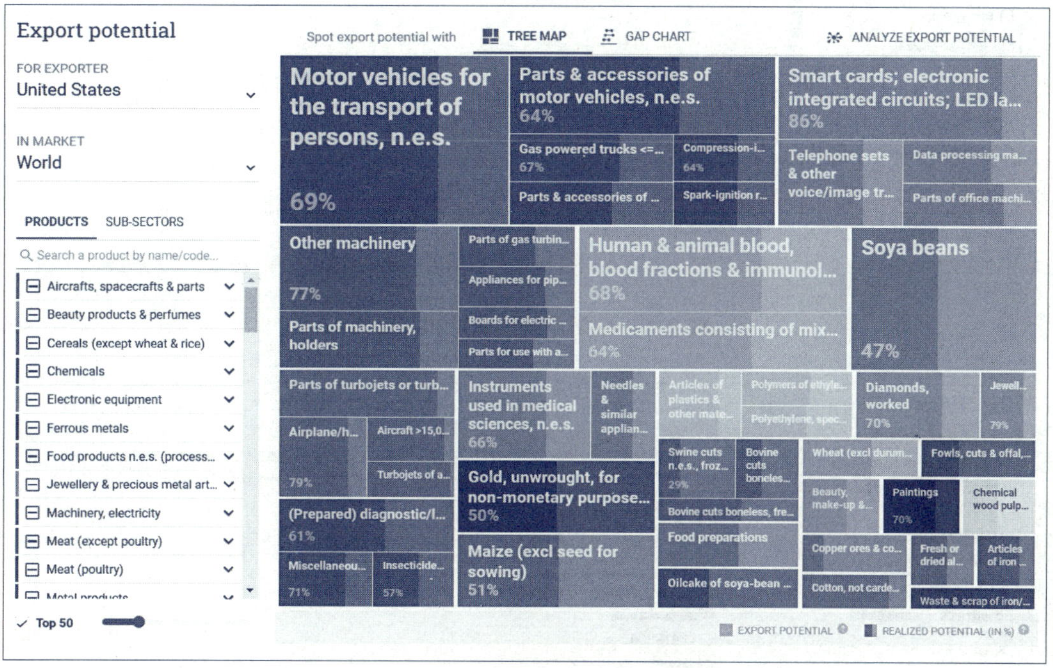

图 2-5 分析不同国家的产品出口潜力

• **分析不同国家的市场潜力** 例如，分析运动鞋（HS 编码 640219）从中国到欧洲各国的出口潜力（见图 2-6），得到出口潜力市场分别是德国（未开发潜力 3 100 万美元）、比利时（未开发潜力 2 400 万美元）、英国（未开发潜力 1 200 万美元）、法国（未开发潜力 1 500 万美元）、意大利（未开发潜力 940 万美元）、西班牙（未开发潜力 930 万美元）。

• **分析产品在不同国家的出口潜力** 例如，运动鞋（HS 编码 640219）主要的出口国是中国、越南和印度尼西亚（见图 2-7），而运动鞋的最大出口潜力国是越南，其次是中国和印度尼西亚。

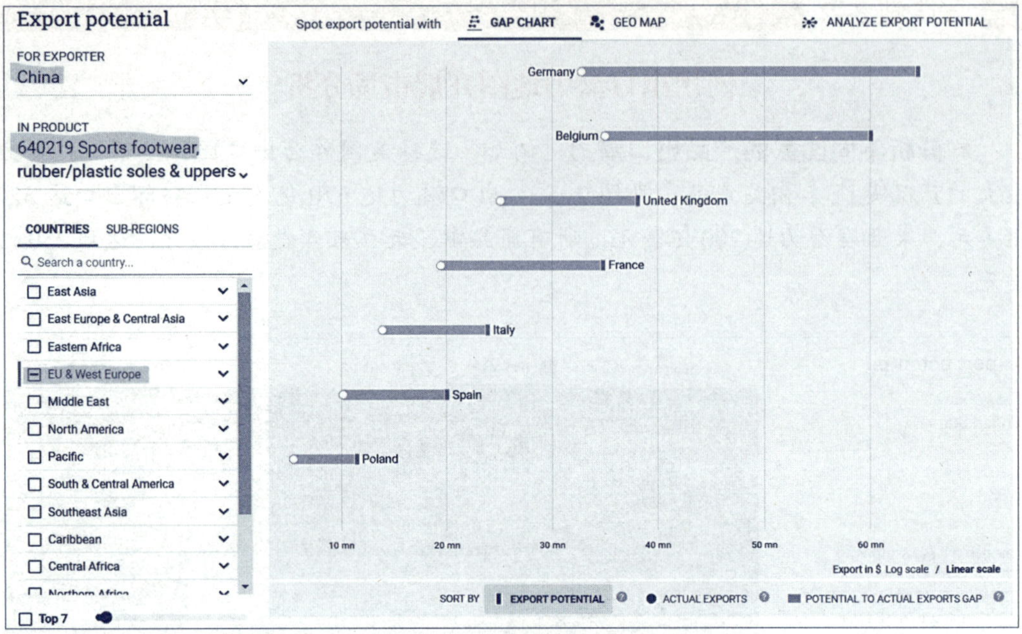

图 2-6　分析不同国家的市场潜力

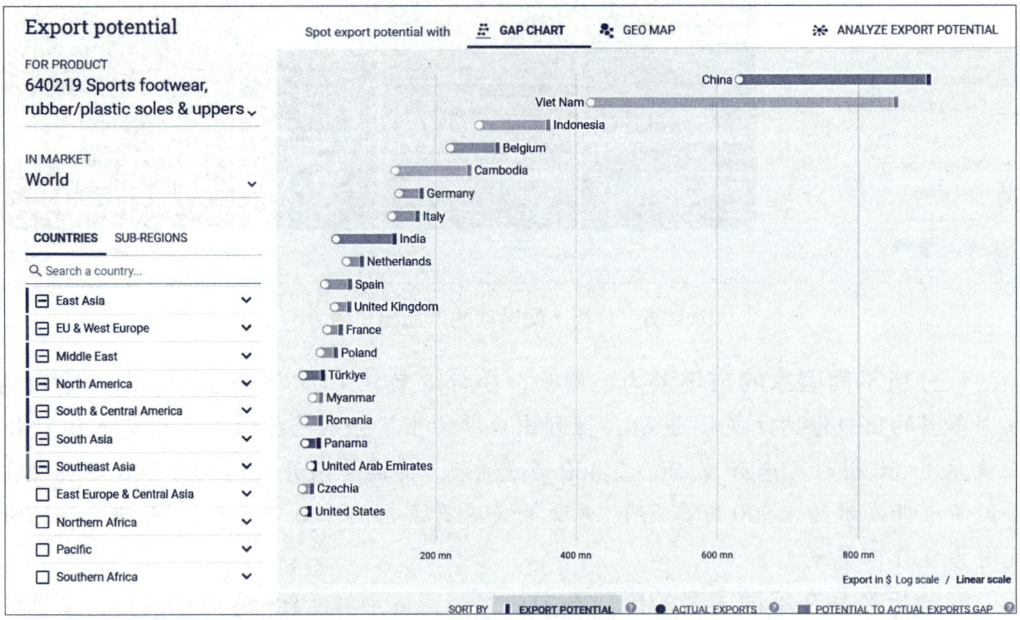

图 2-7　分析产品在不同国家的出口潜力

3. 谷歌趋势

谷歌趋势（Google Trends）是一种市场趋势分析工具。谷歌搜索引擎会提供给企业某一关键词或者话题各个时期在谷歌搜索引擎中展示的频率及其相关统计数据。通过这些数据企业可以了解市场、受众信息以及未来的营销方向等相关信息。

学中做 2-3

使用谷歌趋势进行市场分析

挖掘产品关键词 通过产品主要关键词，得到该产品市场热度随时间变化的趋势、搜索热度及产品相关查询。搜索热度可以反映产品需求热度，卖家可以借此了解热销市场在哪里。产品相关查询中提供的查询内容，可作为产品推广时的重要关键词，即客户通过什么信息搜索本产品，卖家要将这些搜索信息设置成产品关键词。

确定产品主要关键词 一个产品可能会有两个英文名称，如手机充电宝可翻译成 power bank 或 portable charger，卖家在拟定产品标题时，该使用哪个英文名称呢？显而易见，卖家应以流量较大的英文名称作为关键词，可以借助谷歌趋势进行分析并得出结论。

衡量品牌知名度 卖家可以在谷歌趋势中添加多个产品品牌，以比较其搜索热度。通过搜索热度，卖家可获知在该市场上哪个品牌较有影响力。例如，亚马逊平台上的手机充电宝主要有四个品牌，包括 Anker、Ravpower、Aibocn、Poweradd，通过分析得出，Anker 品牌市场热度远高于其他三个品牌，意味着该品牌知名度远高于其他三个，该品牌能获得更多的流量。

4. 跨境电商平台

目前，跨境电商业务主要通过跨境电商平台进行。各大跨境电商平台吸引了大量的卖家入驻，卖家可以通过跨境电商平台进行竞争者、产品市场和买家分析。目前，主要的跨境电商平台包括阿里巴巴国际站、全球速卖通、亚马逊、eBay 等。

企业连线 2-1

戴森的客户调查

戴森在最初进入中国市场时明确提出目标客户是消费能力最强的 20% 的人群。对于人群的划分有不同的维度，如何从一个笼统的“20%”挖掘人群不同维度的属性标签，最后精准圈定 20% 的人群，是一个极大的挑战。戴森选择与阿里巴巴合作，借助阿里品牌数据银行，通过持续追踪数据资产，并积累和重复利用数据，最后精准定位目标客户。

戴森通过初始投放测试目标客户可能覆盖的成百上千个标签，让数据沉淀至品牌数据银行，同时追踪用户在阿里巴巴生态系统内的全链路状态并激活用户，持续累积用户资产。这些资产可以组合方式被反复应用到包括阿里巴巴的电商、娱乐和营销服务在内的矩阵中，品牌则可以根据对用户进行多次行为分析，一步步筛选出最核心的潜在目标用户，之后在营销活动当天，通过钻展、短信或其他广告形式再次触达用户。

知识拓展 2-1

国际市场调研步骤

国际市场调研步骤如图 2-8 所示。

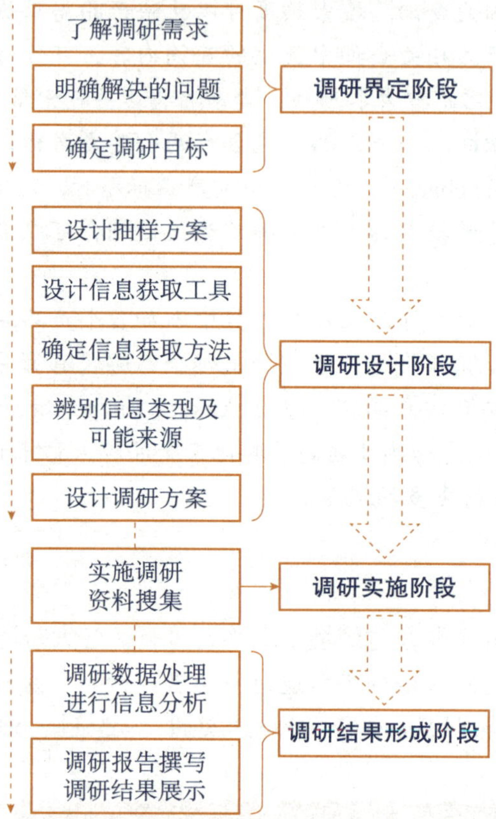

图 2-8 国际市场调研步骤

四、国际市场营销调研方案设计

（一）确定调研目的和调研主题

明确调研目的和调研主题是国际市场营销调研方案设计的首要问题，其对确定调研的范围、内容与方法至关重要。

企业连线 2-2

● 某一国际营销企业针对“怎样恢复失去的目标市场的市场份额”这一国际经营决策问题的调研主题可以确定为：

Ø 对现有产品的调研；
Ø 对消费者的调研；
Ø 对价格的调研；
Ø 对竞争对手的调研；
Ø 对潜在市场的调研等。

● 某一外贸企业针对“是否向目标市场推出一个新产品”这一国际经营管理问题的调研主题可以确定为：

Ø 对消费者的调研；
Ø 对产品的调研；
Ø 对企业战略的调研等。

（二）确定调研对象和调研单位

确定市场调研对象和调研单位，主要是为了解决向谁调研和由谁来具体提供调研信息资料的问题。调研对象是根据调研目的、任务所确定的调研范围及调研总体；调研单位是所要调研的总体中的个体，即调研对象中要登记的各个调研项目的承担者。

（三）确定调研项目

确定调研项目就是要明确向调研对象了解哪些问题。在确定外贸网络营销调研项目时，除了要考虑调研目的和调研对象的特点外，还需注意以下方面：

（1）确定的调研项目应当既是调研任务所需，又是能够取得答案的。

（2）调研项目的表述必须明确，答案表示形式确定（如数字式、是否式、文字式等）。

（3）项目之间相互关联，一是便于获取的信息资料相互对照，二是便于了解现象发生的原因、条件与后果，三是便于检查答案的准确性。

（4）调研项目定义要明确、肯定，必要时可附以调研项目解释。

国际营销调研主题与调研项目举例如表 2-1 所示。

表 2-1　国际营销调研主题与调研项目举例

调研主题	调研项目
产品	● 产品特性 ● 产品生命周期 ● 产品品牌形象 ● 产品定位等
目标市场消费者需求	● 消费者总体消费态势 ● 现有消费者分析（消费群体构成、消费者总量及年龄、职业、收入、受教育程度、分布等） ● 现有消费者的消费行为（购买动机、购买时间、购买频率、购买数量、购买地点等）

续表

调研主题	调研项目
目标市场消费者需求	● 潜在消费者特性（总量、年龄、职业、收入、受教育程度等） ● 目标消费者调研（目标消费者的特性、共同需求，以及如何满足其需求等）
企业及其竞争对手的国际市场竞争状况	● 企业在国际市场竞争中的地位（市场占有率、消费者认知、企业自身资源与经营目标等） ● 企业的国际市场竞争对手（明确企业的主要竞争对手、竞争对手的基本情况、竞争对手的优势与劣势、竞争对手的国际营销策略等）

（四）拟订调研提纲或调研表

国际市场营销调研提纲或调研表的内容是以调研方案中的调研项目为依据的。调研者可将调研项目科学地分类、排列，并据此拟订调研提纲或调研表，从而方便调研登记与汇总。

调研表由表头、表体和表脚三部分组成。

（1）表头，包括调研表的名称、调研单位（或填报单位）的名称和性质及隶属关系等。表头上填写的内容一般不作调研统计分析之用，但其是核实与复查调研单位的依据。

（2）表体，包括调研项目、栏号、计量单位等，是调研表的主体部分。

（3）表脚，包括调研者或填报人的签名和调研日期等，其作用在于明确责任，一旦发现问题便于查找。

调研表拟订完成后，为便于正确填表、统一规格，还需附必要的填写说明，主要包括调研表中涉及的相关调研项目的解释、有关计算方法、填写注意事项等，填写说明应力求准确、简明扼要、通俗易懂。

（五）确定调研时间和调研期限

调研时间是指调研资料所属的时间，它确定了调研资料的时效性。调研时间的确定分两种情况：

（1）若所要调研的是时期现象，则要明确规定资料所反映的是调研对象从何时起至何时止的资料。

（2）若所要调研的是时点现象，则要明确规定统一的标准调研时点。

调研期限是指调研工作的开始时间和结束时间，并规定调研工作所经历的各个阶段（调研方案设计、调研提纲 / 问卷设计、实际搜集资料、资料整理与分析、提交调研报告）的起止时间。

（六）确定调研资料整理与分析方法

国际市场营销调研资料的整理与分析是指调研者对搜集的大量零散的、不系统的原始信息资料进行分类、编辑、整理、加工汇总等一系列工作，使这些信息资料系统化、条理化。目前，这种信息资料处理工作一般由计算机完成。因此，在调研方案设计中应考虑采用何种计算机操作程序，以保证必要的运算速度、计算精度及特殊目的。

随着经济理论的发展与现代信息技术的运用，越来越多的现代统计分析手段可供调研者选择，如回归分析、相关分析、聚类分析等。在国际营销调研方案设计中，调研者应根据各种分析技术自身的特点与适用性及调研的客观要求，选择最佳的资料整理与分析方法。

（七）制订调研的组织计划

国际营销调研的组织计划是指为了确保调研顺利实施而安排的具体工作，包括：

（1）调研的组织领导；

（2）调研机构的设置；

（3）人员选择与培训；

（4）调研的工作步骤；

（5）调研善后处理等。

知识拓展 2-2

市场调研报告标准大纲

美国市场营销协会为典型的市场调研报告拟订了一个标准大纲，内容如下：

1. 导言（Introductory Items）

- 标题页；
- 前言（包括报告的根据、研究的目的与范围、使用方法、致辞）。

2. 报告主体（Body of the Report）

- 详细的目的；
- 详细的解释方法；
- 调研结果的描述与解释；
- 调研结果与结论的摘要；
- 建议（应有权威性）。

3. 附件（Supporting Materials and Appendices）

- 样本的分配；
- 图表；
- 附录。

任务二 国际市场消费者分析

一、消费者市场的特征

消费者市场，又称生活资料市场，是为了满足生活消费而购买商品和服务的个人或家庭构成的市场。生活消费是产品和服务流通的终点，因此消费者市场也被称为最终产品市场。消费者市场具有以下特征：

（一）分散性

消费者市场的购买者是个人或家庭，不仅购买者人数众多，而且地域分布广泛。从城市到乡村，从国内到国外，消费者市场无处不在。

（二）差异性

消费者市场人多面广，因为年龄、性别、性格、职业、收入、教育、居住区域、民族、宗教信仰等方面的不同，消费者市场的购买者在市场需求、消费习惯、消费结构、购买行为等方面存在很大的差异性。

（三）易变性

随着生产力的快速发展与消费水平的不断提高，消费者的需求在总量、结构与层次上不断地变化。消费需求呈现出由少到多、由粗到精、由低档到高档的发展趋势。

（四）替代性

消费者市场产品种类众多，很多同类产品或功能相似的不同产品之间往往存在替代关系，消费者常常在替代品之间进行选择，导致消费者市场的竞争异常激烈。

（五）非专业性

消费者市场产品种类繁多，大多数消费者不可能对所购买的每种产品都非常熟悉。消费者对大多数产品的质量、性能、价格、使用、维护、保管乃至市场行情往往缺乏专业的甚至必要的知识，只能根据个人感觉和喜好作出购买决策，大多数属于非专业性购买，很容易受个人情感、广告宣传、推销活动和他人意见的影响或诱导。

二、消费者市场购买对象

（一）按消费者的购买习惯划分

1. 便利品

便利品是指购买者购买次数频繁、希望购买方便、只需要花最小精力与最少时间比较品牌、价格的消费品，如调料、日化用品等。消费者对这类消费品比较熟悉，具有一定的产品知识，在购买时不愿意花很长时间来比较价格和质量，多数情况下会选择就近购买，而且愿意接受其他替代品。对此，经营便利品的商家应注意销售网点分布的广泛性与合理性，以满足消费者及时、方便购买的需要。

2. 选购品

选购品是指消费者往往要花费较多的时间对购买对象的质量、价格、样式、适用性、厂商等要素进行比较之后才会作出购买决策的产品，如服装、家具等。一般而言，选购品的价格较高，消费者对这类产品了解并不多，购买间隔较长、购买频率较低。经营选购品的商家应该将销售网点设在商业比较集中的地区，以便消费者进行比较和选择。

3. 特殊品

特殊品是指具有独特的品质、风格、造型、工艺等特性，或者消费者对其具有特殊偏好并愿意花费较多时间选择、购买的产品。消费者在购买前对这些商品已经有了一定的认识，对某些特定的品牌和商标有特殊偏好，不愿意接受替代品。经营特殊品的商家应注意树立品牌意识，争创名牌产品，以赢得消费者的青睐和忠诚。

（二）按产品的耐用性和是否有形划分

1. 非耐用品

非耐用品是指使用次数较少、寿命较短、消费者购买频繁的产品，如洗涤用品、食盐、饮料等。经营非耐用品的商家要尽可能地建立广泛的销售渠道，方便消费者购买。

2. 耐用品

耐用品是指能多次使用、寿命较长、消费者购买频率较低的产品，如电视机、小轿车、住房等。经营耐用品的商家要拥有较为雄厚的资金，保证产品具有更好的质量，提供更优质的销售服务。

3. 服务产品

服务产品是指非物质实体产品，即商家出售的无形的活动或服务，如餐饮、保险、娱乐、教育、咨询等。服务产品的生产与消费不可分割，消费者比较注重服务产品的质量。

三、消费者购买行为模式

消费者购买行为是指消费者为获取、购买、使用、评估和处置预期能满足其需要的产品和服务所采取的各种行为。通过对消费者购买行为进行研究，商家可以掌握消费者购买行为的规律性，以便有针对性地开展市场营销活动。

消费者购买行为分析一般涵盖以下七个问题。

（1）消费者市场由谁构成（Who）——购买者（Occupants）。

（2）消费者购买什么（What）——购买对象（Objects）。

（3）消费者为什么购买（Why）——购买目的（Objectives）。

（4）购买活动中有谁参与（Who）——购买组织（Organizations）。

（5）消费者在什么时间购买该产品（When）——购买时间（Occasions）。

（6）消费者在什么地方购买该产品（Where）——购买地点（Outlets）。

（7）消费者怎样购买（How）——购买方式（Operations）。

上述七个问题都包含以英文字母 O 开头的关键词，市场营销学家将这些决策归纳为研究消费者市场的“7O”架构，也称为“6W1H”研究方法。

四、消费者购买行为过程

（一）消费者购买行为过程的参与者

根据消费者购买行为过程中的参与者在购买活动中所起的作用，可以将其分为以下几类。

（1）发起者，即首先想到或提议购买某种产品或服务的人。

（2）影响者，即其看法或意见对最终决策具有直接或间接影响的人。

（3）决定者，即最后做出购买决策的人，其决定是否购买、买什么、买多少、何时买、何处买、如何购买等问题。

（4）购买者，即执行购买决策、采取实际购买行为的人。

（5）使用者，即消费或使用所购产品或服务的人。

（二）消费者购买行为的具体过程

一般而言，消费者的购买行为过程包括以下五个阶段。但在实际中，并不是每次购买行为都要经过所有阶段，一些简单日用品的购买行为可能会跳过某些阶段。

1. 认识需要

认识需要是消费者购买行为过程的起点。当消费者认识到某种尚未满足的需要的存在，即消费者的期望状况与其实际状况的偏差时，便产生了购买动机。消费者的认识需要是由人体内在的生理活动（如饥渴、冷热等）或外界的诱导（如流行时尚、相关群体等的影响）引起的。

2. 收集信息

信息来源主要包括：

（1）个人来源，是指消费者从亲友、邻居、同事和其他熟人等处获得信息。

（2）商务来源，是指消费者从广告、推销人员、中间商、商品包装、产品说明书和商品陈列等处获得信息。

（3）公共来源，是指消费者从大众媒体如网络、电视、广播、报刊等宣传报道和消费者组织等方面获得信息。

（4）经验来源，是指消费者在亲身接触、使用、实验商品的过程中获得信息。

以上四种信息来源对消费者购买行为的影响程度不同。一般而言，消费者获得信息最多的来源是商务来源与公共来源，消费者认为可信度最高的来源则是个人来源和经验来源。

3. 评价选择

消费者对收集的产品信息进行分析、整理，对可供选择的产品进行对比和评估，最后确定选品。消费者对收集的各种产品信息的评价选择流程包括分析产品属性、建立属性等级、确定品牌信念、形成理想产品、做出最后评价等。

4. 购买决策

消费者对收集的信息进行综合评价，并根据一定的选购模式进行判定后，就会形成明确的购买意向。购买意向不一定会导致购买行为，相关群体的态度、意外情况（如失业、收入减少、家庭变故、商品涨价等）等因素都将会导致消费者更改或放弃原有的购买意图。

5. 购后反应与行为

预期满意理论认为消费者对产品或服务的满意程度取决于预期希望得到的实现程度。如果产品或服务的实际效用与购买的预期希望相一致，消费者就会感到满意；如果产品或服务的实际效用远远超过预期希望，消费者就会感到非常满意；如果产品或服务的实际效用达不到预期希望，消费者就会感到不满意，而且预期希望与实际效用差距越大，消费者的不满意程度就越大。

企业连线 2-3

小米：用户参与式消费

小米公司成立于 2010 年 4 月。秉承着“为发烧而生”的产品理念，小米不断追求极致的用户体验和运营效率。目前，小米是全球领先的智能手机公司之一。

小米是社群经济的典型代表。“米粉”社群是小米公司粉丝文化的代表。不同于其他品牌的狂热爱好者等单纯喜欢某个品牌的粉丝，“米粉”会直接参与产品开发。例如，小米智能手机操作系统MIUI会以“周”为时间单位回应“米粉”的反馈，并在每周五下午5时进行更新。而这种战略从小米创立以来一直沿用至今。当初开发MIUI时，小米就曾邀请100位“米粉”参与小米系统的内测。如今，参与小米产品开发的“米粉”数量已经扩充到1 400万。正是他们参与产品开发的自豪感转变为对小米的喜爱，而这种喜爱又不断吸引周边的人聚集到一起，才会形成现在的“大势”。如今，小米每年在中国各地召开的活动多达300场，相当于每天都有一场粉丝聚会。小米开发者最核心的业务也是与“米粉”进行交流。

小米联合创始人黎万强就曾将小米取得成功的重要因素归纳为“参与感”，他表示：“用户购买一件商品，从最早的功能式消费到后来的品牌式消费，到近几年流行起来的体验式消费，而小米发现和正参与其中的是全新的‘参与式消费’。”

“米粉”共同的特点是：

第一，大家有共同的价值观，都是手机发烧友。

第二，大家有共同的利益，想要打造一款自己的手机。

如今的消费者不只单纯看重品牌形象，企业应找准定位，进行有针对性的营销。如今，企业与用户之间的关系更加紧密。社群作为用户参与的载体，可以持续影响消费者。那些轻视社群的企业将很难得到发展。

（资料来源：李小瑛．社群领导力：独自成长的时代已经结束．网易．(2022-01-14) [2022-01-21].）

五、消费者购买行为的主要影响因素

（一）经济因素

经济因素包括产品价格、产品效用、机会成本等。经济因素是决定消费者购买行为的首要因素，既决定着消费者能否发生以及发生何种规模的购买行为，也决定着所购产品的种类和档次。

1. 产品价格

价格的高低是影响消费者购买行为最直接的因素。一般而言，对于质量相同而价格不同的产品或服务，价格低的比价格高的产品或服务对消费者的吸引力更大，收入低的消费者对产品价格比收入高的消费者更敏感。

2. 产品效用

产品效用是人们在消费产品或服务时所获得的满足程度。根据边际效用递减规律，在其他因素不变的前提下，消费者总是在其收入允许的范围内作出较为合理的购买决策，尽可能达到满足自己需要的最大限度效用。

3. 机会成本

机会成本是指一个人购买某种产品或从事某项工作时，所不得不放弃的购买另一种产品或从事另一项工作的价值。由于在特定时间内，消费者的购买能力总是有一定限度的，因此当其持有的货币量一定时，往往会选择机会成本最小的购买对象。

（二）文化因素

1. 社会阶层

社会阶层是指具有相似的社会经济地位、价值观念和生活方式的人们所组成的群体。处于不同社会阶层的消费者的经济状况、价值观念、生活方式、兴趣和消费特征都有所差异，对不同企业及其产品有着不同的偏好，因而表现为不同的消费需求与购买行为。

2. 文化与亚文化

不同文化环境中的风俗习惯、伦理道德、价值观念和思维方式等因素对消费者购买行为的影响具有巨大差异。国际企业在开展国际营销活动时，必须了解国际目标市场的文化背景，使企业的产品或服务符合当地的文化价值观。

3. 相关群体

相关群体是指能够直接或间接影响消费者态度、价值观和购买行为的集体。个体的消费习惯、生活方式、对产品品牌的选择都在不同程度上受到相关群体的影响，主要表现在示范性、仿效性和一致性等方面。

4. 家庭

家庭是社会的细胞，也是社会中最重要的消费品购买组织。家庭对消费者的购买行为有着显著的影响。同时，家庭往往存在生命周期，在生命周期的不同阶段，家庭的消费支出重点会有所变化。

（三）个人因素

1. 职业

个人消费模式受职业的影响是极为明显的，同种职业的人往往有着相类似的需求，而不同职业的人的需求差异较大。

2. 收入

消费者的收入水平是决定消费者购买行为的根本性经济因素。不同的收入水平决定了不同的需求层次和消费倾向。

3. 性格类型、自我观念与生活方式

实践证明，消费者的性格类型与自我观念对产品或服务的选择有很大的影响。外向型的消费者的表现欲较强、喜欢参加社交活动、求“新”心理较强，往往是新产品的首批购买者；内向型的消费者的表现欲较弱、社交活动较少、求“新”心理较弱，喜欢购买大众化的产品或服务。不同生活方式的消费者对产品或服务的评价与选择也不尽相同。

（四）心理因素

1. 动机

人的行为受动机支配，而动机是由需要引起的。当一个人的某种需要上升到足够的强度时，就会转化为动机。动机是使个体激发和维持其行动，并使该行动朝向一定目标的心理倾向或内部驱力。消费者的购买动机可分为求实动机、求廉动机、求新动机、求美动机、求名动机等。每个人在特定的时间里都有许多需要，但大部分需要不会形成动机，只有当需要达到很强烈的程度时，才会转化为动机，激发人们为满足需要而采取行动。

2. 感知

感知是指个人通过看、听、嗅、触等感觉功能来收集、选择、组织并解释外界信息的过程。感知过程主要包括以下几个方面。

（1）选择性注意。在众多信息中，人们容易接受对自己有意义的信息以及与其他信息相比有明显差别的信息。心理学研究表明，以下三种情况更能引起人们的注意：一是与目前需要相关的信息或刺激物；二是预期将要出现或等待出现的信息或刺激物；三是变化大、异乎寻常的信息或刺激物。

（2）选择性曲解。人们常常会按照个人的认识或意愿先入为主地解释客观事物或信息。由于存在选择性曲解，人们愿意接收的信息不一定与信息的本来面貌相一致。

（3）选择性记忆。人们在感知过程中更容易记住与自己的态度和信念一致的信息，而容易忘记与自己的态度和信念不一致的信息。

3. 学习

学习是指从阅读、研究、实践中获得知识或技能，由于实践和经验而引起人们的行为改变。在购买和消费产品或服务的实践中，消费者会逐步获得和积累经验或教训，进而根据这些经验或教训指导或调整今后的购买行为，这也是一个学习的过程。消费者的学习是通过驱使力、刺激物、诱因、反应和强化五个因素的相互影响、连续作用而形成的。

4. 信念和态度

信念是指一个人对某一事物的信任程度。消费者对产品或服务的信念建立在科学、经验或者偏见、谬误的基础上。态度是指一个人对某一事物的认识、评价、感情、行为意向等。信念和态度是影响消费者购买行为的重要因素，二者是密切关联的，不同的信念可导致不同的态度；消费者一旦形成对某种产品或服务的信念和态度，是很难改变

的，具有相对的稳定性。

项目小结

国际市场营销调研是以目标市场为对象，采用科学的方法，客观、系统地收集、整理、分析有关目标市场的数据、信息和资料，为跨国经营企业进行有效的国际营销决策与制定国际市场营销战略提供客观依据。

国际市场营销调研的内容非常广泛，主要包括产品调研、价格调研、渠道调研和促销调研。企业进行国际营销调研时，获取资料的途径通常有两类：一类是国际市场营销直接调研方法，主要有观察法、专题讨论法和在线问卷法等；另一类是国际市场营销间接调研方法，主要有搜索引擎、出口潜力地图、谷歌趋势和跨境电商平台。

消费者市场具有分散性、差异性、易变性、替代性和非专业性的特征。消费者市场按消费者的购买习惯划分为便利品、选购品和特殊品，按产品的耐用性和是否有形划分为非耐用品、耐用品和服务产品。消费者购买行为过程包括认识需要、收集信息、评价选择、购买决策和购后反应与行为五个阶段。消费者购买行为的主要影响因素包括经济因素、文化因素、个人因素和心理因素。

直通大赛

通过本项目学习，完成竞赛任务——露营产品国际市场调研分析。

竞赛名称	竞赛任务
跨境电商创新创业能力大赛（独立站赛道）	露营产品国际市场调研分析

如表 2-2 所示，露营产品主要包括背包（HS：4202129000）、帐篷（HS：6306120000）、户外厨具（HS：8215200000）、户外桌椅（HS：9403200000）、户外烤炉（HS：7321820000）等产品。学生使用出口潜力地图分析出口潜力市场，确定最大的出口潜力市场是美国，在露营产品类目中，市场需求量最大的是户外桌椅，其次是背包、户外厨具、帐篷和户外烤炉。学生使用谷歌趋势分析产品的需求趋势，挖掘产品关键词。

表 2-2　露营产品的潜力市场与产品关键词

产品	潜力市场	产品关键词
背包 （HS：4202129000）	美国（出口潜力 16 亿美元） 德国（出口潜力 5.76 亿美元） 韩国（出口潜力 4.13 亿美元） 英国（出口潜力 4.02 亿美元） 日本（出口潜力 3.83 亿美元）	Camping backpack Camera and lens backpack Duffle bag Travel backpack

续表

产品	潜力市场	产品关键词
帐篷（HS：6306120000）	美国（出口潜力 2.59 亿美元） 德国（出口潜力 1.01 亿美元） 法国（出口潜力 0.67 亿美元） 日本（出口潜力 0.66 亿美元） 澳大利亚（出口潜力 0.48 亿美元）	Tents Pop-up tent Tent house Small 2 person tents Camping tent
户外厨具（HS：8215200000）	美国（出口潜力 2.69 亿美元） 德国（出口潜力 0.73 亿美元） 英国（出口潜力 0.45 亿美元） 荷兰（出口潜力 0.44 亿美元） 法国（出口潜力 0.41 亿美元）	Camp cookware Camping cooking set Camping pot Camping pans Outdoor cooking pot
户外桌椅（HS：9403200000）	美国（出口潜力 49 亿美元） 德国（出口潜力 8.51 亿美元） 英国（出口潜力 7.31 亿美元） 法国（出口潜力 6.58 亿美元） 日本（出口潜力 6.57 亿美元）	Folding camping table Camping table and chairs Foldable camping table Cliq chair Portable camping table
户外烤炉（HS：7321820000）	美国（出口潜力 810 万美元） 尼日利亚（出口潜力 490 万美元） 圭亚那（出口潜力 290 万美元） 肯尼亚（出口潜力 290 万美元） 英国（出口潜力 280 万美元）	Camping stove Portable gas stove Portable stove Camping gas stove Portable wood stove

知识巩固

应知考核

一、名词解释

1. 国际市场营销调研
2. 出口潜力地图
3. 谷歌趋势
4. 消费者市场
5. 消费者购买行为

二、不定项选择题

1. 在市场营销学中，市场的三要素包括（　　）。

A. 价格　　B. 人口　　C. 购买力　　D. 购买欲望

2. 开展国际市场营销调研时，主要包括哪些内容？（　　）

A. 产品调研　　B. 渠道调研　　C. 促销调研

D. 价格调研　　E. 竞争对手调研

3. 以下调研方式中属于国际市场营销间接调研方法的有（　　）。

A. 观察法　　B. 搜索引擎

C. 外贸数据库　　D. 在线问卷

4. 按消费者的购买习惯划分，消费者市场购买对象可以划分为（　　）。

A. 便利品　　B. 选购品

C. 耐用品　　D. 特殊品

5. 消费者市场，又称生活资料市场，是产品和服务流通的终点，消费者市场具有的特征包括（　　）。

A. 差异性　　B. 易变性

C. 专业性　　D. 分散性

应会考核

⊙ 案例分析

群雄逐鹿：东南亚短视频市场

2020 年 9 月相关数据显示，在人口总数超过 6.3 亿的东南亚地区，TikTok 的下载量高达 3.6 亿次，一半下载量来自 30 岁以下用户。

Facebook 推出的短视频应用 Lasso 于 2020 年 7 月退出市场；Instagram 短视频新功能 Reels 拓展到美国和全球其他 50 多个国家和地区，东南亚地区成为重要发力点。

对于东南亚这一互联网经济正在爆发式增长的市场，没有哪家企业愿意错过机会。而进入 21 世纪第三个十年，在社交媒体几近饱和的情况下，短视频成为众多企业交锋的最前沿阵地。

研究调查机构 WeAreSocial 发布的《2019 年全球互联网使用最新调研报告》显示，东南亚地区的数字经济覆盖人口达 4 亿，互联网普及率达到 65%，社交媒体渗透率为 63%，其数字经济市场规模潜力巨大。

东南亚市场除了本身拥有庞大的市场潜力，还有一个显著特征是整个市场充满了竞争。Facebook、亚马逊、微软、Netflix 等都早已在东南亚市场扎根。与此同时，强势崛起的中国和印度互联网企业也将物理距离更近并且文化隔膜更少的东南亚市场视为寻求海外市场拓展的第一站。从流媒体到短视频，东南亚市场充斥着新老玩家，而这恰恰是这一市场的巨大潜力所驱动的。

根据 Google 的报告，2025 年东南亚的线上媒体市场规模预计将达到 195 亿美元。由于疫情对线上娱乐产业的带动，短视频行业的需求进一步放大。短视频平台除了满足社交展示需求之外，同时也在扩展内容“护城河”，升级成为影视浏览、直播互动、新闻获取的综合内容互动平台，这样的平台进一步转型为用户移动互联网入口。

字节跳动计划未来三年在新加坡投资数十亿美元并建立数据中心，用于运营 TikTok 和 Lark。同时，在 TikTok 的官方招聘页面也能看到其明显加大了在东南亚招兵买马的速度。除了不计成本地进行渠道广告投放以获得用户外，TikTok 在东南亚还进行了新的营销尝试，如与东南亚流媒体平台 iflix 达成合作，开设了专门的“TikTok 频道”。

与此同时，TikTok 的老对手 Facebook 选择了依托本身就拥有海量用户的 Instagram 作为基本盘，为其增加了名为 Reels 的短视频功能，相当于在 Instagram 上完全复制了一个 TikTok。在 Instagram 全新的界面中，Reels 短视频取代了原先搜索的位置，在视觉及入口优先级上仅次于主页。

同时，Google 开始测试短视频功能 YouTube Shorts，用户可以通过这一功能上传并分享 15 秒的短视频。显然，Google 是想抓住时间窗口，一是用新功能抢占市场份额，二是大规模进行功能测试与优化。

对于国内的互联网企业，在产品功能的竞争力上并不会处于下风，TikTok 基于国内数据所训练出的算法便证明了这一点。但不能忽视的一个关键点是，几乎所有国内出海企业想要在海外市场取得立竿见影的效果，唯一的方法便是通过 Google 和 Facebook 的渠道进行海量的广告投放。

电通安吉斯集团（Dentsu Aegis Network，DAN）的首席数据官表示，在 TikTok 快速增长的时间，TikTok 广告的支出与往年同期相比增长了约 60%，其中 Instagram 便是 TikTok 重要的广告投放渠道。

因此，当原本的广告渠道商开始亲自下场与广告客户争夺市场时，这一竞争本身就具有极大的不对称性。

最终东南亚市场的各方较量，或许会成为全球短视频竞争的风向标。

（资料来源：佚名 .Facebook 再战字节跳动，东南亚短视频之争鹿死谁手？亚马逊 .（2020-10-28）[2022-01-21].）

问题讨论

1. 请简述东南亚短视频市场概况，分析该市场主要竞争者情况。
2. 分析企业要在东南亚短视频市场取得成功的关键要素有哪些。

⊙ 技能应用

请根据自己小组选择的行业背景，确定产品的 HS 编码，使用出口潜力地图工具，对该产品进行国际市场调研，并根据查询结果，填写表 2-3。

表 2-3 产品国际市场调研

序号	国家	市场潜力	目前出口规模	未开发潜力
1				
2				
3				
4				
5				
根据调查结果，你会选择哪个国家作为目标市场呢？请阐述理由。				

实践操作

项目团队				
项目负责人	姓　　名			
	专业班级			
	学　　号			
	联系方式		Email	
项目团队成员	姓　　名	学　　号	专业班级	分工 / 角色
任务起止时间	年　月　日—　年　月　日			
实训内容	结合当地有代表性的外贸行业 / 企业国际市场营销实际，为该行业 / 企业某一国际目标市场做好营销调研。			
实训目的	通过该实训项目，学生能够： 1. 使用出口潜力地图工具，分析出口潜力市场。 2. 使用谷歌趋势工具，分析产品的目标市场、受众信息以及未来的营销方向。 3. 使用谷歌搜索技巧，分析竞争对手及其产品详情。 4. 撰写国际市场调研报告及进行口头汇报。			

续表

<table>
<tr><td>实训要求</td><td>以教学班级成立的项目团队为单位开展实训项目，明确内部分工。以各项目团队为单位与当地涉外行业 / 企业进行联系，确定研究对象。</td></tr>
<tr><td>实训操作步骤</td><td>步骤一：由实训指导教师介绍该实训项目的目的与要求。
步骤二：由指导教师介绍国际市场调研工具使用的相关内容。
步骤三：结合该实训项目的实际情况，在教师的指导下，完成项目团队的组队及任务分工，每个项目团队 6～8 人。
步骤四：各项目团队研究市场调研内容，作为本实训项目操作的主要内容。
步骤五：各项目团队按各自的内容，查找与实训项目相关的信息资料。
步骤六：各项目团队在规定时间内完成国际市场调研内容，上交指导教师。
步骤七：各项目团队以 Word 文件形式提交格式规范的《×××企业 / 行业国际营销调研》。
步骤八：实训成果汇报、质询、评议及成绩综评。
1. 各项目团队推选一名代表采用 PPT 形式进行实训成果汇报。
2. 各项目团队之间互评、师生质询，教师进行适当点评并总结。
3. 教师对各项目团队及其成员进行综合成绩评定。</td></tr>
<tr><td>实训成果</td><td>各项目团队按以下要求撰写、提交国际营销调研策划方案一份，字数不少于 1 000 字，文字表述要精练，观点明确，并且善于使用表格、图示等进行表述。
<table>
<tr><td colspan="2">《×××企业 / 行业国际营销调研》</td></tr>
<tr><td>时间</td><td></td></tr>
<tr><td>项目团队</td><td></td></tr>
<tr><td>项目负责人</td><td></td></tr>
<tr><td>执笔人</td><td></td></tr>
<tr><td>项目团队成员</td><td></td></tr>
<tr><td colspan="2">国际营销调研策划方案</td></tr>
<tr><td colspan="2">Ø 目录
Ø 正文</td></tr>
</table></td></tr>
<tr><td>实训考评（百分制）</td><td>
<table>
<tr><td>评分维度</td><td>信息的处理与应用</td><td>知识的应用性</td><td>分析的逻辑性</td><td>创新性</td><td>实训文本</td><td>汇报者的仪容仪态</td><td>答辩</td><td>团队分工合作</td></tr>
<tr><td>百分比</td><td>10%</td><td>15%</td><td>15%</td><td>18%</td><td>10%</td><td>10%</td><td>10%</td><td>12%</td></tr>
<tr><td>得　分</td><td></td><td></td><td></td><td></td><td></td><td></td><td></td><td></td></tr>
</table></td></tr>
</table>

项目三　国际目标市场确定

项目描述

对于企业而言，开展国际营销的挑战是如何在纷繁复杂的国际市场中，选择合适的目标市场并制订可行的营销计划。为有效地进入并占领国际市场，企业要依据一定的标准对国际市场进行细分，并结合自身资源与竞争优势，从中选择一个或多个细分市场作为目标市场，选择进入国际目标市场的模式，并针对国际目标市场作出定位决策。

学习目标

■ 知识目标

1. 掌握国际市场细分标准与方法；
2. 掌握国际目标市场类型与营销策略；
3. 了解国际市场定位及其策略；
4. 了解国际市场目标市场发展战略。

■ 能力目标

1. 能够为背景企业有效地细分国际市场、选择目标市场和进行目标市场定位；
2. 在国际市场细分的基础上，能够为背景企业选择合适的目标市场，制定相应的营销策略。

■ 素养目标

1. 了解区域全面经济伙伴关系协定（RCEP）等政策红利给中国企业带来的出海机遇；
2. 通过实训项目的团队合作，培养良好的自主学习与合作学习能力，提升信息处理能力、创新能力、书面表达与口头表达能力、团队协作精神、仪容仪态等。

知识导图

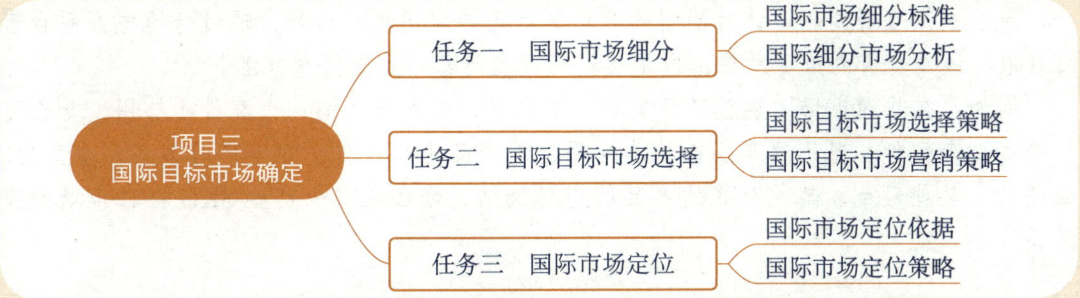

案例导入

澳柯玛出海的差异化策略

澳柯玛股份有限公司（以下简称澳柯玛）创立于1987年，2000年在上海证券交易所上市，现有控股子公司29家。公司拥有“中国驰名商标”“中国名牌产品”“出口免验产品”等荣誉称号，形成冰柜、冰箱、生活电器、商用冷链产品、冷链物流装备、自动售货机、新能源电动工具车等多层次、多梯度的产业格局。

2012年，澳柯玛在美国正式成立分公司，标志着澳柯玛在北美业务得到进一步的发展。2016年，澳柯玛开始探索跨境电商模式，与国际知名B2C平台eBay达成合作共识，并以小家电作为了跨境电商的切入口，开设了北美市场的eBay和亚马逊店铺。

1. 澳柯玛针对不同市场设定了差异化的价格定位和产品卖点

以美国市场为例，小家电的Top10和Top20在价格定位上完全是两个层次——同样的产品可能在Top10里是较低的价位，但在Top20的同类产品中价格较高，而到了Top30低价又会回归，所以并非价格高就卖得好，或是价格低就有市场。每一个价位都有对应的受众，但总体来说美国市场对价格较为敏感，所以澳柯玛在美国市场是以价格优势为切入点的。相比之下，澳大利亚市场对价格没有那么敏感。排名靠前的产品的价格定位都较高，对于同样的产品，如果销售价格过低，消费者反而不会为此买单。

澳柯玛根据不同的市场消费者的特性设定产品定位。对于同款产品，在某个市场上将其设为高端定位，展现其精致、多样的卖点，价格随之提高；在另一些市场，可能就会摒弃一些用处不是很大的卖点，保留产品最基本的功能，以较低的价格呈现。

2. 同款产品在国内外市场有不同“境遇”

澳柯玛在接触跨境电商之前，已经在天猫、京东、苏宁易购等国内电商平台开店，并已经拥有专门的电商运营公司。以澳柯玛某款果实烘干机为例，这款果实烘干机在国内销量很不错，在一些国内电商网站上浏览量很高。国外消费者使用这款产品主要是给宠物烘干水果吃，小动物直接吃新鲜水果可能会引起腹泻，如果把水果烘干了，宠物既可以吸收维生素，又不会导致腹泻。根据国内外消费者产品的使用差异，澳柯玛不断地深入了解海外当地市场，并调整产品的卖点展示，如通过图片、文字来对消费者进行心理上的宣传、暗示。

3. 不同市场存在审美差异，根据消费者反馈调整运营策略

除了根据市场调研，针对不同的市场制定差异化运营策略外，通过跨境电商平台直接获取一线消费者的市场反馈，也是澳柯玛调整运营的重要信息来源。

例如，在欧洲市场，某款产品只有一个配件，消费者反馈一个配件不够用，是否可以多寄一个配件。基于这类反馈，澳柯玛会对产品进行优化，在生产时多备一个配件。或是基于某些颜色、某些款式的产品的市场反馈，增加或减少这些SKU在该市场的投放量。

澳柯玛最核心的市场竞争优势是产品，所以其对产品设计、生产要求更加精细化。因为当前跨境电商平台上智能化的小家电产品并不多，更多的是一些基础型、实用型的产品，所以智能型产品市场会有更多的机会，有利于提升澳柯玛的品牌形象。

（资料来源：张毅．不同市场不同招数，澳柯玛跨境出海的差异化打法．雨果跨境互联网平台．（2018-05-14）[2022-01-21].）

问题思考

澳柯玛进入国际市场采用的是哪种目标市场营销策略？该种营销策略具有哪些特点？

任务一 国际市场细分

市场细分（Market Segmentation）是指企业通过市场调研，依据消费者（用户）需求的差异性，选定一定的标准，将整体市场划分为两个或两个以上具有不同需求特性的“子市场”。

在国际目标市场中，由于消费者所处客观环境、购买动机等方面的不同，因此存在消费需求差异。对于这部分由具有同样消费需求的消费者组成稳定的细分市场，企业会在自身资源有限的情况下集聚资源，更好地满足目标市场消费者的需求。

课证融通

跨境电商海外营销职业技能等级证书（中级、高级）要求

面向职业岗位	职业技能要求
跨境营销市场分析	1. 能使用目标市场营销战略工具，进行网络市场细分、网络目标市场选择、网络市场定位分析。 2. 能分别使用单细分市场营销战略和微型市场营销战略，对网络客户目标市场进行定位。
跨境独立站选品	1. 能使用第三方跨境电商平台分析工具，分析不同跨境平台经营策略和经营品类情况，形成跨境独立站选品项目建议书。 2. 能利用数据化分析工具，确定产品定位和品牌定位。

一、国际市场细分标准

（一）消费品市场细分标准

1. 购买力因素

消费者购买力一般理解为消费者消费能力，是指消费者用以购买消费品的货币支付能力，是社会商品购买力的主要部分。消费者的消费能力高低，直接影响商品的市场容量。

2. 文化因素

文化因素对国际市场营销影响较大。不同文化背景产生不同的个性需求。构成文化诸因素的语言文字、风俗习惯、受教育程度、宗教信仰、审美观、价值观、社会阶层等都能成为国际市场营销细分标准。

3. 地理因素

地理因素主要包括消费者的住所地以及该地的气候、交通运输条件、人口密度等地理位置、地理环境因素。

4. 心理因素

心理因素包括消费者的生活方式、生活态度、购买动机、消费习惯等。

5. 购买行为因素

购买行为因素包括购买时机、利益追求、使用频率、产品忠诚度等因素，是细分消费者市场的有效标准之一。

（二）生产者市场细分标准

生产者市场具有不同于消费者市场的若干特点，生产者市场细分也有不同于消费者市场细分的标准，主要包括最终用户、所需产品、用户规模、用户追求利益、用户地区等。

企业连线 3-1

谷歌细分受众定位

谷歌通过以下三个方面定位受众，分别是：

（1）他们是谁（受众）：婚姻状况、育儿状况、教育、房屋所有权状况、就业等。

（2）他们有哪些兴趣和习惯（兴趣相似的受众）：媒体与娱乐、家居与园艺、新闻与政治、旅游、生活方式与业余爱好、科技、美容与养生、购物、车辆与交通、运动和健身、银行与金融、餐饮美食。

（3）他们正在积极研究或规划什么（有购买意向的受众）：乐器和配件、交友服务、商业和工业产品、商业服务、婴童产品、媒体与娱乐、季节性购物、家居与园艺、就业、工艺美术用品、房地产、教育、旅行、服饰与配饰、活动门票、消费类电子产品、电信、礼品与特殊场合、美容与个人护理、美食、计算机及外国设备、财务服务、车辆和载具、软件、运动和健身。

在移动互联网时代，大数据俨然变成了营销活动中黏度非常高的一项技术。谁掌握了这些数据，谁就掌握了市场命脉，谁就能针对用户的需求做精准营销。当今，移动互联网、云计算、物联网等新兴通信技术的迅猛发展，导致数据流量的爆炸式增长和数据结构类型的高度复杂化，促使市场营销进入网络化的大数据时代。

（三）网络市场细分标准

市场营销人员可以借助搜索引擎、移动设备和社交网络获得相应信息，研究更深层次的基本人口状况和地理细分。同时，市场营销人员也可以利用大量的位置信息，包括社区、移动端（社交标签、广告、手机应用程序）的行为互动和行为指标、移动搜索和浏览数据，重新定位营销目标人群。基于网络的市场细分数字媒体和数据生产，促使消费者或其他群体形成共同的利益和价值观。在这些人被地理、文化和隔代分歧分裂后，数字技术把他们带到了一起。

企业连线 3-2

资生堂市场细分策略

资生堂曾经实行的是一种不对消费者进行细分的大众营销策略，即希望品牌的各类化妆品对所有的消费者都适用，结果遭遇重大挫折，市场占有率急剧下降。资生堂经过认真分析后，决定由原来的无差异的大众营销转向个别营销，即对不同消费者采取不同的营销策略。

资生堂曾对女性化妆品市场进行调查，按照女性消费者的年龄将所有潜在女性消费者分为四种类型，即把女性化妆品市场细分为四个子市场：第一类为15～17岁的女性消费者，她们正当妙龄，讲究打扮，追求时髦，对化妆品的购买意识较强烈，但购买的往往是单一的化妆品；第二类为18～24岁的女性消费者，她们对化妆品也非常关心，采取积极的消费行动，通常会购买中意的化妆品；第三类为25～34岁的女性消费者，她们对化妆品的需求心理和购买行为有所变化；第四类为35岁以上的女性消费者，她们可以分为积极派和消极派，但也显示了对单一化妆品的需求。市场细分后的资生堂提出了“体贴不同岁月的脸”的营销口号，即为不同年龄阶段的消费者提供不同品牌的化妆品。

资生堂不像一般的化妆品公司那样，对零售商有较大的依赖，它有自己独立的销售渠道，旗下专卖店（柜）众多。为配合产品销售，资生堂推行了“品牌店铺”策略，即结合各品牌的具体情况，在每一专卖店（柜）中只集中销售一种或几种品牌。

（资料来源：佚名．资生堂品牌营销策略的分析．非常差异品牌营销策划有限公司官网．（2021-06-30）[2022-01-22].）

二、国际细分市场分析

基于跨境电商平台，企业开展细分市场分析，一般是基于Top100样本，即近30天销售量前100的商品。样本的选择是市场分析的前提。如果个别商品数小于100，说明细分市场小；在售商品数小于100或近期无销量，说明该市场价值较小。

通过分析商品集中度、品牌集中度、卖家集中度和垄断度，企业可以判断市场垄断情况。

商品集中度 = 销量前10位商品的总销量 / 销量前100位样本商品的总销量 × 100%

品牌集中度 = 前10品牌总销量 / 样本商品总销量 × 100%

卖家集中度 = 销量前10位卖家总销量 / 样本商品（销量前100位）总销量 × 100%

垄断度 = 头部商品月均销售量 / 样品月均销售量

垄断度指标用于了解头部商品的垄断情况，比值越大，说明头部商品对市场垄断程度越高。一般来说，比值在5以上，说明处于相对垄断地位。

月总销量和月均销售额等指标可以反映市场规模。A+占比、平均BSR等指标可以在一定程度上反映市场的竞争程度。A+占比是指使用A+商品数占总样本数的比值；平均BSR（Best Sellers Rank）是指该细分市场样本范围内热销商品的排名。商品的平均BSR数值越小，说明该商品越畅销，竞争越激烈。

学中做3-1

美国亚马逊跨境电商平台细分市场分析

分析美国亚马逊男士鞋子的细分市场，可以发现共有51个细分市场，其中样本数小于100的有22个细分市场，剩余29个细分市场。分析这29个细分市场的商品集中度、品牌集中度、卖家集中度、垄断度、月总销量、月均销售额、A+占比、平均BSR等指标（见表3-1）。

表3-1　亚马逊男士鞋子细分市场各项指标

序号	细分市场	样本数量	商品集中度	品牌集中度	卖家集中度	垄断度	月总销量	月均销售额（$）	A+占比	平均BSR
1	居家鞋、室内拖鞋	商品：100 品牌：54 卖家：37	34.0%	54.9%	82.0%	3.4	554 725	200 455	93%	1 192

续表

序号	细分市场	样本数量	商品集中度	品牌集中度	卖家集中度	垄断度	月总销量	月均销售额（$）	A+占比	平均 BSR
2	休闲运动鞋	商品：100 品牌：21 卖家：17	25.0%	89.2%	92.1%	2.5	365 213	227 931	86%	3 507
3	跑步鞋	商品：100 品牌：21 卖家：49	37.7%	89.7%	74.7%	3.8	364 559	292 312	65%	14 004
4	乐福鞋	商品：100 品牌：37 卖家：30	48.8%	81.5%	84.8%	4.9	361 419	173 608	91%	45 653
5	运动凉鞋	商品：100 品牌：23 卖家：25	30.7%	95.5%	93.4%	3.1	306 066	141 812	84%	2 105
6	篮球鞋	商品：100 品牌：5 卖家：65	23.0%	100.0%	47.9%	2.3	291 881	388 255	7%	1 017 930
7	洞洞鞋	商品：100 品牌：27 卖家：38	47.6%	97.8%	94.9%	4.8	243 496	102 032	84%	124 598
8	商务休闲鞋	商品：100 品牌：19 卖家：17	28.0%	93.8%	94.4%	2.8	212 935	119 221	97%	72 274
9	时装凉鞋、凉拖	商品：100 品牌：49 卖家：33	42.3%	65.2%	83.7%	4.2	208 540	70 808	84%	4 383
10	登山靴	商品：100 品牌：40 卖家：28	47.7%	86.0%	92.6%	4.8	181 705	163 353	83%	99 968
11	雪地靴	商品：100 品牌：52 卖家：40	40.2%	58.2%	79.3%	4.0	176 133	131 436	83%	7 745
12	健步鞋	商品：100 品牌：58 卖家：48	39.8%	64.7%	71.3%	4.0	137 530	64 030	93%	5 504
13	越野跑鞋	商品：100 品牌：36 卖家：39	42.4%	78.4%	79.4%	4.2	111 715	66 097	76%	6 582

续表

序号	细分市场	样本数量	商品集中度	品牌集中度	卖家集中度	垄断度	月总销量	月均销售额（$）	A+占比	平均 BSR
14	网球和球拍运动类运动鞋	商品：100 品牌：27 卖家：35	53.8%	94.6%	93.0%	5.4	92 074	60 167	61%	3 675
15	高帮皮马靴	商品：100 品牌：45 卖家：27	35.6%	70.8%	90.7%	3.6	89 611	68 718	77%	13 419
16	健行鞋	商品：100 品牌：26 卖家：27	49.3%	88.3%	88.4%	4.9	84 888	62 940	85%	9 810
17	健身和交叉训练鞋	商品：100 品牌：22 卖家：26	62.2%	93.6%	94.0%	6.2	82 865	57 470	73%	13 246
18	雨靴	商品：100 品牌：38 卖家：39	61.6%	83.4%	90.6%	6.2	80 946	53 991	72%	11 530
19	切尔西靴	商品：100 品牌：65 卖家：39	49.5%	62.9%	87.9%	4.9	60 734	58 131	69%	17 270
20	足球鞋	商品：100 品牌：39 卖家：49	51.1%	82.5%	76.1%	5.1	46 476	27 097	76%	49 886
21	自行车鞋	商品：100 品牌：36 卖家：38	65.5%	83.8%	91.0%	6.6	45 898	35 686	77%	81 693
22	狩猎鞋	商品：100 品牌：30 卖家：30	56.0%	91.0%	93.3%	5.6	43 696	42 793	57%	23 134
23	溯溪鞋	商品：100 品牌：47 卖家：35	69.8%	76.7%	91.0%	7.0	42 046	16 140	64%	18 250
24	高尔夫球鞋	商品：100 品牌：20 卖家：21	41.2%	95.5%	96.3%	4.1	40 985	35 703	70%	37 641
25	西装鞋	商品：100 品牌：30 卖家：25	51.0%	88.0%	93.0%	5.1	39 373	53 407	58%	35 441

续表

序号	细分市场	样本数量	商品集中度	品牌集中度	卖家集中度	垄断度	月总销量	月均销售额（$）	A+占比	平均 BSR
26	鞋靴	商品：100 品牌：66 卖家：27	58.8%	67.4%	94.2%	5.9	33 200	18 348	33%	40 701
27	滑板鞋	商品：100 品牌：21 卖家：29	50.7%	86.1%	87.5%	5.1	31 836	19 465	38%	28 447
28	摔跤鞋	商品：100 品牌：10 卖家：17	65.9%	100.0%	97.9%	6.6	29 546	18 471	55%	10 013
29	保龄球鞋	商品：100 品牌：17 卖家：11	54.0%	97.8%	99.4%	5.4	26 977	18 083	33%	35 481

（资料来源：卖家精灵）

任务二 国际目标市场选择

目标市场是指企业通过市场细分，根据自身的任务、目标与资源条件所选定的，并将以相应的产品或服务满足其现实的或潜在的消费者需求的某一个或几个细分市场。

一、国际目标市场选择策略

企业可选择以下五种目标市场选择策略。

（一）市场集中化

市场集中化是指企业在若干国际细分市场中，只选取一个细分市场，只生产一类产品，供应某单一的顾客群，进行集中营销。

（二）产品专业化

产品专业化是指企业集中推出某一种或某一类产品或服务，并向所有的消费者销售。

（三）市场专业化

市场专业化是指企业专门经营满足某一顾客群需求的各种产品。

（四）选择专业化

选择专业化是指企业选取若干个具有良好盈利潜力和吸引力，且符合企业的目标和资源条件的细分市场作为目标市场，其中每个细分市场与其他细分市场之间很少有或者根本没有任何联系。

（五）市场全面化

市场全面化是指企业以生产多种产品来满足各类顾客群体的需要。只有实力雄厚的大型企业才能选用这种类型。

学思之窗

RCEP，中国企业的出海机遇期

“作为世界上规模最大的自贸协定，RCEP在全球面临疫情挑战、经济全球化逆流的艰难时期达成，可以预见它将为推动新一轮经济全球化发挥驱动和引领作用。”中国国际经济交流中心副理事长、商务部原副部长魏建国表示。

对于中国来说，RCEP将极大降低我国对外技术、关税、程序、标准、知识产权等壁垒，提升贸易便利化水平，对TMT、供应链与物流运输、医疗与生命科学和跨境电商等行业带动优势明显。不难预见，中国出海赛道即将迎来高速增长期。

（资料来源：佚名.RCEP即将生效，中国企业的出海机遇期来了！站长之家.（2021-12-24）[2022-01-22].）

学中做 3-2

目标市场的选择

第一步，要对品牌集中度、月总销量、月均销售额和商品平均BSR等指标进行数据标准化处理，其中品牌集中度、商品平均BSR等2个指标数值越小，说明该细分市场越好。另外，月总销量和月均销售额两个指标则指数数值越大越好。同时考虑不同指标的数值相差较大，直接用于数据分析不合理。所以要对4个指标的数值进行标准化处理。

品牌集中度、商品平均 BSR 指标按照以下公式进行标准化处理：

（最大值 - 当前值）/（最大值 - 最小值）

月总销量和月均销售额两个指标按照以下公式进行标准化处理：

（当前值 - 最小值）/（最大值 - 最小值）

第二步，要确定各指标的权重，在确定各指标的权重的时候，要充分咨询多位企业的跨境电商运营人员，相互讨论，最终确定指标权重。例如，因为市场规模和竞争程度都很重要，对于市场规模而言，月总销量和月均销售额两个指标同等重要，分别给予赋权 25%；对于市场竞争程度而言，品牌集中度要做重要考虑，其次是商品的平均 BSR，那么对于两个指标分别给予赋权 30% 和 20%。

表 3-2 指标权重

指标	月总销量	月均销售额	品牌集中度	平均 BSR
权重	25%	25%	30%	20%

细分市场排序结果如表 3-3 所示，企业基于排序结果做出目标市场的选择。

表 3-3 亚马逊男士鞋子细分市场排序

序号	细分市场		序号	细分市场		序号	细分市场	
1	Basketball	篮球鞋	11	Chukka	高帮皮马靴	21	Hunting	狩猎鞋
2	Road Running	跑步鞋	12	Sandals	时装凉鞋、凉拖	22	Fitness & Cross-Training	健身和交叉训练鞋
3	Fashion Sneakers	休闲运动鞋	13	Trail Running	越野跑鞋	23	Rain	雨靴
4	Oxfords	商务休闲鞋	14	Walking	健步鞋	24	Cycling	自行车鞋
5	Loafers & Slip-Ons	乐福鞋	15	Chelsea	切尔西靴	25	Skateboarding	滑板鞋
6	Slippers	居家鞋、室内拖鞋	16	Tennis & Racquet Sports	网球和球拍运动类运动鞋	26	Shoes	鞋靴
7	Hiking Boots	登山靴	17	Hiking Shoes	健行鞋	27	Bowling	保龄球鞋
8	Mules & Clogs	洞洞鞋	18	Golf	高尔夫球鞋	28	Water Shoes	溯溪鞋
9	Sport Sandals & Slides	运动凉鞋	19	Western	西装鞋	29	Wrestling Shoes	摔跤鞋
10	Snow Boots	雪地靴	20	Soccer	足球鞋			

二、国际目标市场营销策略

国际目标市场的具体情况不同，企业采取的营销策略也要有所差别。可供企业选择的目标市场营销策略有无差异营销策略、差异性营销策略和集中性营销策略三种。

（一）无差异营销策略

无差异营销（Undifferentiated Marketing Strategy）是指企业将整个市场作为目标市场，推出一种产品，实施同一种营销组合策略，以满足整个市场上尽可能多的消费者的某种共同需求。

（二）差异性营销策略

差异性营销策略（Differentiated Marketing Strategy）是指企业在市场细分的基础上，选择多个细分子市场作为目标市场，并针对各个目标市场的不同特点，分别设计不同的产品，运用不同的营销组合方案，以满足多个目标市场消费者的不同需求。

（三）集中性营销策略

集中性营销策略，又称密集性营销策略，是指选择一个或少数几个子细分市场或一个细分市场的一部分作为目标市场，集中企业全部市场营销组合为其服务，实行专门化生产和销售。

三种目标市场营销策略的优缺点和适用情况如表 3-4 所示。

表 3-4　三种目标市场营销策略的优缺点和适用情况

类型	优　点	缺　点	适用情况
无差异营销策略	● 成本低。因为企业产品生产品种单一、批量大、销售面广、宣传投入少，所以生产成本和营销成本都比较低。 ● 易获取规模经济效益。企业可以大量生产、储运与销售，容易形成规模生产与销售，实现规模经济效益。 ● 便于管理。企业经营产品单一，便于企业按统一的要求与营销方案经营，便于企业管理和中间商经营管理。	● 忽视了市场需求的差异性，难以满足顾客的个性化需求。 ● 容易导致竞争激烈和市场饱和，企业难以保持持久的规模经济效益。	● 需求弹性小的产品，如煤炭、工业用糖等。 ● 顾客挑选性不大的产品，如食盐、粮食等基本生活用品。 ● 经营企业不多、竞争性不强的产品，如石油等。
差异性营销策略	● 满足了消费者的不同需求，商品的适销性强。 ● 企业生产多种产品以满足多个目标市场的消费者需求，消费	● 企业生产产品品种多，增加了企业生产设备、人工及产品的开发设计费用等，生产、设计成本相应增加。	● 消费者需求弹性较大的商品，如高档家具、名牌服装、名牌化妆品等。

续表

类型	优　点	缺　点	适用情况
差异性营销策略	需求量大、产品销售量大，有利于企业降低成本，提高盈利水平。 ● 企业同时在几个细分市场上经营，有利于增进消费者对企业及其产品的认知度和信任度，有利于树立企业良好的形象，从而提高市场占有率。	● 企业经营的产品多，分销费用、宣传费用、储运费用、推销费用等均会大幅增加，销售成本也会相应增加。 ● 企业资源分散于各个目标市场，容易失去竞争优势。	● 处于成长期和成熟期的产品。 ● 规格等级复杂的产品。
集中性营销策略	● 营销目标集中，便于企业深入了解市场需求变化，能充分发挥企业优势。 ● 营销组合策略的针对性强，节约生产成本和营销费用。 ● 生产的专业化程度高。 ● 满足个别市场特殊的需求，有利于企业产品在该目标市场取得优势地位，提高企业的市场占有率和知名度。	● 企业目标市场过于集中与狭小，产品过于专业化，一旦市场发生变化，企业风险大。 ● 过于狭小的目标市场发展潜力不大。	● 生产周期短、数量波动大的产品。 ● 资源有限、实力不强的中小企业。

企业连线 3-3

蜜雪冰城的差异化商业模式创新

当代年轻人对奶茶的热衷与高度需求，让茶饮行业在近几年风头愈盛。在纷争不断的茶饮江湖中，有一个靠摆摊儿起家的茶饮品牌，在品牌创立至今的 20 多年时间里，看似默默无闻，实则一直努力扩大着自己的商业版图，它就是蜜雪冰城。

制造爆款，坚持低价。蜜雪冰城初期推出定价 3 元 / 杯的柠檬水和 1 元 / 个的冰激凌。在两大爆品的加持下，蜜雪冰城的开店速度与经营规模均创新高。比起喜茶、奈雪等“后起之秀”，蜜雪冰城在消费升级的浪潮抵达之前，便已经靠爆品与低价在饮品市场占据了一席之地。相比于喜茶、奈雪等品牌茶饮的价格，蜜雪冰城的产品的确满足了多数消费能力并不强的学生党、年轻白领们的口腹之欲。

定位明晰，主攻下沉市场。除了低价策略，多年以来，总部位于郑州的蜜雪冰城，一直将品牌的开店重心放在消费潜力更大的下沉市场。蜜雪冰城的门店主要遍布河南、河北、山东、四川等多个省份的三四线及以下城市，基本达到了“承包”的地步。这些地方的学生党、初入社会的年轻群体就是品牌的目标消费者。蜜雪冰城在选址时，往往会把门店扎堆开在学校周边、商业步行街、城中村、车站等客流量较大的区域，这些地方不仅有利于品牌曝光，更重要的还是有大量学生党、年轻人等目标消费者聚集，易形成稳定的复购率。

蜜雪冰城的成功并不是单纯倚靠“低价”迅速抢占市场。在此基础上，蜜雪冰城持续打造爆品抢占用户视线，自建供应体系控制成本，全面品牌营销设计实现用户增长，从而能够持续保持活力与生命力。

（资料来源：咨询人 Claire. 蜜雪冰城 65 亿背后的差异化商业模式创新 . 知乎 .（2022-05-06）[2022-10-22].）

知识拓展

企业目标市场营销策略选择影响因素

企业目标市场营销策略选择影响因素包括企业资源、产品特性、市场特点、产品的生命周期、竞争者的目标市场策略。

1. 企业资源

企业的资源条件决定了企业的市场规模和营销力量。若资源雄厚，企业可以考虑实行差异性营销策略；若资源有限，企业最好采取集中性营销策略或无差异营销策略。

2. 产品特性

产品特性是指产品性能、特点等方面的差异性大小。对于同质产品或需求上共性较大的产品，如大米、食糖、食盐等产品，企业多选择无差异营销策略；对于差异性较大的产品，企业则选择差异性营销策略，如汽车、家电、报纸与杂志等。

3. 市场特点

市场特点是企业决定选择目标市场营销策略的首要因素。例如，消费者在同一时期的偏好相同、购买数量相同，则可以视为同质市场，企业可选择无差异营销策略；反之，市场需求差异较大，则视为异质市场，企业可选择差异性营销策略。

4. 产品的生命周期

产品所处的生命周期阶段不同，营销的重点不同，则企业选择的目标市场营销策略也不同。处在引入期和成长期的产品营销重点是启发与巩固消费者偏好，企业最好选择无差异营销策略或集中性营销策略。当产品进入成熟期后，市场竞争激烈，消费者需求多样化，企业可选择差异性营销策略开拓新市场，满足新的需求，延长产品的生命周期。

5. 竞争者的目标市场策略

企业选择目标市场战略时，应与主要竞争者相区别。如果强大的竞争者实行的是无差异营销策略，则企业应实行差异性营销策略或集中性营销策略；如果竞争者实行差异性营销策略，则企业应实行集中性营销策略或更深度细分的差异性营销策略。

任务三 国际市场定位

国际市场定位是指企业根据其所选定的目标市场的竞争情况与本企业的条件，确定本企业及其产品在目标市场上的突出位置，塑造企业整体形象。

一、国际市场定位依据

企业国际市场定位的依据主要有以下几个方面。

（一）产品差异

企业可以根据产品的性能、价格、外观设计、质量、销售服务等方面的差异确定市场定位是否有别于竞争者，是否具有特色，能否满足消费者需求。

（二）个性化差异

企业应建立与竞争者有明显差异的品牌形象，赋予品牌独有的个性，以满足消费者的个性需求。

（三）服务差异

良好的销售服务是企业赢得消费者、赢得市场的关键。当对产品差异与品牌差异难以取舍时，消费者往往会将预期得到的服务作为选购商品的重要依据。

企业连线 3–4

三只松鼠定位营销

2012 年，三只松鼠股份有限公司（以下简称三只松鼠）推出第一个互联网森林食品品牌——三只松鼠，代表着天然、新鲜以及非过度加工。上线仅仅 65 天，三只松鼠的销售额就跃居天猫坚果行业的第一名。与传统农产品的营销相比，三只松鼠的营销有哪些特别之处？

三只松鼠的目标人群定位非常明确，它的客户群体定位是80后、90后互联网用户群体。80后、90后个性张扬，有自己的主见和行为准则，他们追求时尚、享受生活、善待自己，对细节挑剔，习惯网购，注重全方位的消费体验。从命名开始，三只松鼠就很注重契合目标消费者的特点。互联网的主流群体是80后、90后，非常年轻，所以互联网化的品牌名称，除了要能很好记忆，也要好玩。当这两者合为一体时，人们就很容易联想到动物，于是“三只松鼠”的名称应运而生。

三只松鼠的形象和包装也是根据消费者的需求设计的。三只小松鼠色彩鲜丽、活泼可爱，而且每个还有自己的名字，代表着一种典型性格。松鼠小贱，任何时候都保持积极乐观的态度；松鼠小酷，技术宅一枚，喜欢发明创作，对一切新奇的事情充满兴趣，符合大多数宅男的状态；松鼠小美，温柔美丽，是年轻女性的典型代表。如今，这三只松鼠正逐步笼络80后、90后互联网用户群体，尤其是针对女性，设有小美专区，品茶、赏花、看书、写作极大地吸引了年轻一代女性的注意力，拉动了产品消费。

三只松鼠还基于80后、90后互联网用户群体的定位，适应顾客的各种口味，特意将位于销售链前端的售前客服进行分组，分组的标准则是根据客服的性格与个人偏好决定。如果顾客想听高端大气上档次、奔放洋气有内涵的话题，可以找小清新文艺组松鼠接待等。这些定位于目标消费群体的营销方式，极大地满足了顾客的消费体验。如此一来，增加了很多回头客，二次购买率不断提升。

（资料来源：佚名．三只松鼠营销案例分析．百度文库．(2022-10-10) [2022-10-22].）

二、国际市场定位策略

（一）针锋相对式策略

实行针锋相对式策略的企业，将其产品定位在与竞争对手相似或者相近的位置上，同竞争对手争夺相同的细分市场。

（二）填空补缺式策略

企业在国际目标市场上寻找还没有被占领或者未被完全占领的，但为许多消费者所重视的市场位置进行定位，即填补市场上的空白。

（三）另辟蹊径式策略

当意识到自己无力与强大的竞争对手进行对抗而获得绝对优势地位时，企业可根据自己的条件取得相对优势，即突出宣传自己与众不同的特色。

（四）重新定位策略

企业在选定了市场定位目标后，如果定位不准确，或者虽然开始定位得当，但当市场情况发生变化而影响原有市场定位时，就应考虑重新定位。

企业连线 3-5

A 工业公司的填空补缺式营销

A 工业公司是一家生产玻璃的厂商，其资金、资源和生产能力在同行业中均居中下游。起初，A 工业公司试图向建筑市场推销用于房屋门窗的普通平板玻璃，但由于实力不足，很难与其他实力雄厚的公司相抗衡，其产品在建筑市场中所占份额极其微小。

后来，A 工业公司的市场营销主管人员对市场进行细分后改变了供应方向，将产品集中供应给要用硬化彩色玻璃来生产产品的公司，满足客户的特殊需要。A 工业公司采用了填空补缺式市场定位策略，并制定了不为大企业所重视的“小市场”的营销组合方案，与客户建立了密切的关系，成效显著，获得了非常高的利润率。

学中做 3-3

通过竞品分析确定产品定位

在充分分析竞品的基础上，企业市场营销人员应充分挖掘产品卖点，进行正确的产品定位，为企业提供可行的选品建议。以“马桶疏通器（toilet plunger）”为例，使用“卖家精灵”进行竞品分析，选择“Drain Augers”子类目，输入关键词“toilet plunger”，得到 64 条搜索结果（不包含其他变体），梳理 TOP5 竞品基本信息如表 3-5 所示：

表 3-5　马桶疏通器 TOP5 竞品

主图	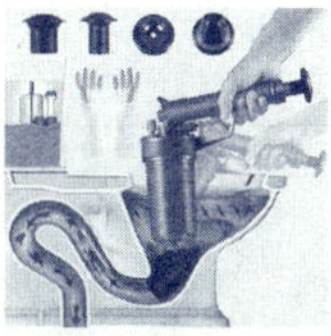	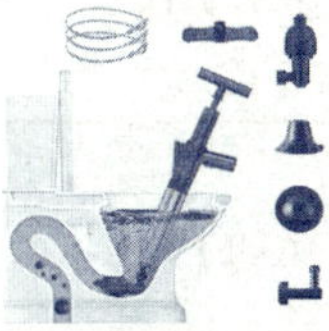	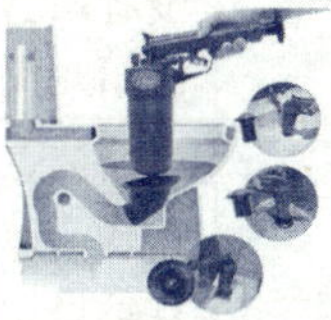	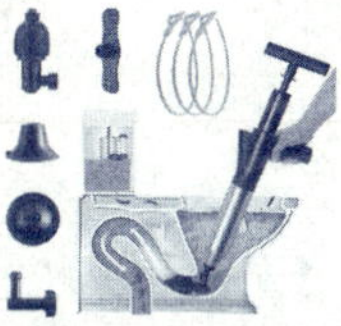	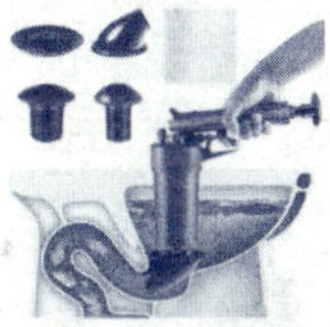
变体数量	1	2	1	1	1
变体属性	无	颜色	无	无	无
价格	$31.99	$39.99	$19.99	$39.99	$29.99
上架时间	2022-08-30	2022-02-16	2018-08-18	2021-07-19	2022-06-28
月销量	1 494	1 107	577	533	526

选择 3 款代表性竞品进行深入分析（见表 3-6）：

表 3-6　马桶疏通器竞品分析

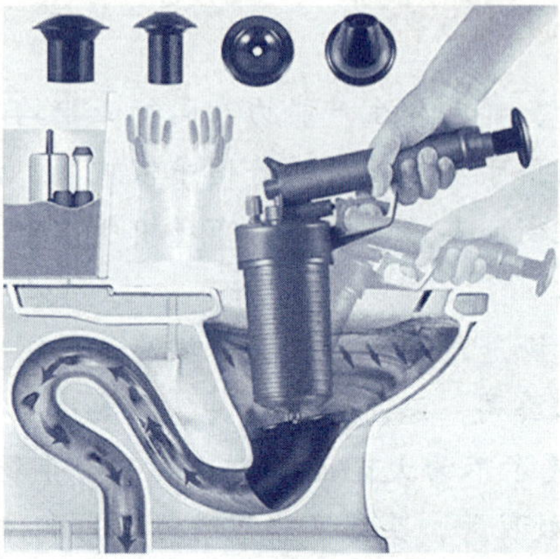	产品信息： 品牌：Berteen 月销量：1 494 运输方式：FBA
	卖点分析： 高效的清洁能力，通过高压空气动力，可以快速处理各种垃圾造成的堵塞 多种场合适用，配有 4 个吸盘 人性化手柄易于使用、无化学危害，经久耐用
	主要差评： 压力不够 适配器与方形的接口不搭 使用几次就坏了
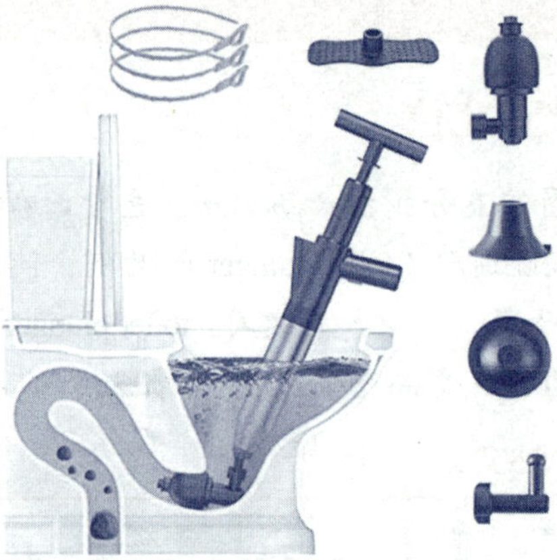	产品信息： 品牌：ZZSTAR 月销量：1 107 运输方式：FBA
	卖点分析： 高压快速冲洗 适用于多种管道疏通 压力指示器显示压力大小
	主要差评： 漏气，不能使用 没有压力，压力表坏了 使用几次就坏了
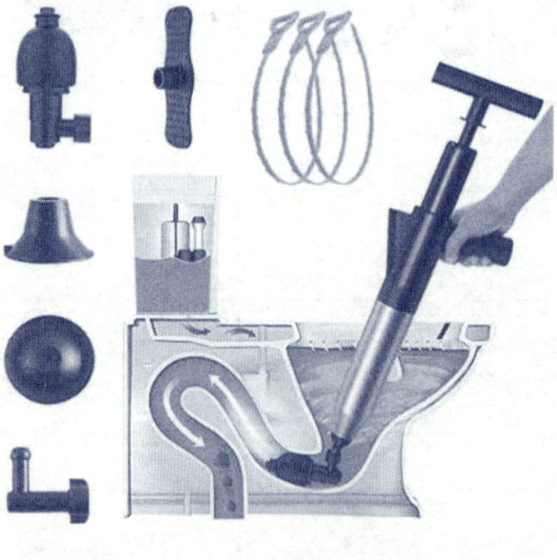	产品信息： 品牌：WUOAUM 月销量：533 运输方式：FBA
	卖点分析： 高效的清洁能力，通过高压空气动力，可以快速处理各种垃圾造成的堵塞 多种场合适用，配有 4 个吸盘 压力指示器显示压力大小
	主要差评： 说明书与产品不一致 不知道如何安装 安装后不能使用

基于以上竞品分析，产品定位建议如表 3-7 所示：

表 3-7 马桶疏通器产品定位建议

简化安装，最好一体化设计	较多差评是由于安装、使用问题导致的，提供安装说明书，并配套图片、视频说明安装、使用步骤
变体组合升级	搭配方形、圆形替换头，以便适用多个场合；在把控成本的情况下增加手套等小配件
材质优化	建议卖家优化供应，寻找可靠的供应商，发货前做好质量把控，可以有效地降低差评率

项目小结

为了有效地进入国际市场并成功地开展市场营销活动，企业需要进行国际目标市场营销。国际目标市场营销包括三项关键活动：国际市场细分、国际目标市场选择和国际市场定位。

国际市场细分包括两方面的含义：一是宏观细分，是指企业根据一定的标准将全球市场划分为若干个子市场，每个子市场内部的国家或地区在营销环境上大致相同，企业可以从中选择一个或几个子市场作为自己的宏观目标市场，开展目标营销；二是微观细分，是指企业进入某一个国家或地区的市场后，针对其市场需求的差异性与相似性，再按一定的标准对该国的市场继续进行细分，然后根据企业自身实际，选择一个或几个子市场作为企业的目标市场，开展目标市场营销。国际市场宏观细分是在全球范围内进行的，是国际市场微观细分的基础。宏观细分和微观细分构成完整的国际市场细分，都是企业选择目标市场和制定国际营销战略的基础。

基于国际市场细分，企业从中选择一个或多个细分市场作为自己的目标市场。国际目标市场选择策略有市场集中化、产品专业化、市场专业化、选择专业化和市场全面化。国际目标市场营销策略有无差异营销策略、差异性营销策略、集中性营销策略三种可供选择。

针对国际目标市场，企业还要进行国际市场定位决策。国际市场定位的依据主要有产品差异、个性化差异和服务差异。

直通大赛

通过本项目学习，完成竞赛任务——露营产品国际目标市场确定（国际市场细分、国际目标市场选择、国际市场定位）。

竞赛名称	竞赛任务
跨境电商创新创业能力大赛（独立站赛道）	任务 1 露营产品国际市场细分 任务 2 露营产品国际目标市场选择 任务 3 露营产品目标市场定位

分析美国亚马逊露营产品的细分市场，可以发现共有 58 个细分市场，其中样本数小于 100 的有 17 个细分市场，剩余 41 个细分市场。分析各细分市场的商品集中度、品牌集中度、卖家集中度、垄断度、月总销量、月均销售额、A+ 占比、平均 BSR 等指标（见表 3-8）。

表 3-8　亚马逊露营产品细分市场各项指标

序号	细分市场	样本数量	商品集中度	品牌集中度	卖家集中度	垄断度	月总销量	月均销售额（$）	A+ 占比	平均 BSR
1	椅子	商品：100 品牌：55 卖家：39	50.0%	68.3%	84.6%	5.0	106 702	66 478	89%	51 687
2	吊床	商品：100 品牌：59 卖家：50	65.3%	75.0%	80.1%	6.5	62 136	20 285	91%	9 498
3	凳子	商品：100 品牌：80 卖家：71	45.3%	48.9%	61.7%	4.5	53 712	14 959	85%	4 887
4	折叠床	商品：100 品牌：58 卖家：52	45.4%	66.9%	72.8%	4.5	39 455	35 158	95%	9 134
5	桌子	商品：100 品牌：63 卖家：50	39.3%	55.2%	65.8%	3.9	33 858	16 258	95%	12 731
6	充气床垫	商品：100 品牌：62 卖家：59	76.4%	85.4%	90.2%	7.6	124 726	115 599	92%	1 848
7	睡袋	商品：100 品牌：57 卖家：46	38.8%	64.6%	68.7%	3.9	120 368	59 681	89%	2 292
8	野餐垫	商品：100 品牌：74 卖家：58	37.1%	52.6%	66.4%	3.7	83 087	28 950	91%	11 664
9	自充气垫	商品：100 品牌：70 卖家：56	47.1%	56.9%	72.8%	4.7	40 554	23 481	95%	42 438

续表

序号	细分市场	样本数量	商品集中度	品牌集中度	卖家集中度	垄断度	月总销量	月均销售额（$）	A+占比	平均BSR
10	睡袋配件	商品：100 品牌：63 卖家：60	68.2%	80.1%	82.6%	6.8	37 091	9 596	78%	5 947
11	泡沫垫	商品：100 品牌：80 卖家：63	61.4%	74.6%	84.6%	6.1	36 643	26 093	78%	69 007
12	压缩包	商品：100 品牌：70 卖家：53	88.4%	92.6%	92.7%	8.9	21 129	7 888	57%	24 552
13	收纳袋	商品：100 品牌：52 卖家：34	76.1%	87.0%	95.0%	7.6	16 343	2 538	56%	16 029
14	混合式	商品：100 品牌：72 卖家：59	56.3%	61.4%	75.4%	5.7	12 563	4 455	60%	14 984
15	保温包	商品：100 品牌：43 卖家：27	39.0%	78.5%	89.6%	3.9	212 160	142 897	94%	3 546
16	打火器	商品：100 品牌：63 卖家：57	72.3%	83.7%	89.1%	7.2	185 658	42 341	57%	708
17	冷冻食品	商品：100 品牌：20 卖家：18	30.7%	93.0%	95.8%	3.1	135 780	47 270	82%	3 087
18	冷媒	商品：100 品牌：53 卖家：50	55.9%	75.3%	82.2%	5.6	99 807	15 971	83%	6 796
19	户外炉子	商品：100 品牌：59 卖家：54	34.6%	61.3%	70.8%	3.5	73 282	43 868	80%	5 647
20	杯子	商品：100 品牌：75 卖家：68	64.8%	72.3%	80.2%	6.5	39 325	11 996	66%	92 522

（只显示部分，资料来源：卖家精灵）

根据企业运营经验，确定各指标的权重如表 3-9 所示。将各指标由好到差进行排序赋分，根据得分结果对 41 个细分市场进行排序。

表 3-9　亚马逊露营产品细分市场排序

序号	细分市场		序号	细分市场		序号	细分市场	
1	Chairs	椅子	15	Air Mattresses	充气床垫	29	Compression Sacks	压缩包
2	Freeze-Dried Food	冷冻食品	16	Stools	凳子	30	Camp Kitchen	露营炊具
3	Coolers	保温包	17	Tables	桌子	31	Open Fire Cookware	户外锅具
4	Camping Stoves	户外炉子	18	Water Filters	过滤器	32	Camping Grills	烤架
5	Sleeping Bags	睡袋	19	Hydration & Filtration	水壶、净水器	33	Coffee & Tea Pots	咖啡壶、茶壶
6	Blankets	野餐垫	20	Hammocks	吊床	34	Liners	混合式
7	Self-Inflating Sleeping Mats	自充气垫	21	Backpacking Stoves	炉头	35	Privacy Shelters	私人帐篷
8	Tents	帐篷	22	Tent Stakes	地钉	36	Footprints	地席
9	Fire Starters	打火器	23	Flatware	筷子、刀、叉	37	Tent Accessories	帐篷配件
10	Foam Sleeping Mats	泡沫垫	24	Cooking Utensils	厨具	38	Mess Kits	套装
11	Cups & Mugs	杯子	25	Pots, Pans & Griddles	烧水壶、平底锅和煎烤锅	39	Stove Accessories	炉具配件
12	Cots	折叠床	26	Tent Tarps	外帐	40	Stuff Sacks	收纳袋
13	Cooler Accessories	冷媒	27	Camping Pillows	睡袋配件	41	Screen Houses & Rooms	蚊帐
14	Sun Shelters	海滩遮阳篷	28	Canteens	水瓶、水壶			

根据以上排名，企业可以选择多个细分市场。针对每个细分市场，企业要进一步开展竞品分析以确定产品定位。如选择椅子（Chairs）这个细分市场，使用“卖家精灵”进行竞品分析（见表 3-10）。

表 3-10 椅子竞品分析

<table>
<tr><td rowspan="3"></td><td>产品信息：
品牌：Coleman
月销量：15 159
运输方式：AMZ
价格：$34.99</td></tr>
<tr><td>卖点分析：
自带保温袋；可调节臂高；坚固耐用，支撑重量可达 325 磅（约 147 千克）；可折叠，携带方便；1 年保修期</td></tr>
<tr><td>主要差评：
没有头部支撑；自带放椅子的袋子太薄；可调节扶手不能固定；实际不能支撑 325 磅重量</td></tr>
<tr><td rowspan="3">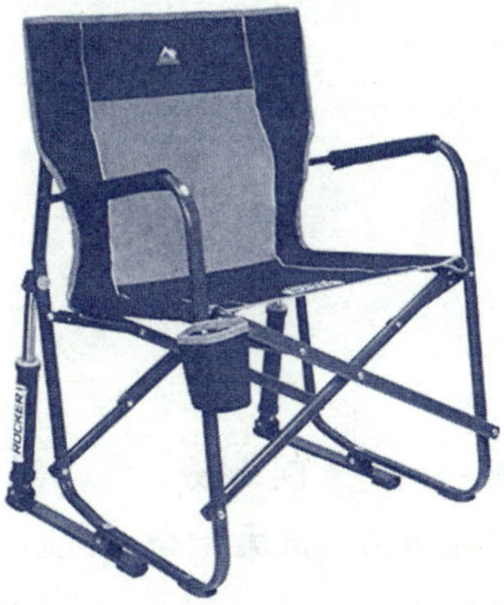</td><td>产品信息：
品牌：GCI outdoor
月销量：9 487
运输方式：AMZ
价格：$75.00</td></tr>
<tr><td>卖点分析：
便携可折叠；重量支撑高达 250 磅（约 114 千克），设计有内置饮料袋；可前后摇动，任何场地都可保持平衡</td></tr>
<tr><td>主要差评：
焊接处断了；座位太短；不稳固，容易摔倒；掉漆</td></tr>
<tr><td rowspan="3"></td><td>产品信息：
品牌：Kijaro
月销量：6 166
运输方式：AMZ
价格：$42.99</td></tr>
<tr><td>卖点分析：
双锁设计，椅子更加稳固；有储物袋设计；重量可支撑 300 磅（约 136 千克）</td></tr>
<tr><td>主要差评：
容易坏；实际不能支撑 300 磅重量；坐上去不久，坐垫破了；保修期太短</td></tr>
</table>

基于以上竞品分析，产品定位建议如表 3-11 所示：

表 3-11　椅子产品定位建议

牢固稳定	支架牢固，能支撑重量在 300 磅以上
设计优化	椅子座位要加长，头部有支撑；设计储物袋、保温袋
材质工艺	焊接处容易断须加厚，坐垫缝接处要双层
保修期	延长保修期到 1 年

知识巩固

应知考核

一、名词解释

1. 国际市场细分
2. 无差异营销策略
3. 差异性营销策略
4. 集中性营销策略
5. 国际市场定位

二、不定项选择题

1.（　　）差异的存在是市场细分的客观依据。

A. 产品　　B. 价格　　C. 需求偏好　　D. 细分

2. 宝洁公司开发了多种功能的多个品牌，如海飞丝（去屑）、飘柔（令头发飘逸柔顺）、潘婷（令头发健康亮泽）等，这体现了何种营销策略？（　　）

A. 品牌策略　　B. 产品策略

C. 价格策略　　D. 目标市场策略

3. 采用无差异营销策略的最大优点是（　　）。

A. 市场占有率高　　B. 成本具有经济性

C. 市场适应性强　　D. 需求满足程度高

4. 同一细分市场内部的顾客需求具有（　　）。

A. 绝对的共同性　　B. 较多的共同性

C. 较少的共同性　　D. 较多的差异性

5. 细分消费者市场的标准有（　　）。

A. 地理因素　　B. 人口因素

C. 心理因素　　D. 购买行为因素

应会考核

⊙ 案例分析

匹克的市场定位策略

福建匹克集团有限公司（以下简称匹克）是一家集制鞋、鞋材、服装、包袋等体育运动专业装备器材生产于一身的外向型企业，具有20多年的专业研发、制造与销售经验。目前，匹克篮球运动鞋服占据国内17%左右的市场份额，是该领域销量最大的品牌之一。其出口业务遍及欧洲、美洲、非洲、大洋洲等，在国内外具有一定的品牌影响力。

匹克将消费者市场细分标准归纳为四大类：地理环境因素、人口因素、消费心理因素和消费行为因素，并从这四个方面寻找产品定位。

- 地理环境因素：匹克品牌主体消费群选择在二、三线城市（二线城市：人口在300万以上或经济较发达、消费水平较高的大中城市或一般省会城市；三线城市：人口在100万以上或经济较发达、消费水平较高的中小城市）。
- 人口因素：匹克品牌主体消费群是18～30岁的篮球运动员和篮球运动爱好者，辐射范围为14～35岁的运动爱好者。之后，匹克对运动爱好者进一步细分，将爱好者的主体消费群定位在工薪阶层和在校学生。
- 消费心理因素：匹克品牌主体消费群在心理诉求上有着一些共同点。他们希望获得成功感、荣誉感，希望得到别人的承认，想告诉别人自己并不比任何人差。对于产品的选择，在保证有经济实力购买的同时，也希望得到大众对于他们所购买产品的认可，一旦受到称赞，就会很容易树立起对所购买品牌的忠诚度。
- 消费行为因素：匹克品牌主体消费群是多种品牌忠诚者和变换型忠诚者。企业应根据消费者的偏好，使自己的品牌与其他品牌进行区分，以培养更多的绝对品牌忠诚者。

匹克在地理环境因素和人口因素上的定位策略与国内其他运动品牌基本相似。因为在一线城市，人们的消费能力普遍较强，对于身份的追求欲望十分强烈，所以诸多国内外大企业的统治地位难以撼动。在规模较小的城市，首先，人们的消费能力较弱，对于品牌的意识不强，以追求廉价产品为主，即使匹克通过推出廉价产品或降价进入，利润率也会偏低，而且对于品牌形象也会有不利影响；其次，在这些城市，人们对于运动的热情也不够强烈，故不宜进入。对于二、三线城市，其首先具有较为浓厚的运动氛围，无论在小区、学校内都能看到人们打球的身影；其次，有限的消费能力使得那些大品牌因较高价格而难以全方位地进入，但随着人们可支配收入的增长和眼界的不断开阔，人们需要购得具有名牌效应的品牌，所以，在这些城市里，中档运动品牌有着广阔的市场。

当大多运动品牌将运动与休闲结合在一起时，匹克选择了专业运动的理念，努力挖掘人们心中好胜的一面。

● 竞争者分析：匹克的竞争者主要来自两方面。一是耐克、阿迪达斯等国际品牌，这些国际品牌的目标消费者不同，直接的冲突或竞争较小；二是李宁、安踏、双星、特步、德尔惠等国内品牌，这些品牌是匹克主要的竞争者。

● 匹克定位分析：匹克将自己定位于专业化，塑造自身专业体育的形象，实现了与其他品牌之间的清晰的区隔。

● 利益定位点："专业化的篮球装备为你带来专业的运动表现"。匹克以篮球装备为主导，强调了自己的专业形象，为志在达到更高运动水平的人们提供了产品选择。

● 属性定位点：舒适、耐磨、弹力好、抗震的专业篮球装备。这一定位也是为了实现"专业化的篮球装备为你带来专业的运动表现"的利益定位。研究表明，消费者最关注运动鞋的 12 个属性为：舒适、耐穿不变形、有缓冲垫、合脚、轻便、价格适中、易于清洁、弹力好、防水、品牌标志独特、款式新颖和多功能。匹克从这些属性的整体上看是较为出色的，但是有时候质量上存在一些问题，如产品寿命不长，在频繁的剧烈运动中容易受损，对于其品牌的美誉度有较大的影响。

● 价值定位点：勇敢、自信。首先从匹克的品牌名称来看，"Peak"意为顶峰，寓意不断攀越高峰的自我挑战精神。品牌标志也是一个山峰的形象，传递着不断进取的坚定信念，象征着匹克不断攀越高峰的自我挑战和创造未来的精神。其广告语是"I CAN PLAY！"（我能，无限可能！）

匹克选择成为篮球装备的专业品牌是合理的，原因有三：一是匹克曾是某国际品牌外包篮球鞋生产商，具备技术和设备优势；二是篮球为国内城市里最受欢迎的一项运动之一，拥有广阔的市场前景；三是篮球装备从技术层面来说，比其他大多数运动装备要求更高，这样当匹克自主研发出一种新型的技术时，其他企业很难模仿。

（资料来源：金海水，等．高成长型企业市场定位研究——基于匹克运动产品的案例调查 [G]. 战略管理案例研讨会，2010.）

问题讨论

匹克是如何进行市场定位的？其成功的原因有哪些？

⊙ 技能应用

请根据自己小组选择的行业背景，进行细分市场分析，分析各细分市场的商品集中度、品牌集中度、卖家集中度、垄断度、月总销量、月均销售额、A+ 占比、平均 BSR 等指标，并形成细分市场分析汇总表（见表 3-12）。

表 3-12 细分市场分析汇总表

序号	细分市场	样本数量	商品集中度	品牌集中度	卖家集中度	垄断度	月总销量	月均销售额（$）	A+占比	平均BSR
1										
2										

续表

序号	细分市场	样本数量	商品集中度	品牌集中度	卖家集中度	垄断度	月总销量	月均销售额（$）	A+占比	平均BSR
3										
4										
5										
6										
7										
8										
9										
…										

根据细分市场的数据，基于月总销量、月均销售额、品牌集中度和平均 BSR 4 个指标对细分市场进行排序，便于企业进行目标市场的选择（见表 3-13）。

表 3-13　细分市场排序

序号	细分市场		序号	细分市场	
1			11		
2			12		
3			13		
4			14		
5			15		
6			16		
7			17		
8			18		
9			19		
10			20		

对排名第一的细分市场开展竞品分析以确定产品定位（见表 3-14）。

表 3-14　细分市场竞品分析

<table>
<tr><td rowspan="3">主图</td><td>产品信息：
品牌：
月销量：
运输方式：
价格：</td></tr>
<tr><td>卖点分析：
1.
2.
3.</td></tr>
<tr><td>主要差评：
1.
2.
3.</td></tr>
<tr><td rowspan="3">主图</td><td>产品信息：
品牌：
月销量：
运输方式：
价格：</td></tr>
<tr><td>卖点分析：
1.
2.
3.</td></tr>
<tr><td>主要差评：
1.
2.
3.</td></tr>
<tr><td rowspan="3">主图</td><td>产品信息：
品牌：
月销量：
运输方式：
价格：</td></tr>
<tr><td>卖点分析：
1.
2.
3.</td></tr>
<tr><td>主要差评：
1.
2.
3.</td></tr>
</table>

基于以上竞品分析，确定产品定位，为企业选品提供建议（见表 3-15）。

表 3-15 企业选品建议

选品建议： 1. 2. 3.

实践操作

项目团队				
项目负责人	姓　名			
	专业班级			
	学　号			
	联系方式		Email	
项目团队成员	姓　名	学　号	专业班级	分工 / 角色
任务起止时间	年　月　日—　年　月　日			
实训内容	结合背景企业实际，为该企业网站制定选品项目建议书。			
实训目的	通过该实训项目，学生能够： 1. 使用第三方跨境电商平台分析工具，分析不同跨境平台经营策略和经营品类情况。 2. 利用数据化分析工具，确定网站目标受众消费群体特征，确定产品、品牌定位。			
实训要求	以教学班级成立的项目团队为单位进行项目实训，明确内部分工。以各项目团队为单位与当地跨国经营企业进行联系，确定研究对象。			

续表

<table>
<tr><td>实训操作步骤</td><td>
步骤一：由实训指导教师介绍该实训项目的目的与要求。
步骤二：结合本项目任务，由指导教师介绍国际市场选择与进入的相关内容。
步骤三：结合该实训项目的实际情况，在教师的指导下，完成项目团队的组队及任务分工，每个项目团队 6～8 人。
步骤四：各项目团队研读相关的国际市场产品定位、选品调研报告等，作为本实训项目操作的参考。
步骤五：各项目团队成员按各自的分工，搜集、整理与实训任务相关的信息资料，并展开充分的讨论与交流。
步骤六：各项目团队在规定时间内完成实训任务，形成分析报告，上交指导教师。
步骤七：各项目团队以 Word 文件形式提交格式规范的《××× 企业网站选品项目建议书》。
步骤八：实训成果汇报、质询、评议及成绩综评。
1. 各项目团队推选一名代表采用 PPT 形式进行实训成果汇报。
2. 各项目团队之间互评、师生质询，教师进行适当点评并总结。
3. 教师对各项目团队及其成员进行综合成绩评定。
</td></tr>
<tr><td>实训成果</td><td>
各项目团队按以下要求撰写、提交选择方案一份，字数不少于 1 500 字。文字表述要精练，观点明确，并且善于使用表格、图示等进行表述。
<table>
<tr><td colspan="2">《××× 企业网站选品项目建议书》</td></tr>
<tr><td>时间</td><td></td></tr>
<tr><td>项目团队</td><td></td></tr>
<tr><td>项目负责人</td><td></td></tr>
<tr><td>执笔人</td><td></td></tr>
<tr><td>项目团队成员</td><td></td></tr>
<tr><td colspan="2">选择方案</td></tr>
<tr><td colspan="2">Ø 目录
Ø 正文</td></tr>
</table>
</td></tr>
<tr><td>实训考评（百分制）</td><td>
<table>
<tr><td>评分维度</td><td>信息的处理与应用</td><td>知识的应用性</td><td>分析的逻辑性</td><td>创新性</td><td>实训文本</td><td>汇报者的仪容仪态</td><td>答辩</td><td>团队分工合作</td></tr>
<tr><td>百分比</td><td>10%</td><td>15%</td><td>15%</td><td>18%</td><td>10%</td><td>10%</td><td>10%</td><td>12%</td></tr>
<tr><td>得　分</td><td></td><td></td><td></td><td></td><td></td><td></td><td></td><td></td></tr>
</table>
</td></tr>
</table>

模块三

企业独立站建设与推广

项目四 企业独立站搭建

项目描述

企业独立站是企业开展国际市场推广的基础，具有流量池的作用，即将客户引流到企业独立站实现转化。因此，建设一个符合优化标准、高转化的企业网站是企业开展国际市场推广的基础工作。

学习目标

知识目标

1. 掌握企业独立站的概念；
2. 掌握企业独立站经营的主要工作内容；
3. 掌握企业独立站的建站工具；
4. 掌握企业独立站建站的知识。

能力目标

1. 能够结合实际，为涉外企业选择正确的建站工具；
2. 能够理解独立站建设运营的主要内容；
3. 能够在 Shopify 平台搭建企业网站。

素养目标

1. 树立品牌意识，了解国货品牌，坚定中国制造自信；
2. 通过实训项目的团队合作，培养良好的自主学习与合作学习能力。

知识导图

- 项目四 企业独立站搭建
  - 任务一 企业独立站搭建准备
    - 企业独立站内涵
    - 企业独立站建站平台选择
    - 企业独立站建站资料准备
  - 任务二 Shopify店铺注册
    - 店铺注册
    - 域名关联
  - 任务三 Shopify店铺产品管理
    - 店铺产品添加
    - 店铺产品分类
  - 任务四 Shopify网站设计
    - 网站导航设计
    - 网站主题选择
    - 网站模板设计
  - 任务五 网站其他设置
    - 店铺信息
    - 收款方式
    - 结账设置
    - 运费设置

案例导入

国内卖家的跨境转型之路

杭州一家从事家纺家饰开发销售的公司，主要的产品为箱包、纺织品等，公司拥有自己的制造工厂。该公司主要在1688平台开展批发销售和代加工业务。

在决定转型跨境电商时，正值亚马逊封号潮、PayPal大规模封号、跨境企业倒闭等事件，国外疫情线下消费呈现常态化，这让该公司犹豫是否入驻跨境电商平台。亚马逊等电商平台的头部位置早已被大公司垄断，新手卖家想抢占市场份额无疑困难重重，如果选择入驻跨境电商平台，无疑风险会更高。

最终该公司确定了独立站出海方案，围绕自己擅长的纺织品和箱包类目建立了专属独立站，采用“独立站＋社媒”的引流方式，让持续的社媒流量为独立站提供源源不断的海外客户。

该公司独立站6个月的总访问量超过100万，转化率达到7.3%，复购率超过40%，独立站6个月的销售总额超过80万美元。如今谈及跨境电商，该公司的负责人说道：“中国传统制造业和国货品牌选择出海还是有机会的。国内电商卖家反向去做跨境电商，选择合适自己的独立站模式，出海就能事半功倍。”

（资料来源：佚名．国内卖家的跨境转型之路．腾讯新闻．(2022-06-17)[2022-10-23].）

问题思考

在数字经济时代，中国企业如何抓住机遇实现国货品牌出海？

任务一 企业独立站搭建准备

一、企业独立站内涵

（一）企业独立站的概念

随着跨境电子商务行业的快速发展，企业经营模式越来越多，目前主要有两种经营模式。一种是在专业的大型平台网站申请成为会员后开店，如亚马逊、eBay、全球速卖通、Lazada、Wish 等第三方平台，这类网店的数量最多。另一种则是企业自建独立站。企业独立站是指基于 SaaS 技术平台建立的拥有独立域名，内容、数据、权益私有，具备独立经营自主权和经营主体责任，由社会化云计算能力支撑，并可以自主、自由对接第三方软件工具、宣传推广媒体与渠道的新型网站。

第三方平台和企业独立站两种经营模式各有优劣，各有其生存发展空间。例如，在美国，以亚马逊为主的电商平台占据了超过 40% 的在线零售总额，但是仍然有超过 50% 的在线零售总额是在企业独立站上完成的。在日本，三个最大的电商平台占在线市场零售总额的 40%，还有 60% 的空间是通过企业独立站完成的。所以，跨境电商企业要兼顾两种经营模式。

学思之窗 4-1

国货品牌，高性价比出圈

在近几年中国品牌出海的浪潮下，华为、小米、大疆、Anker 等企业在海外市场取得的成功，鼓舞了更多的国货品牌进入跨境赛道。《2021 年 Twitter[①] 中国出海领导品牌报告》为这类出海品牌总结出三个显著的特点。

高性价比 中国企业凭借丰富的品类、全面的功能、优秀的质量及合理的价格，在全球市场上找准定位，并收获成功。依托中国本土强大的制造业基础，以科技行业为例，中国科技品牌可以迅速推出多种型号的产品，并根据用户的反馈进行迭代，

① 现为“X”。

不断打造出更受用户喜爱的爆款。同时，强大的制造业使中国企业能够以更有优势的价格吸引消费者。

持续创新 除了细节体验的不断打磨，中国品牌还热衷于做出新锐、大胆的功能改进，为用户带来越来越多的惊喜。

倾听用户 Twitter 观察到，中国品牌正根据用户需求不断改进和提升产品体验感。通过在 Twitter 上建立品牌官方账号，与用户建立直接对话，中国企业能够更快速地对用户诉求进行反馈，以提升用户体验。

（资料来源：佚名. 2022 年，跨境 DTC 品牌出海的十个关键词 . 知乎 .（2022-01-14）[2022-10-23]. ）

（二）企业独立站经营模式

独立站与电商平台的区别

为了清楚地掌握企业独立站的经营重点，下文分别从运营难度、运营工作、运营成本、竞争程度、运营风险和品牌培育 6 个方面对企业独立站与第三方平台开店两种经营模式展开比较分析。

1. 运营难度

企业在亚马逊、eBay、全球速卖通、Lazada、Wish 等成熟的第三方跨境电商平台，只要了解其开店模式和程序就可以开始运营。而企业独立站经营模式有一定的门槛，企业需要具备基本的建站和运营能力。虽然说随着类似于 Shopify 这样的第三方 SaaS 平台的普及，企业创建自己的独立站不再像以前那样需要配备技术前端、后端，但是对于基本的网站的用户体验、购物流程的设置、网站的产品详情页设置等方面，企业应掌握一定技巧。从运营难度看，企业独立站经营模式要求运营人员掌握更多的网站建设和运营技术。

2. 运营工作

两种经营模式下企业运营工作重点不同。第三方平台运营的工作重点是在平台上做好搜索优化；独立站运营的工作重点是 Google、Facebook 等搜索引擎优化。公众对第三方平台的信任度比对独立站的信任度要高，第三方平台自带流量大，这意味着卖家只要在平台上做好搜索优化就能获得订单；而独立站最大的问题是没有免费的自然流量，需要企业专门进行营销，如企业利用 Google、Facebook、Instagram、YouTube 等吸引潜在买家来访问网站。

在运营过程中，第三方平台网店运营人员难以与消费者沟通，并开展二次营销。消费者在第三方平台上购买了企业产品，可能不会注意到品牌或店铺名称。对于卖家来说，由于第三方平台隔断了卖家和消费者之间的直接沟通，以及不会与卖家分享消费者的数据和联系信息，卖家就没有办法积累用户数据，也就没有办法将来做二次营销。

3. 运营成本

在运营成本方面，两种经营模式有很大的不同。第三方平台会根据店铺运营情况，按销售额收取佣金、保证金、关键词排名竞价费用、提现手续费等，各项费用合计占销售额的 15% ～ 30%（不同类目会有不同）。独立站销售费用会相对较低，如 Shopify 只收取 2.9% 的手续费、提现免费，与第三方平台相比，企业将获得较多的利润。

4. 竞争程度

随着跨境电商第三方平台入驻的企业越来越多，企业面临的竞争越来越激烈，第三方平台卖家面临着越来越大的挑战。第三方平台上有非常多的同类型卖家销售功能、款式高度相似的产品，产品同质化严重。例如，在亚马逊平台上，卖家可以查看其他企业最畅销的产品，在不发生知识产权侵权行为的条件下，卖家可以使用相同的图片、标题和描述创建一个不同的链接，且价格更低。而在独立站上，客户唯一能看到的卖家就是企业自己，企业无须面临第三方平台的竞争和价格战的压力。

5. 运营风险

企业在跨境电商第三方平台运营时，要严格遵守平台规则，销售的产品要满足平台的要求以及符合当地法律法规的规定。第三方平台的客户不稳定，平台上的客户并不一定会访问企业店铺；企业虽成功吸引客户访问第三方平台的网站，最终客户也可能会在其他卖家店铺购买。而独立站属于企业自己的网站，企业完全掌控跨境电商业务的方向，按照自己的想法开展业务。企业通过营销得来的每一个客户都是企业自己的，企业推出新产品后可以向这些客户推销，不用担心竞争对手会同时向客户推销类似产品。

6. 品牌培育

企业在品牌培育方面，需要保持与客户之间的沟通，通过营销说服客户完成购买。但是第三方平台运营过程中，企业受限于平台规则而无法获取客户有效联系信息。但在独立站经营模式下，企业可以采取灵活的方式来进行营销活动的设计和宣传，客户可以关注企业的 Facebook、Pinterest、Instagram 等社交媒体账号，之后企业可以对这些潜在客户进行有计划的再营销。因此，独立站运营更有利于企业自身品牌的培育。

企业连线 4-1

安克创新（Anker）成立于 2011 年，是国内营收规模最大的出海消费电子品牌企业之一，专注于智能配件和智能硬件的设计、研发和销售。Anker 是典型的第三方平台和独立站运营并行的跨境电商卖家。在做好第三方平台的同时，Anker 更注重加大其官网品牌、官网营销矩阵的投入，从而提升整体利润率。公开资料显示，Anker 独立站美国份额位居同品类市场第一，占比接近 40%，其次是英国、德国、日本以及中国。客户在 Anker 独立站下单，可直接跳转至亚马逊的产品主页，将第三方平台和独立站的流量很好地进行了结合。

二、企业独立站建站平台选择

（一）企业独立站建站平台

搭建企业独立站时，很多人第一时间想到的是要租赁服务器、搭建 IT 团队等，其实目前企业独立站搭建更多的是使用 SaaS 平台。SaaS 平台为中小企业搭建信息化所需要的所有网络基础设施及软件、硬件运作平台，并负责所有前期的实施、后期的维护等一系列服务，企业无须购买软硬件、建设机房、招聘 IT 人员，只需前期支付一次性的项目实施费和定期的软件租赁服务费，即可通过互联网享用信息系统。SaaS 建站平台非常多，目前主要有 Shopify、Shoplazza、Ueeshop、Shopline 等。

企业选择 SaaS 建站工具时，主要考虑成本（月租、交易成本）、生态、服务等因素。对于入门者而言，Shopify 应用生态较为丰富、完整，除了提供免费试用期，还有基础套餐前三个月每月 1 美元的收费方案。对于运行成功的独立站而言，从交易成本考虑，Shoplazza 交易佣金最低，且是国内企业，提供中文客服，服务较好。不同建站工具比较如表 4-1 所示。

表 4-1　不同建站工具比较

建站工具	月租费用	交易成本	生态	服务
Shopify	基础版：$17.92/ 月 专业版：$44/ 月 高级版：$266/ 月 提供免费试用期和前三个月每月 $1 优惠	信用卡交易成本三档对应如下： 2.9% + 30 美分 2.6% + 30 美分 2.4% + 30 美分	应用商店提供丰富的应用，生态系统完整	没有中文服务，应用安装网络环境受限制
Shoplazza	基础版：$22.40/ 月 进阶版：$47.20/ 月 旗舰版：$79.20/ 月 企业版：$151.20/ 月 Pro 版：$174.40/ 月 提供免费试用期	交易佣金：2% 交易佣金：1% 交易佣金：0.6% 交易佣金：0.3% 交易佣金：0.2%	较为丰富	提供中文客服，服务好
Shopline	入门版：$29/ 月 基础版：$69/ 月 旗舰版：$259/ 月 提供免费试用期	交易佣金：2% 交易佣金：0.8% 交易佣金：0.2%	较为丰富	提供中文客服，服务较好

学思之窗 4-2

2021 年 7 月，国务院办公厅印发《关于加快发展外贸新业态新模式的意见》提出，深入推进外贸服务向专业细分领域发展。支持外贸细分服务平台发展壮大，鼓励外贸企业自建独立站。

（二）企业独立站限售规则

企业独立站可以销售绝大部分的商品，包括实物、数字产品（如电子书、电子教程、图片、邮件模板等）和服务（理发、租赁等）。但也有限售产品，以 Shopify 为例，平台禁止卖家销售以下商品。

1. 侵权商品

虽然目前独立站并不要求卖家上架的商品一定要有品牌，但对于品牌商品，如果卖家未获得授权就直接上架销售的话，一旦被相关品牌投诉，可能会导致封店。除了品牌侵权之外，还有商品的外观侵权等，卖家要确保商品无侵权风险后再上架销售。

2. 劣质商品

目前独立站的主要用户是欧美用户，这部分用户对商品的质量要求比较高。如果出现买家投诉商品质量现象，会给店铺带来很大的麻烦。独立站运营卖家可通过各种社交渠道与用户进行互动，尽量避免质量纠纷。

3. 其他限售商品

独立站禁止卖家销售枪支以及弹药，否则会导致封店。酒精及含酒精的饮料、烟草及相关产品（如烟斗）、烟花、药物、游戏币等也不允许在独立站销售。

知识拓展 4-1

Shopify 销售渠道

卖家可以使用 Shopify 在不同的在线销售渠道上销售商品（见表 4-2）。每个销售渠道的数据均可链接至 Shopify，卖家可以跟踪所有平台的产品、订单和客户。

表 4-2 Shopify 在线销售渠道

名称	描述
在线商店	通过 Shopify 注册的在线商店进行销售和结账。
Shop	使用旗下购物应用 Shop 渠道与客户互动，并在 Shop 应用中管理企业的品牌形象。
Facebook	直接在商店的 Facebook 公共主页上的商店选项卡发布和销售商品。
Buy Button	通过嵌入与 Shopify 结账连接的 Buy Button，从自己的网站或博客（包括 WordPress 和 Squarespace）进行销售。
Instagram	在 Instagram 与商品相关的帖子中对其进行标记，从而在 Instagram 上销售。
批发渠道	在一个单独的、有密码保护的店铺中向其他商家批发销售商品。批发渠道仅适用于 Shopify Plus 套餐。
Handshake	在 Handshake 批发市场上列出业务和批发商品，以供零售商浏览。

三、企业独立站建站资料准备

（一）双币信用卡

企业独立站运行过程中，平台月租、付费工具和应用等都需要通过双币信用卡支付，因此企业相关人员有必要申请双币信用卡。

（二）注册邮箱

企业注册店铺时，需要使用邮箱。通过 163、QQ 邮箱等发送的邮件容易被判定为垃圾邮件。企业应注册 Gmail 邮箱或者企业邮箱，目前使用较多的是腾讯企业邮箱。

学中做 4-1

腾讯企业邮箱域名绑定

第一步：注册企业微信（见图 4-1）。选择立即开通企业微信，则会自动开通企业邮箱。如果已有企业微信，则直接在后台使用企业邮箱即可。

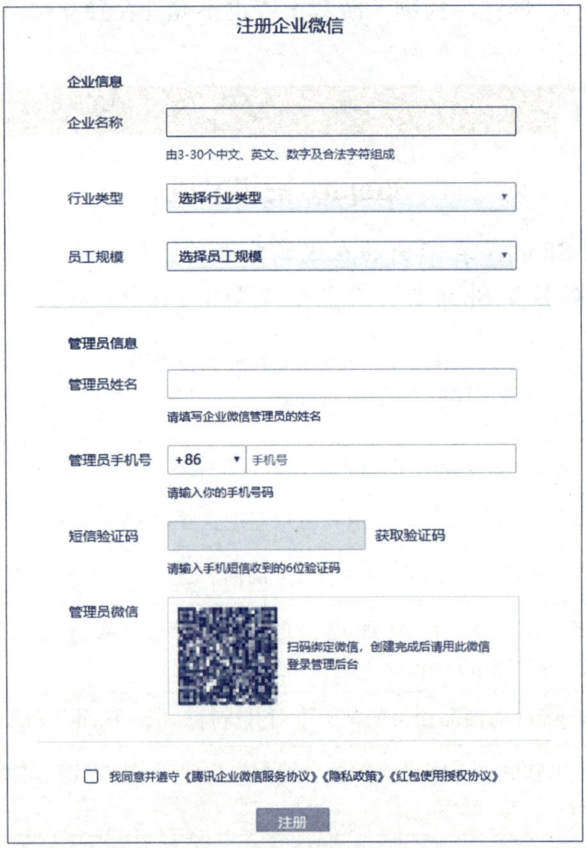

图 4-1　注册企业微信

第二步：设置域名，即将已购买的域名绑定到腾讯邮箱，得到企业域名的邮箱地址。

1. 登录企业邮箱后台，点击“协作”，再点击“使用邮箱”（见图 4-2）。

图 4-2　登录企业邮箱后台

2. 点击“已有邮箱，立即使用”，添加域名，输入已购买的域名，点击确认（见图 4-3）。

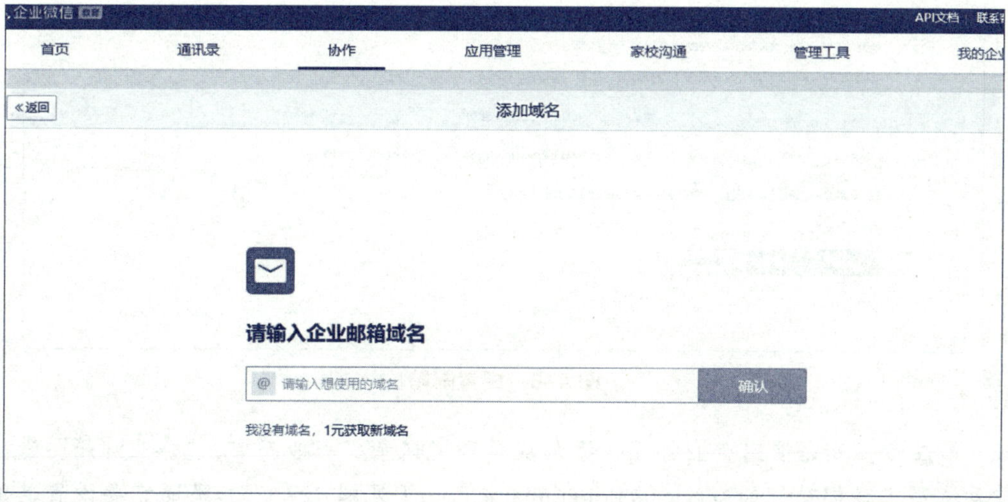

图 4-3　添加域名

3. 登录域名服务商，为该域名添加如下两条配置。

（1）登录域名管理后台，以 Godaddy 为例，登录域名管理器，点击“管理 DNS”（见图 4-4）。

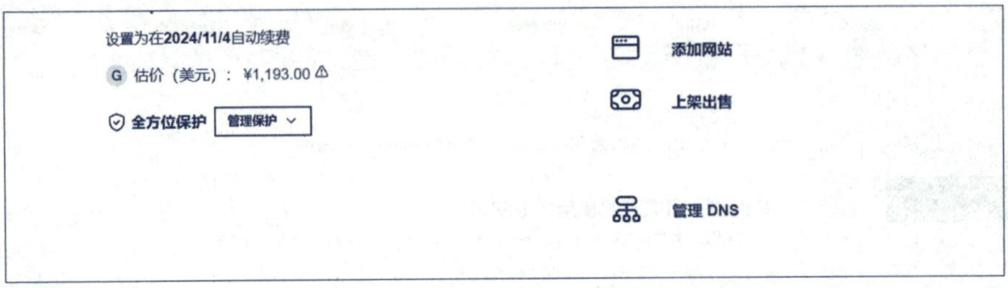

图 4-4　登录域名管理器

（2）添加“DNS 记录”（见图 4-5）。

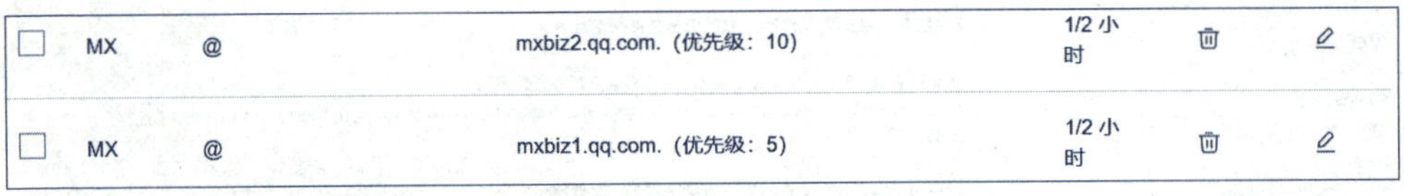

图 4-5　添加“DNS 记录”

4. 点击“已完成配置，立即验证”（见图 4-6）。

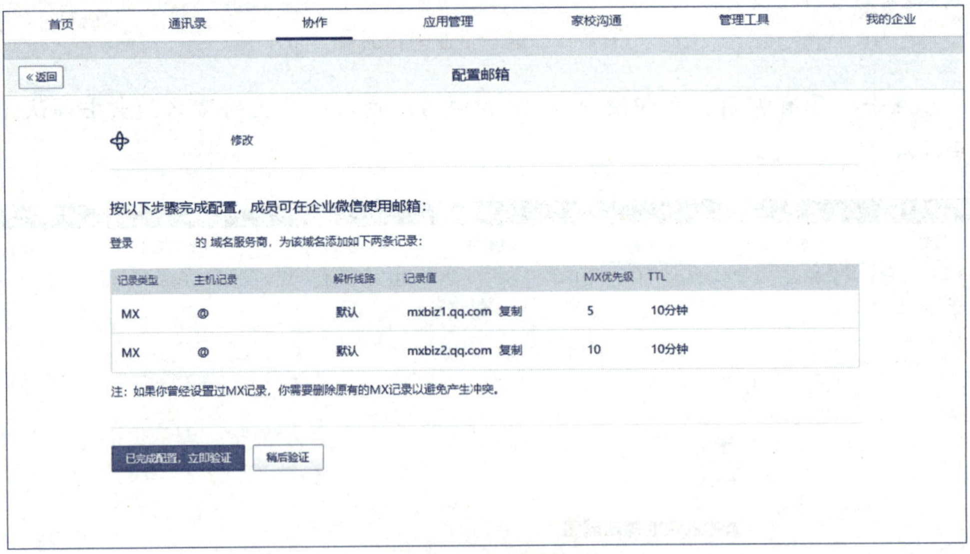

图 4-6　配置邮箱

第三步：开始使用企业邮箱，添加成员到通讯录。一般而言，“企业邮箱”选项需要填写客服邮箱，如 service@domainname.com（见图 4-7）。如果还需要设置其他的邮箱，通过添加其他成员设置不同的企业邮箱名称。

图 4-7 快速添加到通讯录

（三）企业域名

企业在使用 Shopify 自建独立站时，Shopify 会免费赠送给企业一个二级域名，名称为：storename.myshopify.com。从长远发展考虑，二级域名既不利于 SEO 推广，也不利于品牌建设。企业需要购买一级域名，如 storename.com，域名后缀尽量选用 .com，如果目标市场具体到某个国家，可以考虑以这个国家的域名缩写作为结尾的域名（见表 4-3）。

表 4-3 国家域名缩写

国家	国家英文名称	域名缩写
澳大利亚	Australia	AU
比利时	Belgium	BE
巴西	Brazil	BR
加拿大	Canada	CA
瑞士	Switzerland	CH（Confederatio Helvetica 的缩写）
中国	China	CN
德国	Germany	DE（Deutsch 的缩写）
丹麦	Denmark	DK
西班牙	Spain	ES（Español 的缩写）
芬兰	Finland	FI
法国	France	FR
英国	United Kingdom	UK（正式代码为 GB，一般用 UK）
印度尼西亚	Indonesia	IE

续表

国家	国家英文名称	域名缩写
印度	India	IN
意大利	Italy	IT
日本	Japan	JP
韩国	Korea	KR
墨西哥	Mexico	MX
马来西亚	Malaysia	MY
新西兰	New Zealand	NZ
新加坡	Singapore	SG
美国	United States of America	US

知识拓展 4-2

域名购买渠道

企业可通过 4 个步骤购买域名，即域名查询、加入购物车、选填信息和完成支付。域名具有全球唯一性，注册之前企业需要查询该域名是否可注册。主要的域名购买渠道包括以下几个。

国内购买渠道：ename.net（易名）、aliyun.com（阿里云）、22.cn（爱名网）。

国外购买渠道：godaddy.com、namecheap.com、uniregistry.com、name.com。上述网站支持中文页面。

（四）营业执照

企业使用 Shopify 平台运营独立站时，营业执照为非必需项，但考虑到站外推广需要，企业应尽量注册公司营业执照。企业开通 Facebook 等广告账户时需要上传营业执照。

企业连线 4-2

艾媒咨询《2021—2022 年中国跨境出口电商行业及独立站模式发展现状及趋势研究报告》显示，我国跨境电商企业在海外已经建立超过 20 万个独立站。海外尤其是欧美的跨境电商市场较为成熟，消费者更愿意选择一些物美价廉的、极具特色的产品，他们更倾向于直接在一些跨境电商独立站的官网上购物，这已经成为欧美消费者的主流消费习惯。

根据谷歌与德勤中国联合发布的《2021 年中国跨境电商发展报告》，75% 的受访者维持或增加了在品牌独立站的消费，这表明消费者已具备一定的品牌意识。海外消费者在跨境网购的过程中，除了关注产品的价格和质量，对购物体验的要求也非常高。海外消费者更加追求安全、快速、有效的购物体验，这对产品是否提供个性化的服务、配送以及交易是否安全提出了新的要求，而这恰好是跨境电商独立站企业能提供给普通消费者的购物体验。该种模式在海外消费者中认可度较高，能够有效提高消费者的忠诚度和复购率。

（资料来源：朱丽丽 . 跨境电商独立站运营策略研究 [J]. 商场现代化，2022（17）.）

任务二　Shopify 店铺注册

一、店铺注册

一个好的店铺名称至关重要，店铺名称一定程度上展现了店铺的形象。Shopify 自带一款生成名称的免费在线工具（见图 4-8）。商家只需输入关键词，即可生成推荐的店铺名称（见图 4-9）。

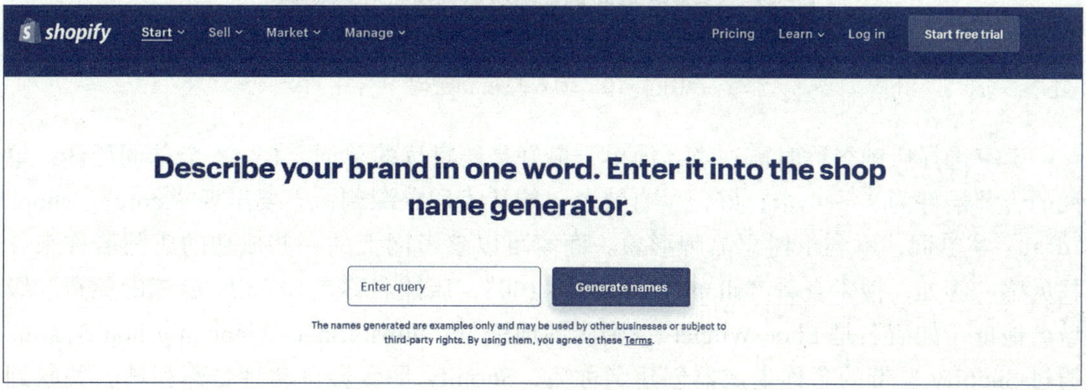

图 4-8　在线生成名称

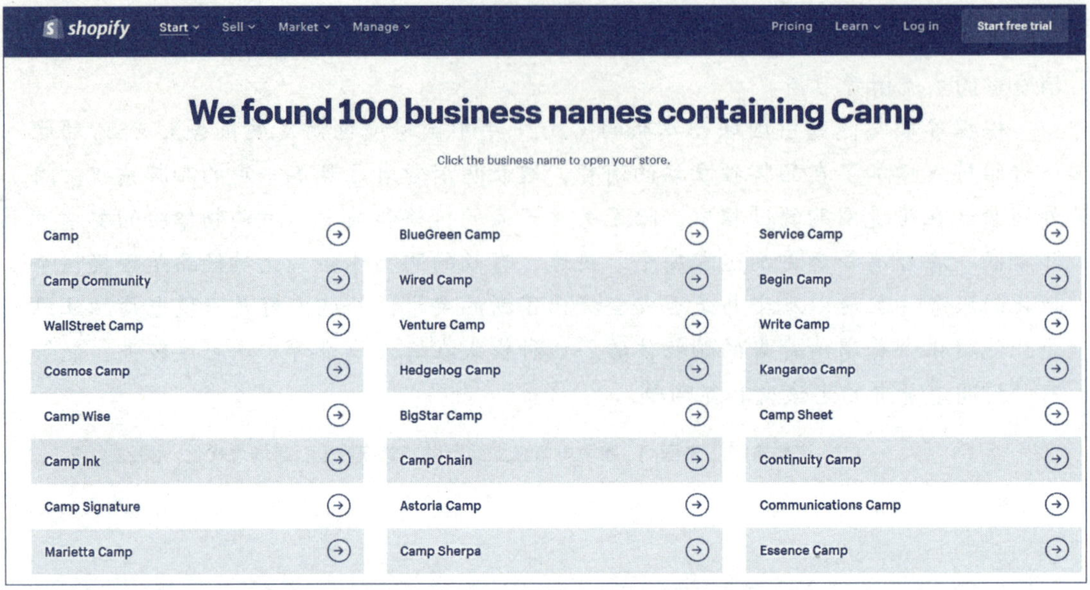

图 4-9　输入关键词“camp”生成推荐的店铺名称

卖家点击选中的店铺名称后，转至填写输入邮箱和密码的界面（见图 4-10），输入相关内容后点击“Next”。

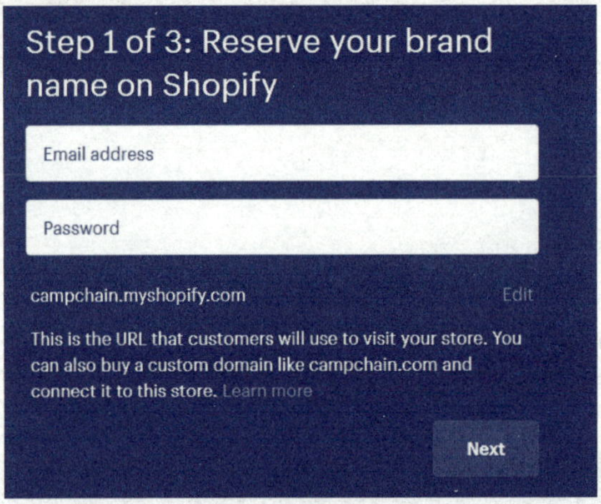

图 4-10　输入邮箱和密码

卖家选择店铺名称时需注意：简单，最好是能拼读的单词，1～2 个单词最佳；单词的音节最好为 2～4 个；好记、有特色，能让人印象深刻；不要出现“store”“shop”“deal”等单词，不利于树立品牌形象。商家可以参考网上的一些成功的店铺名称来寻找灵感。例如，搜索查看“shopify store top 100”，店铺名称是 Shopify 店铺的免费二级域名地址（如店名是 Shoe Winner），则店铺地址是：https://Shoe-Winner.myshopify.com。通过 Shopify 自带的名称生成器创建名称后，Shopify 平台会自动将名称和域名关联到一起。

二、域名关联

建议企业通过域名渠道商购买一级域名，再将之绑定到开通好的 Shopify 店铺。在 Shopify 后台操作界面，点击 “Settings”，选择 “Domains”，点击 “Connect existing domain”，输入域名，然后点击 “Next”，完成绑定（见图 4-11）。买家可以通过卖家购买的一级域名或 Shopify 的二级域名访问企业独立站。

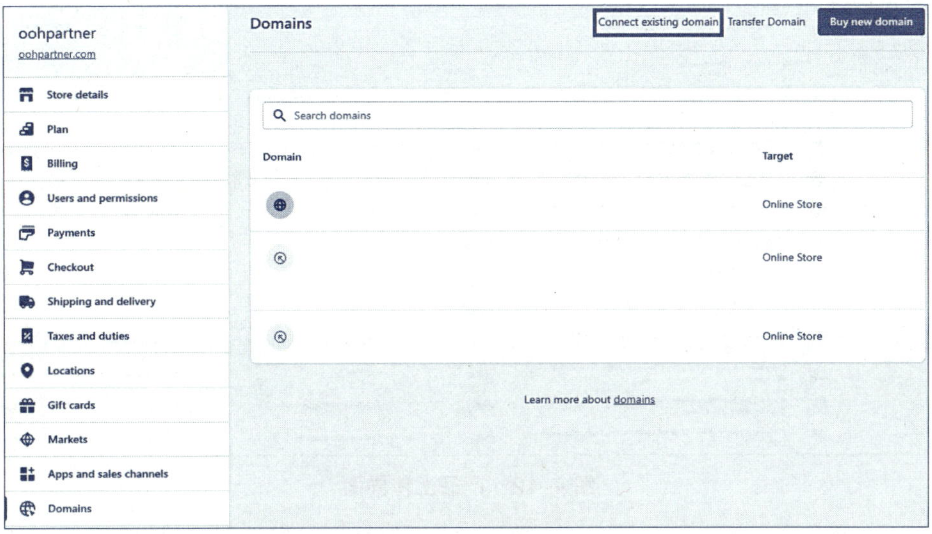

图 4-11　绑定域名

任务三　Shopify 店铺产品管理

课证融通

跨境电商海外营销职业技能等级证书（中级）要求

面向职业岗位	职业技能要求
站内运营基础操作	能协助运营对产品进行上下架与归类、SKU 盘点与更新，能按使用场景对产品功能描述进行文案撰写与编辑。

一、店铺产品添加

产品的上传编辑都是在 Products 界面操作。点击“Add product”按钮进入单个产品上传界面（见图 4-12）。卖家要填写的信息包括：产品标题、产品描述、产品图片、销售渠道、产品分类、产品定价、库存信息、发货信息、产品变量、搜索引擎。

Shopify发布产品

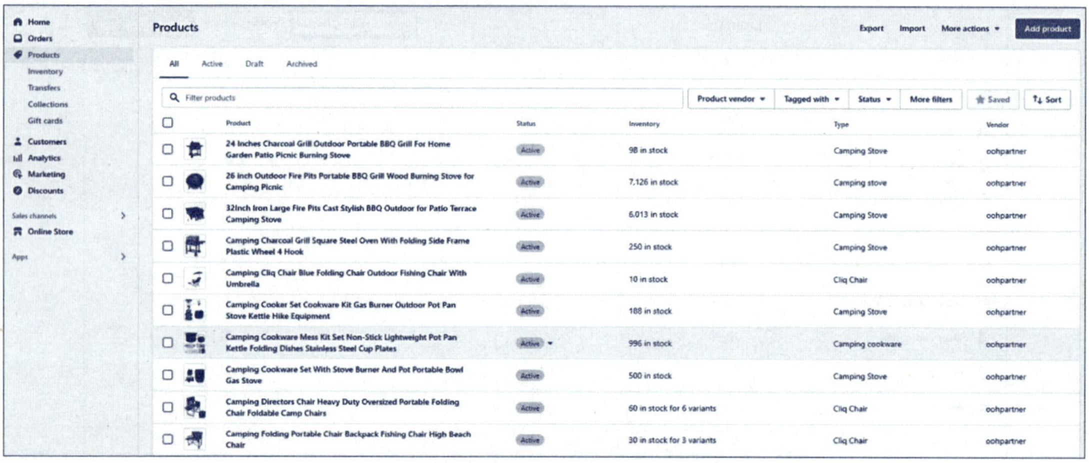

图 4-12　产品上传界面

（一）产品标题

卖家最好将产品关键词包含在产品 / 页面的标题中以增加被搜索引擎检索到的概率。Shopify 不同于 Amazon、AliExpress 等平台，没有关键词或搜索词之类的选项可以填写，因此卖家要尽可能地将重要的关键词信息写到标题中。Google 等搜索引擎对标题的内容重视程度也是远远大于关键词。因为标题有字数限制，所以标题中放不下的相关关键词，卖家可写入产品描述中。产品标题一般不超过 255 个字符，考虑到手机端客户浏览体验，建议不超过 120 个字符。标题应符合客户的阅读习惯。

（二）产品描述

产品描述撰写的第一原则是客户能够轻松理解产品的特点。卖家切忌堆砌关键词，否则会影响客户的阅读体验。产品描述中的内容越多，搜索引擎检索到该产品页面的机会就越大。

卖家应按照产品介绍视频、产品卖点文字、产品参数和产品使用场景图等顺序依次添加产品描述。卖家添加产品介绍视频时，如果是本地的视频文件，要先上传到 YouTube 等平台，通过链接插入，否则文件太大会延长页面的打开时间。

（三）产品图片

产品图片至关重要。Shopify 官方指出，最合适的产品图片的文件格式为 JPG。一个产品可以上传的图片数量最多为 250 张，产品图片长宽尺寸最大为 4 472 像素 ×4 472 像素，单个图片文件大小不能超过 20MB，否则无法上传。Shopify 推荐的产品图片长宽尺寸为 2 048 像素 ×2 048 像素。

卖家在设计图片时，应尽可能地将想要展示给客户的重要图片信息显示在图片中间，以防在移动端重要内容被截掉。对于首页图或横幅图，卖家应避免添加文字信息，以防止在移动端被截掉。卖家可以在图片上传之后，为图片添加文字信息，这样文字是独立于图片的，是自适应的，不会被截掉。图片不应该过于复杂，以防止在后期添加文字的时候难以辨认。对于复杂的图片，建议在图片上蒙上一层可以调整透明度和颜色的图层，以凸显文字。

产品图片优化工作主要包括两方面：一是让 Google 等搜索引擎找到卖家的产品，当客户使用图片搜索功能搜索产品时，平台能正确显示产品图片给潜在客户；二是在保证图片质量的前提下尽可能地缩小产品图片文件大小，加快网页的加载速度，缩短打开时间。

对于所有图片，卖家均要填写图片的 ALT 属性。ALT 属性是一个必需的属性，用于在图像无法显示或者客户禁用图像显示时，代替图像显示在浏览器中的内容。卖家在填写产品图片的 ALT 属性时，应尽可能为每一张图填写不同的 ALT 标签。带有描述性的 ALT 关键词更有利于在 Google 搜索中获得更多的访问。

Shopify 平台的图片上传操作非常简单。图片上传成功之后，卖家可以对图片进行排序、预览、编辑、添加 ALT 属性和删除。排名第一张的图片为主图，卖家如果想更换主图，只需用鼠标将图片拖到主图的位置就可以，也可以使用鼠标拖动其他图片进行排序。

学中做 4-2

烧烤炉（BBQ Grill）产品文案撰写

在撰写文案之前，卖家应先对产品卖点进行分析（见表 4-4）。

表 4-4 烧烤炉产品卖点

主图	产品卖点
	1. 大容量，能满足 8 ～ 10 个家庭聚会的餐饮需求； 2. 可调节，6 级可调木炭烤盘，可调节温度； 3. 木炭添加轻松，炭灰处理方便，可轻松抽出倾倒和清洁； 4. 移动方便，配有轮子； 5. 储物方便，两个固定的侧架提供了额外的调味区，底部架提供了更多的存储空间。

产品标题：OUTDOOR PORTABLE BBQ GRILL PICNIC BURNING STOVE 24 INCHES CHARCOAL GRILL

产品图片（见表 4-5）。

表 4-5　产品图片

产品图 1	产品图 2	产品图 3
		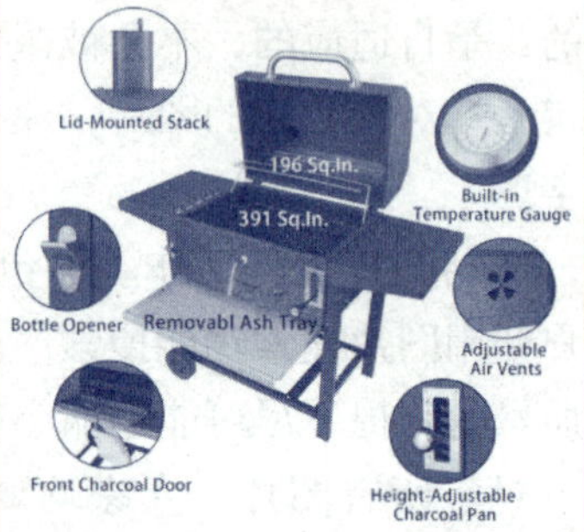

产品详情页：包括产品介绍视频、产品卖点描述、产品参数、使用场景图（见表 4-6）。

表 4-6　产品详情页

产品介绍视频	
产品卖点描述、产品参数、使用场景图	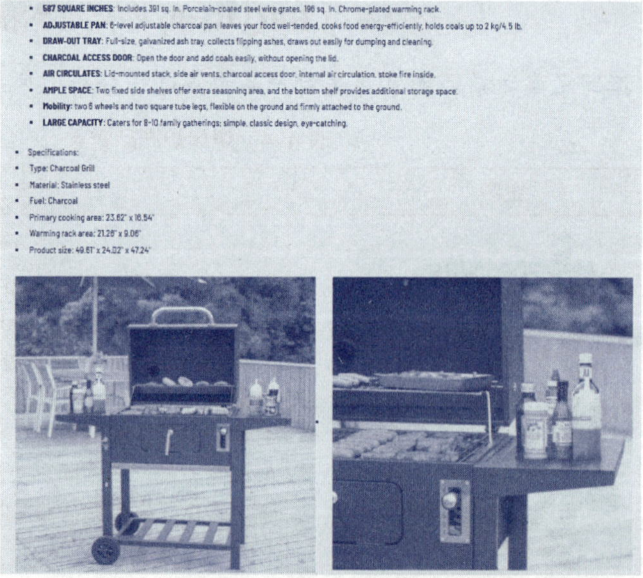

二、店铺产品分类

Shopify类目设置

卖家需要将店铺产品进行分类，以更好地进行产品管理和设置不同类目的产品促销方案。不同产品类目的分类标准不一样。例如，服装类店铺可以将产品按照男士、女士或儿童进行分类；家居类店铺可以按不同商品类型进行分类，如灯具、靠垫或地毯。此外，卖家有必要设置促销商品、热销商品等分类。

卖家创建好分类后，产品会按不同类目在网页上进行显示，客户可以点击网站导航的菜单链接查看该系列产品。卖家创建产品分类时，需要填写标题、描述（见图 4-13）、匹配条件、分类图片及分类 SEO 设置等。

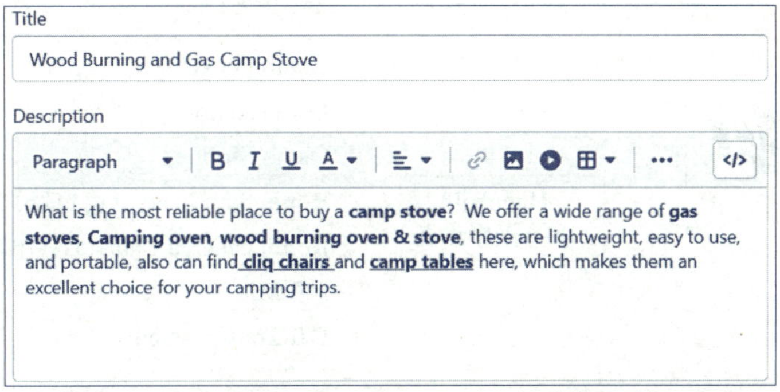

图 4-13 填写标题、描述

产品分类标题撰写不同于产品标题撰写，不宜过长，说清楚是什么产品类目就可以。产品分类描述包含该类目的产品特点、提供的产品范围等信息，卖家应埋入关键词并做标粗凸显，最好能设置其他分类的超链接，这样有利于搜索引擎捕捉更多网站的信息。

匹配条件（Conditions）是指产品在符合设置的条件下，自动匹配到该分类下面。当然在产品少的情况下，卖家也可以通过手动匹配，一般都会通过设置匹配条件来进行自动匹配。设置条件的时候，选择"any condition"意味着满足任一条件都可以匹配（见图 4-14）。如果选择"all conditions"，则需要匹配所有条件才能归类到该类目。建议卖家选择"any condition"，以防出现产品不能显示在类目中的状况。

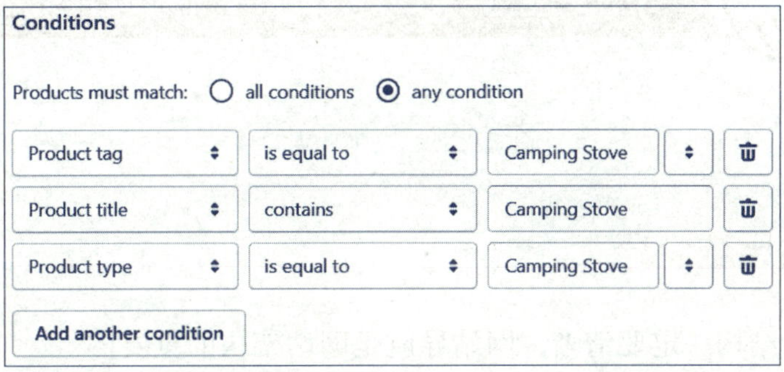

图 4-14 匹配条件

企业连线 4-3

大疆的产品分类

大疆的产品分类如图 4-15 所示。

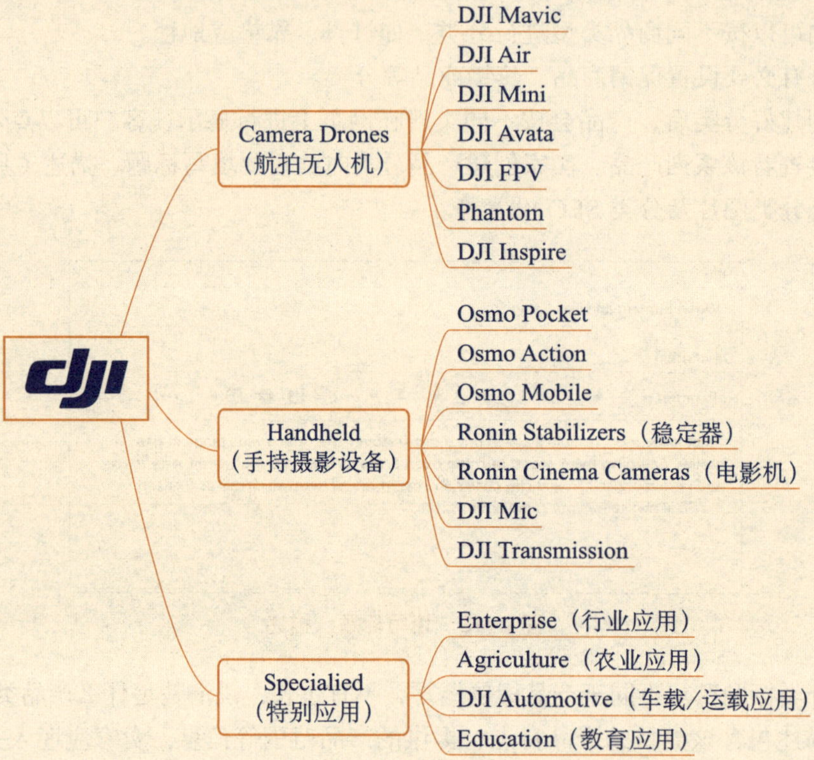

图 4-15 大疆的产品分类

任务四 Shopify 网站设计

Shopify导航设置

一、网站导航设计

企业的网站结构一定要清晰，网站导航是网站架构的重要体现。网站导航是指用户在网站中浏览信息的流程，包括了解网站的结构、内容和功能等。重要性良好的导航设计可以提高用户体验，使用户能够快速找到所需信息，提高网站的用户满意度和忠诚度。在网站建设的策划阶段，卖家就要想清楚网站的导航目录结构。网站导航设置第一步是设置产品分类目录（collection）。页面（page）是店铺主要展示的信息，通过浏览一个店铺的页面，客户就可以了解店铺概况，从而建立初步印象。页面设置操作：卖家登录 Shopify 后台，点击“Online Store” > “Pages”，进入页面，点击“add page”，需要添加的页面包括 Contact Us、Privacy Policy、Refund Policy、Shipping Policy 等，卖家可以直接使用平台提供的模板修改。

“Navigation（导航）”设置操作：商家点击“Online Store” > “Navigation”后，出现“主菜单（Main menu）”（见图 4-16）和“页脚菜单（Footer menu）”。先设置“主菜单”，点击“Main menu”进入“Menu items”逐项设置。设置好的“Main menu”体现在首页主导航栏。

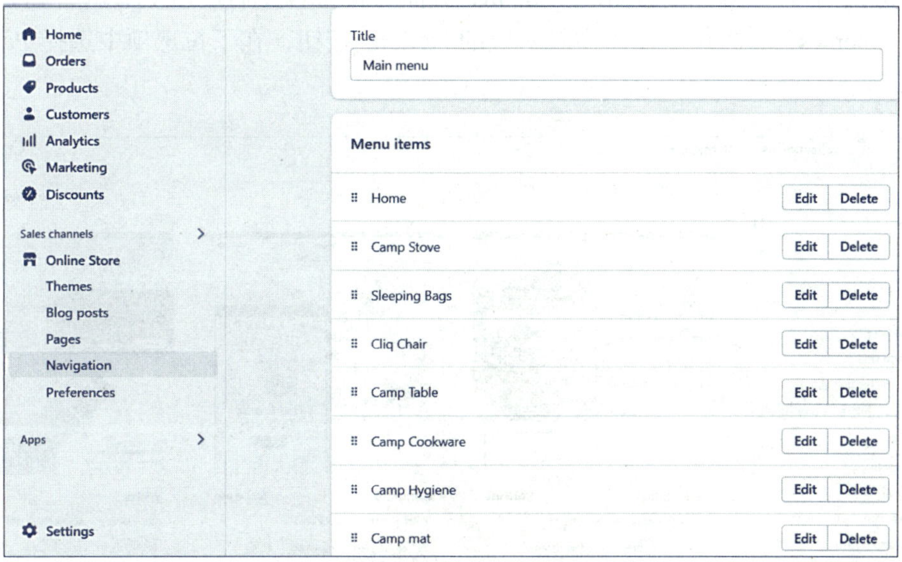

图 4-16 “Main menu”设置

卖家设置“Main menu”时，输入 menu name，menu 链接的地址会自动出现之前设置好的 collection 和 page 作为链接地址，如果该按钮链接的网页是产品类目，选择对应的 collection 即可。

Main menu 包括公司介绍和产品类目。退换货政策、物流政策、常见问题及回答等一般放置在 Footer menu，即页脚部分。卖家点击“Footer menu”，依次添加“隐私政策（Privacy Policy）”、“退款政策（Refund Policy）”、“服务项目（Terms of Service）”、“物流信息（Shipping Information）”等按钮。

二、网站主题选择

店铺主题（Theme）对于电商卖家而言非常重要，决定了卖家在客户心中的第一印象。Shopify 提供了丰富的主题模板，下载使用方便、设计简单。Shopify 官方的主题市场链接地址：https://themes.shopify.com。

目前，Shopify 平台共有 109 款主题可供选择，包括免费主题 11 款和付费主题 98 款（见图 4–17）。卖家可以在该页面左侧边栏按照主题价格、产品数量、页面布局、产品页面、主页、网站导航、营销社交媒体和行业等条件对主题进行筛选，也可以在右上角点击排序按钮，按照主题的价格、受欢迎程度以及主题发布时间对主题进行排序。卖家点击主题即可进入主题的详情页面。在主题的详情页面，卖家可以切换查看该主题不同的风格样式，点击 View Demo 按钮查看主题的演示。

Shopify 官方的所有主题都是无需下载的。卖家点击 Try Theme 按钮就可以直接将这个主题安装到卖家店铺网站上。其中付费主题为一次性付费，平台会直接从卖家 Shopify 网站绑定的信用卡中扣除费用。主题安装之后不会自动启用，页面会自动跳转到卖家的 Shopify 后台 > Online Store > Themes 页面。卖家若要启用新安装的主题，需要在“MORE Themes”一栏中，点击主题对应的 Actions 按钮，在下拉选项中选择 Publish 按钮就可以。

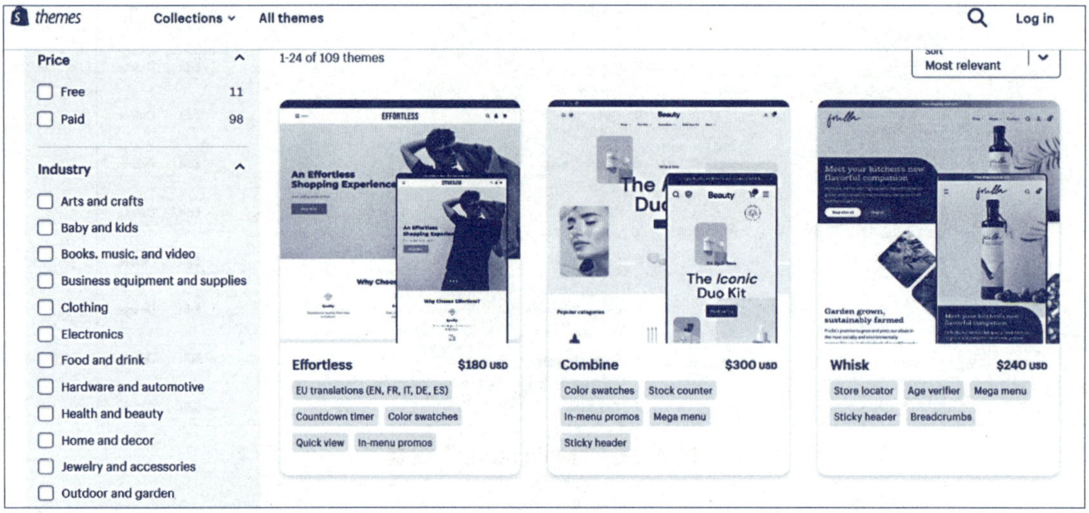

图 4–17　Shopify 平台主题模板

卖家除应用 Shopify 平台主题外，也可以从第三方主题市场购买，上传到店铺使用。第三方主题市场主要是 Theme Forest。卖家在 Theme Forest 上购买主题之后，在该主题的页面就可以看到下载按钮，或者在登录 Theme Forest 账户之后，在页面 https://themeforest.net/downloads 查看并下载所有已购买的主题。

卖家在 Shopify 模板市场上购买的主题下载下来的是压缩文件，压缩文件中会有很多与该主题相关的文件，如 Documentation、Licensing 等不需要上传的文件，因此卖家首先需要解压缩，找到需要上传的主题文件，然后打开 Shopify 后台 > Online Store > Themes 页面，点击 Upload Theme 按钮上传。

三、网站模板设计

Shopify模板选择与设置技巧

（一）设计功能介绍

Shopify 网站后台模板管理页面主要有两大板块：一是现在用的主题，二是 Theme library。Theme library 是安装在 Shopify 后台的其他未启用的 Shopify 主题。一个 Shopify 网站一次性最多安装 20 个主题，即 1 个激活的主题和 19 个未激活的主题。

每个 Shopify 模板在网站后台都会有两个功能按钮：一是 Actions 按钮，二是 Customize 按钮。未发布的主题多一个 Publish 按钮。Actions 按钮的功能包括：

Preview：在网站前台预览 Shopify 主题显示效果。

Publish：激活发布该 Shopify 模板主题。

Rename：重命名该 Shopify 主题的名称。

Duplicate：复制该 Shopify 的主题。点击 Duplicate 按钮之后，会在 Shopify 网站后台生成一个该主题的副本文件，如复制 Brooklyn 主题之后，在后台会生成一个名称为 Copy of Brooklyn 的模板文件。Duplicate 功能的使用目的通常是在对 Shopify 网站进行排版，修改代码之前应做好当前模板的备份。如果出现问题，可以激活备份的模板文件以使网站恢复正常。

Download Theme File：下载 Shopify 主题，可以快速地复制当前的网站样式到新的网站，减少重新设置的麻烦。

Edit Code：编辑主题代码。所有对模板的代码修改都是在这里进行的。建议卖家在修改代码之前先使用 Duplicate 功能备份然后修改，以免出现不必要的麻烦。

Edit Langulages：编辑框架特定文字的语言或者显示方式。卖家可使用该功能修改 Shopify 网站的语言以及框架的文字内容。Shopify 网站的文字内容由两部分组成：一是可以在 Shopify 网站后台直接添加和修改的，如产品标题、描述、价格、产品目录名称、博客内容、页面内容等；二是无法直接在 Shopify 网站后台直接修改的，可以在这里进行修改，如购物车按钮上的 Add to Cart 文字改为全部大写的 ADD TO CART 或者 BUY NOW。

Remove：从后台删除该模板。

（二）主题模板设计

点击 Customize（定制）按钮之后，打开当前正在使用的店铺主题的编辑界面，进入主题设计板块。左侧边栏有 Sections、Theme Settings 等模块。

模块及内容设置主要是通过 Sections 模块完成。目前，大部分 Shopify 模板均支持 Sections 模块。卖家在左侧边栏做了改动，右侧网站前台视窗就会做对应的改变。如将 Newsletter 板块移动到 Featured Collection 上方，只需要用鼠标拖动左侧边栏的板块名称，右侧网站前台视窗就可以实时地显示所做的修改。

任意模块都是可以点击进去进行详细设置的。卖家如要添加模块，点击 Sections 项下的 Add Section 按钮，选择要添加的板块，点击 Add 按钮即可，然后对板块拖动进行页面的排序。卖家想要删除某个模块时，在该模块的最下方找到 Remove Section 按钮，然后点击确认保存，就删除了该模块。

Theme Settings 模块负责的是网站框架的颜色、字体、按钮、网站图标、购物车、支付页面等的设置。

在右侧的网站页面视窗上方为页面切换按钮，卖家下拉选择不同的页面，会在左侧边栏显示不同的页面模块，卖家可对对应的页面进行设置。

Shopify 主题之间的设置是相互独立的。也就是说，卖家在设置好主题之后，安装并激活新的主题，新主题需要重新进行页面排版、设置颜色和字体。卖家对新的主题的设置不会影响之前的设置。

知识拓展 4-3

Shopify 各类图片的尺寸要求

一般而言，卖家既希望产品图像足够大，以详细显示产品细节，又希望图像足够小，以允许网页快速加载。Shopify 平台建议卖家产品图片为 2 048 像素×2 048 像素（见表 4-7），以达到大小和网页打开速度之间的最佳平衡。

表 4-7　Shopify 各类图片的尺寸要求

图片类别	最佳尺寸
产品	2 048 像素 ×2 048 像素
产品类别	2 048 像素 ×2 048 像素
Slideshow	1 200～2 000 像素（宽）×400～600 像素（高）
Banner	400～600 像素（宽）×1 200 像素（高）
店铺 Logo	450 像素（高）×250 像素（宽）
所有图片建议使用 JPG 格式。	

企业连线 4-4

Worthfind（欣维发）于 2005 年成立于厦门，早期主要替国际品牌做代工，但利润几乎被品牌方赚取，因此 Worthfind 萌发了自己做国际化品牌的想法。2012 年，Worthfind 从传统的外贸代工厂转向亚马逊平台；2018 年自建独立站，经历了二次转型。

Worthfind 品牌部负责人曾提及，“如果卖家过度依赖平台，可能会受制于第三方销售平台的规则。另外，平台作为单一渠道，卖家通常不得为任何促销目的联系卖家，包括通过电子邮件、信函、电话或其他方式，因而也很难获取到目标用户的完整信息，推动复购、加深客户关系和第一时间发现产品潜在的问题”。

因此，公司需要通过独立站进行品牌出海的二次重要布局。目前，Worthfind 已经成功孵化了几个成熟的箱包品牌，尤其是女包品牌 Ecosusi 和多功能背包品牌 Bagsmart 在海外深受消费者的喜爱。

一开始，Worthfind 创建品牌独立站只是为了展示产品，帮助平台引流，不做销售使用。但通过 Shopify 搭建的独立站，竟在没有投广告的情况下，产生了自然订单，于是 Worthfind 便加大了对独立站的投入。

ecosusi.com 网站使用了 Shopify 的箱包主题模板。下面对网站结构进行分析：

1. 网站顶端排版

突出折扣优惠信息：Buy 1 get 10% off, buy 2 get 15% off。

导航栏简洁，突出热销款（best sellers）和新品（new arrival）。导航栏重点介绍了企业的价值使命：鼓励每个女性在自己的领域取得成功和荣耀；guilt-free 产品坚持不使用动物皮毛，拒绝血汗工厂环境；致力于将复古元素融入现代美学，创造独特、永恒的时尚产品。

2. 产品款式分类方便用户选择

ecosusi.com 网站产品款式分类如图 4-18 所示。

图 4-18 产品款式分类

3. 设置多个主题系列

ecosusi.com 网站的产品主题系列如图 4-19 所示。

图 4-19 产品主题系列

4. 博客和社交链接版位

ecosusi.com 网站的博客和社交链接版位如图 4-20 所示。

图 4-20　博客和社交链接版位

5. 产品页采用交叉销售

利用组合销售及产品交叉销售功能，根据当前产品页面的产品推荐类似产品（见图 4-21），可以在一定程度上提升客单价。

图 4-21　产品页交叉销售

任务五　网站其他设置

一、店铺信息

（一）联系方式

卖家可以设置公司地址、电话、企业邮箱。企业邮箱有两个：一个用于 Shopify 官方联系，一个用于客户联系用。客户联系的邮箱建议使用网站域名的邮箱地址。

（二）商店货币

卖家在此处设置商店默认货币，并且在首次销售完成后，该设置将无法修改，只能在收款设置中进行更改。

（三）标准和格式

卖家可设置商店时区、单位制、重量单位及订单 ID 格式。

二、收款方式

卖家只有设置好收款方式，客户才能完成订单支付流程。Shopify 提供了多种收款方式供卖家选择。卖家一般都会配置 PayPal 快速结账方式。

独立站怎样收款

（一）PayPal 快速结账

Shopify 在中国支持 PayPal Express 账户收款，卖家需要使用 Paypal 的 Business Account（企业账户）才能正常收款。如果是个人账户，可以切换成 Business Account，账户切换只需要提供相关信息即可。

PayPal Express 账户同时支持国外 PayPal 余额支付和外币信用卡支付，支持国际上主要的币种。PayPal 的交易手续费费率是 2%，单笔提现手续费为 35 美元。卖家可以使用第三方支付以降低支付成本。

（二）第三方支付

Shopify 支持的第三方支付方式有几十种之多（见图 4-22）。卖家可以联系收款平台，按要求提供相关资料开设用于独立站的收款账户，获得账户 ID、密钥后，在 Shopify 上进行设置，即可用于收款。

图 4-22　Shopify 支持的第三方支付方式截图

（三）手动支付

Shopify支持货到付款支付方式，卖家可设置手动支付，处理在线商店之外进行的订单付款。常见的手动支付方式是Cash on Delivery（COD），即货到付款。目前，很多第三方物流企业采用货到付款方式。

三、结账设置

（一）样式

卖家可以自定义结账页面样式，包括商店Logo、更改颜色和字体。卖家点击“自定义结账”按钮，切换到结账页面设置，可完成相关样式的修改。

（二）客户账户

客户可以自行选择以游客身份或注册账户进行结账。

（三）客户信息

卖家可以对客户结账时提供的信息进行自定义设置，如是否要求全名、是否要求填写公司名称、是否提供电话号码等。建议客户提供电话号码，因为发货的时候需要电话号码。

（四）营销选项

卖家可以设置在结账时是否要求客户接受电子邮件营销。

四、运费设置

独立站运费设置技巧

在发货和配送设置中，卖家首先要设置的是可供买家选择的配送方式，包括运费费率、发货地点、物流时效等。在设置一般运费费率时，卖家可以选择不同区域设置运费规则，可以以重量和价格区间设置不同的运费费率。卖家可以设置多个发货地点定义运费，也可以对部分商品设置不同的运费规则。

学中做 4-3

Shopify 运费模板设置

卖家在Shopify平台进行运费设置时，可以设置免运费、固定运费或自动计算运费。

固定运费是在结账时收取特定金额的运费。卖家可以为可发货区域内的任何订单创建固定运费，或者仅为重量或价格处于特定范围内的订单创建固定运费。例如，对于欧洲的某发货区域设定10美元的固定运费。

自动计算运费由第三方运输服务在结账时根据订单的详细信息来确定。这有助于卖家向客户收取运输承运商（如UPS或FedEx）确切金额。对于以下情况，卖家可以使用承运商计算的费率：

（1）如果发货位于美国境内并使用Shopify Shipping，则可以添加USPS、DHL和UPS的计算运费。

（2）如果发货位于加拿大境内并使用Shopify Shipping，则可以添加加拿大邮政的计算运费。

（3）如果发货位于澳大利亚境内并使用Shopify Shipping，则可以从Sendle中添加针对国内和国际运输的计算运费。

当添加承运商自动计算运费时，卖家还需要为每种产品输入准确的重量，以便在结账时为客户提供准确的运费。

项目小结

目前，企业开展跨境电商运营主要有跨境电商第三方平台店铺和企业独立站两种经营模式。企业独立站是指基于SaaS技术平台建立的拥有独立域名，内容、数据、权益私有，具备独立经营主权和经营主体责任，由社会化云计算能力支撑，并可以自主、自由对接第三方软件工具、宣传推广媒体与渠道的新型网站。企业独立站与第三方平台店铺在运营难度、运营工作、运营成本、竞争程度、运营风险和品牌培育6个方面存在较大差异。

目前用于企业独立站建设的SaaS平台比较多，主要有Shopify、Shoplazza、Ueeshop、Shopline等。在选择建站平台时，企业主要考虑成本（月租、交易成本）、生态、服务等因素。企业独立站建站时，需要准备的材料包括双币信用卡、注册邮箱、企业域名和营业执照。

Shopify网站搭建中，重点要做好网站结构导航设计、网站产品管理和分类、网站设计，以及网站中的支付方式、物流、结算等的设置。

直通大赛

通过本项目学习，完成竞赛任务——企业独立站建站。

竞赛名称	竞赛任务
跨境电商创新创业能力大赛（独立站赛道）	任务1 注册企业域名，生成企业域名邮箱 任务2 Shopify网站搭建

【任务 1】注册企业域名，生成企业域名邮箱

注册企业域名	https://oohpartner.com
腾讯企业邮箱域名绑定，生成企业服务邮箱	service@oohpartner.com

【任务 2】Shopify 网站搭建

示例图如图 4-23 所示。

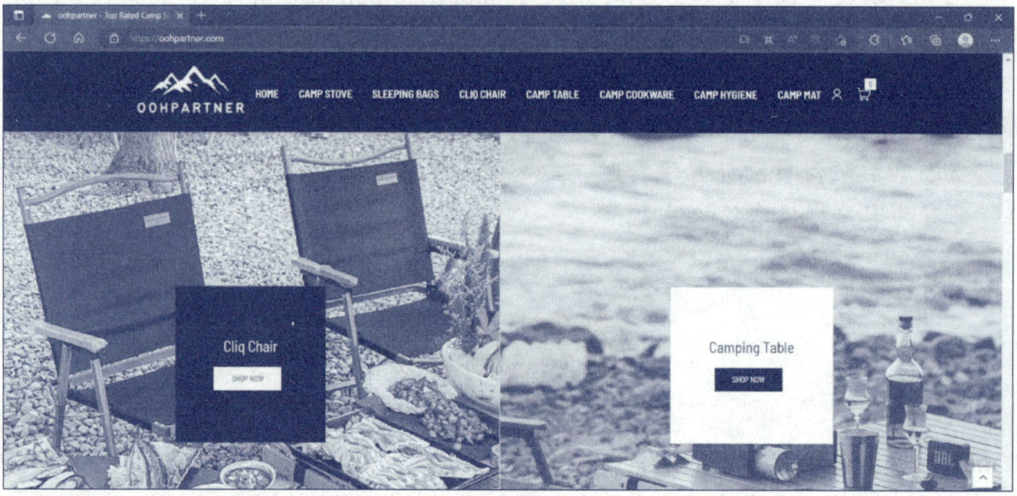

图 4-23　示例图

知识巩固

应知考核

一、名词解释

1. 企业独立站
2. 网站导航
3. SaaS平台
4. 企业域名

二、判断题

1. 企业独立站因为是企业自建，不受平台约束，因此不存在限售约束。（　　）

2. 企业选择 SaaS 建站平台工具时，基本上所有的平台提供的功能差不多，只用考虑成本因素，哪个平台成本低就选用哪个。（　　）

3. 企业独立站选品时，只要在目标市场该产品是合法的，就可以销售该产品。（　　）

4. 从品牌培育方面而言，在亚马逊销售的产品品牌能更快速培育，因为有亚马逊做品牌背书。（　　）

5. 从运营难度而言，企业独立站运营难度会更大。（　　）

6. 企业网站中产品图片很重要，为使客户能更清楚地了解产品特点，产品图片越清晰越好。（　　）

应会考核

⊙ 技能应用

1. 网站产品分类操作

各小组根据项目三的实训结果，在确定目标细分市场的基础上，对产品进行分类（collection）设置（见表 4-8），要求产品类目名称和描述填写准确。

表 4-8　产品分类设置

序号	产品类目（collection）名称	产品类目（collection）描述
1		
2		
3		
4		
5		
实训成果：网站中 collection 设置。		

2. 产品文案撰写

在竞品分析基础上，撰写产品文案（见表 4-9），文案要求包含主要关键词，突出产品卖点并准确表达且图文并茂。

表 4-9　产品文案撰写

产品名称（中文）	
产品卖点（中文）	1. 2. 3.
英文关键词	
产品标题英文描述	
产品详情页英文描述	1. 2. 3.
实训成果：网站中产品详情页。	

实践操作

<table>
<tr><td>项目团队</td><td colspan="4"></td></tr>
<tr><td rowspan="4">项目负责人</td><td>姓　　名</td><td colspan="3"></td></tr>
<tr><td>专业班级</td><td colspan="3"></td></tr>
<tr><td>学　　号</td><td colspan="3"></td></tr>
<tr><td>联系方式</td><td></td><td>Email</td><td></td></tr>
<tr><td rowspan="5">项目团队成员</td><td>姓　　名</td><td>学　　号</td><td>专业班级</td><td>分工 / 角色</td></tr>
<tr><td></td><td></td><td></td><td></td></tr>
<tr><td></td><td></td><td></td><td></td></tr>
<tr><td></td><td></td><td></td><td></td></tr>
<tr><td></td><td></td><td></td><td></td></tr>
<tr><td>任务起止时间</td><td colspan="4">年　　月　　日—　　年　　月　　日</td></tr>
<tr><td>实训内容</td><td colspan="4">结合背景企业实际，为该企业搭建网站。</td></tr>
<tr><td>实训目的</td><td colspan="4">通过该实训项目，学生能使用 Shopify 完成企业网站的搭建。</td></tr>
<tr><td>实训要求</td><td colspan="4">以教学班级成立的项目团队为单位进行项目实训，明确内部分工。以各项目团队为单位与当地跨国经营企业进行联系，确定企业。</td></tr>
<tr><td>实训操作步骤</td><td colspan="4">步骤一：由实训指导教师介绍该实训项目的目的与要求。
步骤二：结合本项目任务，由指导教师介绍网站搭建的相关内容。
步骤三：结合该实训项目的实际情况，在教师的指导下，完成项目团队的组队及任务分工，每个项目团队 6～8 人。
步骤四：各项目团队研究成功独立站的网站布局、产品 listing、网站 App 的使用等，作为本实训项目操作的参考。
步骤五：各项目团队成员按各自的分工，搜集、整理与实训任务相关的信息资料，并展开充分的讨论与交流。
步骤六：各项目团队在规定时间内完成网站搭建。
步骤七：实训成果汇报、质询、评议及成绩综评。
1. 各项目团队推选一名代表采用 PPT 形式进行实训成果汇报。
2. 各项目团队之间互评、师生质询，教师进行适当点评并总结。
3. 教师对各项目团队及其成员进行综合成绩评定。</td></tr>
<tr><td>实训成果</td><td colspan="4">1. 企业 Shopify 网站
2. 网站搭建汇报 PPT</td></tr>
<tr><td>实训考评（百分制）</td><td colspan="4">
<table>
<tr><td>评分维度</td><td>网站定位</td><td>网站结构导航</td><td>网站内容</td><td>网站应用</td><td>网站设计</td><td>汇报</td><td>答辩</td><td>团队分工合作</td></tr>
<tr><td>百分比</td><td>10%</td><td>15%</td><td>15%</td><td>10%</td><td>15%</td><td>10%</td><td>10%</td><td>15%</td></tr>
<tr><td>得　分</td><td></td><td></td><td></td><td></td><td></td><td></td><td></td><td></td></tr>
</table>
</td></tr>
</table>

项目五　企业独立站优化

项目描述

企业开始国际市场推广前，要对独立站进行全面的优化，以确保网站设计、网站内容以及各项服务符合用户体验和搜索引擎检索的要求，为之后国际市场推广工作起到事半功倍的作用。

学习目标

知识目标

1. 掌握企业网站优化的概念及主要工作内容；
2. 掌握网站关键词拓展途径及分析方法；
3. 掌握网站关键词布局的要求；
4. 掌握网站内部优化的内容和要求；
5. 掌握网站链接深度优化的概念及要求；
6. 掌握网站外链建设的途径。

能力目标

1. 能够使用多种方法拓展网站关键词，并对关键词进行分析；
2. 能够完成网站元标签的优化及关键词的布局优化；
3. 能够使用工具完成企业网站内部优化的工作；
4. 能够使用工具完成网站结构优化的工作。

素养目标

1. 培养精益求精的工匠精神，养成借助工具解决问题的思路；
2. 通过实训项目的团队合作，培养良好的自主学习与合作学习能力。

知识导图

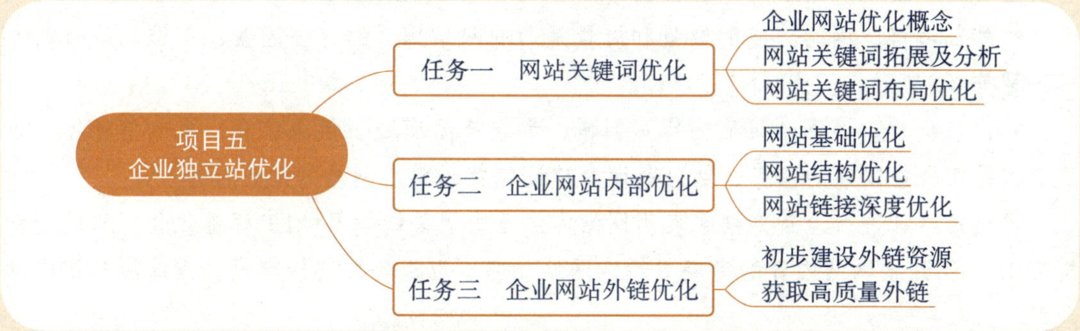

案例导入

基于 SEO 的农产品电商网站改进方案的设计

以江苏农产品网为例，对网站进行优化和推广，帮助企业提高关键词排名，从而给企业带来经济效益，最终提升企业形象，起到品牌宣传的效应。

1. 网站诊断和分析

江苏农产品网隶属于常熟新花样农业发展有限公司，是江苏省内较有影响力的第三方农产品电商平台，为广大农业企业提供优质产品展销、市场行情分析、自由交易撮合、农产品团购贸易等电子商务服务。网站主要包括产品中心、采购平台、限时供应、原产地采集、特色专区和行业资讯六大功能板块。

（1）网站排名统计。

分别以关键词“江苏农产品”“江苏农产品网”“农产品”在百度上搜索，查看并记录排名情况（见表 5-1）。

表 5-1 “江苏农产品网”搜索排名情况

关键词	百度排名	微软 Bing 排名
江苏农产品	7	3
江苏农产品网	1	1
农产品	47	前 20 页未查到

（2）网站页面存在的问题。

- 关键词密度。通过站长工具查询关键词在主页面的分布密度，“农产品”为 2.7%，“江苏农产品”为 0.8%，“江苏农产品网”为 0.5%，关键词密度建议值为 2%～8%，网站关键词密度偏低，导致页面和关键词的相关性降低，不利于页面排名。
- 域名 url。该网站的部分 url 采用动态 url 格式，不利于搜索引擎抓取，因此不利于网页的收录。
- ALT 标签。在 ALT 标签中加入关键词是提升关键词排名的重要方法，该网站中有大量的产品图片，部分图片未设置 ALT 属性，会影响排名。
- 外部链接。网站外链的数量和质量是影响网站排名的重要因素，但该网站目前外链数量是 0。
- 内容优化。该网站页面内容更新慢，如农产品商城、供应信息、求购信息等二级页面都是四个月以前的信息，部分版面未建设完整，整个网站的活跃性差。

通过对网站进行诊断，结果表明网站内部不重视关键词及 ALT 标签优化、未使用动态 URL、不注重网站内容的定期更新，网站外部不重视外部链接建设，因此应对该网站进行 SEO 整体优化。

2. 优化方案设计

（1）优化网站关键词。

首先，江苏农产品网的主要关键词为“农产品”“江苏农产品”“江苏农产品网”，在网站的主要标签如 Title、ALT、Description 等处添加主要关键词；其次，用户的阅读习惯和搜索引擎的抓取网页的原则都是“E”字形，在网页“E”字形部位尽量放置重要的信息；最后，注重文章中关键词优化，可以通过关键词拆分、同义词近义词等方式提高关键词密度，一般控制在 2%～8% 比较合适。

（2）优化网站内容。

“内容为王，链接为后”，高质量的内容可以带来高质量的链接。要想获得对方网站的链接，必须能为对方网站用户提供价值，最重要的价值就是高质量的内容。网站更新越快，爬虫访问就越频繁。江苏农产品网在建站后几个月网页未更新，这显然不利于网页的收录。优化网站内容可以从以下几方面入手：第一，定期更新；第二，增加原创内容，减少转载；第三，内容围绕网站主题和板块展开，不要添加无关内容。

（3）网站结构优化。

- 导航栏优化。一个好的导航栏能帮助用户浏览网站信息、获取网站服务，是提高用户体验的重要路径之一。江苏农产品网现有的导航条栏目比较多，部分内容有交叉重叠现象，将其重新组合调整为“首页”“农产品商城”“供应信息”“求购信息”“农业资讯”“知名企业”“健康养生”七个栏目。
- url 优化。目前，江苏农产品网网站产品种类比较固定，相对其他第三方商务平台内容量也较小，因此针对动态 url 采用模板静态化的方法进行优化处理，制作新闻页、产品页、供求页等内容页的模板，在数据库进行保存，后期添加栏目内容时，调用相应的模板，生成 html 静态页面。
- 网站地图优化。网站地图表明了网站内网页的链接关系，不仅便于用户了解网站构架，提高用户体验，也方便搜索引擎爬虫抓取网页，增加网站页面的收录。运用 Sitemap Builder 工具制作网站地图文件 sitemap.xml，然后将其上传到服务器根目录下，把网站地图链接地址加入 robots.txt 文件，最后将网站地图提交给各大搜索引擎，使爬虫更好地对网站页面进行收录。

（4）外部链接优化。

江苏农产品网网站建站时间比较短，网站收录情况和 PR 值都不佳，通过交换链接或向高级网站申请链接的难度比较大，因此外部链接建设要遵循循序渐进的原则，需要有计划地进行，不能急于求成。江苏农产品网的外部链接建设分为两个阶段：初步建设外部链接和获取高质量外部链接。第一阶段：初步建设外部链接，具体方法包括博客推广、问答推广、论坛推广和百科推广。第二阶段：获取高质量外部链接，主要可以通过网站目录提交和友情链接两种方法获取。

基于 SEO 技术优化农产品电商网站不仅可以改善用户体验，使用户能更便捷地访问整个网站，也增加了网站在搜索引擎中的收录量，提高了网站排名，从而达到推广和宣传网站、品牌建设的目的。

（资料来源：邱春红．基于 SEO 的农产品电商网站改进方案的设计 [J]. 湖南邮电职业技术学院学报，2015（3）.）

问题思考

网站优化过程中的常见问题有哪些？需要借助哪些工具进行数据分析？

任务一 网站关键词优化

一、企业网站优化概念

企业网站优化是指针对企业网站本身进行网站内部要素优化和网站外部优化，使得网站设计、网站内容以及各项服务符合用户体验和搜索引擎检索，满足搜索引擎排名的指标，从而使得企业网站在搜索引擎反馈的结果中排名靠前，达到企业线上营销的效果。企业网站优化并非单纯的网站改版或维护，而是通过详细、合理的市场调查，针对企业产品和服务完成网站定位，并利用相关技术手段使网站对搜索引擎更为友好，从而在搜索结果中拿到较好的排名，使得用户能够更容易找到企业。

企业网站只有用户访问或被用户知道，才会有价值。网站优化的目的是让企业的网站在搜索引擎上的曝光量达到最高，让用户在亿万搜索结果中第一个看到企业的信息，点击链接并产生购买行为，使企业获得收益。对于营利性网站而言，网站优化工作非常重要。

通常来说，用户在搜索引擎中搜索信息时，只会关注排名靠前的网页，通过网站优化将企业信息更加有效地排到搜索结果的首页，才能使企业的信息优先展现在每个搜索关键词的访客面前，获得最大的曝光量。

企业网站优化工作包括网站关键词优化、网站基础优化、网站结构优化、网站链接优化和网站内容优化。

学思之窗 5-1

从事搜索引擎优化的人员是否具备良好的职业道德是决定网站优化成败的关键因素之一。在对网站进行优化的时候，企业应该以满足用户需求为根本出发点，不做任何欺骗搜索引擎的行为，这样才有机会长期享受搜索引擎带来的好处。

课证融通

跨境电商海外营销职业技能等级证书（中级）要求

面向职业岗位	职业技能要求
海外搜索引擎优化	1. 能根据网站诊断方案，制定并执行网站优化方案，包括关键词优化、内容优化、结构优化、链接优化、技术优化。 2. 能利用网站综合诊断工具查询网站内部和外部链接数量及质量、网站流量来源、网站流量来源形式、主要优化和购买的关键词信息，能够进行关键词竞争程度分析、关键词分析与挖掘、关键词调研工作。 3. 能综合使用网站诊断工具、网站监测工具、网站综合分析工具监控和分析网站数据，为网站优化提供方案和改进措施。 4. 能及时跟进网站优化的进度，监控主要关键词在国际搜索引擎上的排名位置和数量，并通过网站统计分析工具分析主要关键词流量导入情况并提出优化改进措施。

二、网站关键词拓展及分析

长尾关键词挖掘

（一）网站关键词拓展

网站关键词拓展是网站关键词优化的基础工作。卖家可以通过以下三个渠道拓展关键词列表：

（1）利用搜索引擎的搜索功能寻找与页面相关的关键词。

（2）通过竞争对手网站获取关键词。查询竞争对手网站的关键词设置是选取关键词的重要参考。同样是对关键词列表的补充，通过分析竞争对手网站，卖家可获取一系列与产品相关的关键词。

（3）利用 Google 关键词规划师获取相关关键词。

（二）网站关键词分析

通过搜索引擎工具评估关键词，查看列表中关键词的搜索量及竞争程度。通过竞争对手评估关键词，对选出的关键词进行搜索，分析竞争对手网站的优化程度。通过竞争对手网站的建站时间、网站的 PR 值、网站外链情况、网站的收录情况几个方面来分析竞争对手网站优化情况，最终确定关键词是否可以采用，同时也可以作为后面优化工作的参考。

经过网站关键词的搜集、评估、筛选之后，卖家基本可以确定网站的目标关键词和长尾关键词了，接下来就是在页面中进行关键词的布局、组合，达到一个合理的关键词密度值。

学中做 5-1

网站关键词拓展及分析

以假发产品的店铺为例，进行网站关键词的拓展及分析操作。

1. 网站英文关键词拓展

在 Google 搜索框中输入 wig，得到与 wig 相关的关键词：hair wigs，wigs human hair，women wigs，wig for men，wig nearby，cheap wigs，wig hair，wig hairstyles，wig hair for ladies，wig hairspray，wig hair for men，wig hairstyles for ladies，wig hair net，wigs human hair，wigs for black women，wigs with bangs，wigs for sale，wigs for cancer patients，lace front wigs。

使用网站 SEO 分析工具 SEMrush 对竞争对手网站进行分析，查询竞争对手网站的关键词设置，得到竞争对手使用的关键词列表，前 50 如表 5-2 所示。

表 5-2　竞争对手的关键词列表

关键词				
real hair wigs	wigs for sale	hair wigs for women	paulayoung wigs	best wigs
synthetic wigs	wig hair	synthetic hair extensions	wigs near me	short wigs for women
real human hair wigs	wig store	wig styles	real wigs	white wig
real hair wigs for women	short wigs	ladies wigs	human hair wigs for women	wig shop
wig	synthetic hair	natural wigs	wig shops near me	long hair wigs
human hair wigs	wigs online	long wigs	wig company	cheap human hair wigs
wig websites	natural hair wigs	toupee wig	cheap wigs	buy wigs online
wig stores near me	best human hair wigs	short human hair wigs	hair pieces for women	high quality wigs

续表

关键词				
wigs for women	best wig companies	synthetic hair wigs	wigs for sale online	online wig store
hair pieces for women	human wigs	paula young hair pieces	best human hair wigs for african american	human hair wigs near me

2. 网站关键词分析

汇总拓展关键词，生成含有500个关键词的列表，将文件存为csv格式。使用谷歌关键词规划师，获取搜索量和预测数据，为企业选择关键词提供参考。将所有关键词放到一个csv格式文件，上传文件后，得到分析结果。表5-3所示为前20搜索量的关键词。

表5-3 前20搜索量的关键词

关键词	平均月搜索量	三个月变化	年同比变化	竞争程度	竞争指数	页首出价（低位区间）USD	页首出价（高位区间）USD
wig	500 000	0%	0%	高	99	0.64	2.36
cheap wigs	50 000	-90%	-90%	高	100	0.49	1.48
hair pieces for women	50 000	0%	0%	高	100	0.41	1.33
human hair wigs	50 000	0%	0%	高	100	0.8	2.5
paulayoung wigs	50 000	0%	0%	高	100	0.46	1.01
synthetic wigs	50 000	-90%	-90%	高	100	0.32	1.21
wig hair	50 000	0%	0%	高	100	0.7	2.1
wig shop	50 000	0%	0%	高	67	0.67	2.3
wig shops near me	50 000	0%	0%	高	98	0.59	2.2
wig store	50 000	0%	0%	高	95	0.76	2.22
wig stores near me	50 000	0%	0%	高	99	0.63	2.19
wiglet	50 000	0%	900%	中	36	0.3	1.31
wigs for women	50 000	0%	0%	高	100	0.56	1.85
wigs near me	50 000	-90%	0%	高	100	0.51	1.89
african american wigs	5 000	0%	0%	高	100	0.44	1.51
best human hair wigs	5 000	0%	0%	高	100	1.02	3.56
best human hair wigs online	5 000	0%	0%	高	100	0.9	3.15

续表

关键词	平均月搜索量	三个月变化	年同比变化	竞争程度	竞争指数	页首出价（低位区间）USD	页首出价（高位区间）USD
best wig companies	5 000	0%	0%	高	100	0.86	2.33
best wigs	5 000	0%	0%	高	100	0.68	2.65
best wigs online	5 000	-90%	-90%	高	100	0.9	3.4

三、网站关键词布局优化

对网站关键词布局的优化，包括元标签优化、关键词布局优化、关键词密度优化等。

（一）元标签优化

元标签提供有关文档 HTML 网页中的信息。这些信息被称为“元数据”，虽然没有显示在页面本身，但可以由搜索引擎和网络爬虫读取。谷歌等搜索引擎使用带有元标签的元数据来了解有关网页的其他信息。标题标签和元描述显示在搜索结果中。卖家可为首页、分类页、产品页每个页面元标签设置不同内容，分配不同关键词，避免自身关键词权重竞争。

标题（title）。标题包含对搜索引擎优化非常重要的信息。网站每个页面要有一个唯一的标题标签。

元描述（meta description）。在搜索引擎返回的满足查询要求的页面中，用户可以看到描述内容。描述内容是否能引擎用户的兴趣，决定了用户是否会点击网页链接进入网站。

企业连线 5-1

wigs.com 主页和部分分类页元标签

wigs.com 主页和部分分类页元标签如表 5-4 所示。

表 5-4　wigs.com 主页和部分分类页元标签

网页	标题	元描述
主页	Wigs, Lace Front, Human Hair & Synthetic – Wigs.com	Shop the latest name brand wigs - human hair, lace front and synthetic wigs. Benefit from exclusive videos, customer wig reviews + guidance from Wigs.com.

续表

网页	标题	元描述
合成假发	Synthetic Hair Wigs	Shop synthetic wigs from Wigs.com for realistic quality and natural feeling synthetic hair. Click here to browse our massive selection of synthetic wigs.
人发假发	Human Hair Wigs | Shop	Explore FAQs and browse human hair collections by all your favorite brands on All About Human Hair Wigs！

学中做 5-2

Shopify 分类页和产品页元标签设置

1. 分类页元标签设置

Collection 部分的 SEO 设置很重要，这部分的标题默认与 collection 标题一样，建议做修改，多增加内容以利于 Google 抓取信息。URL handle 设置要进行优化（见图 5-1）。URL 应简短、可理解性强。

例如，店铺是卖小动物图案的 T 恤，那么网址可以是：www.dianpu.com/animal-tshirt. 而不是：www.dianpu.com/gy/o542.phy?ref=46146544budsshd。Shopify 网址虽然不至于像第二种网址那样杂乱无章，但是自动生成的网址不如修改后的网址那么简洁。

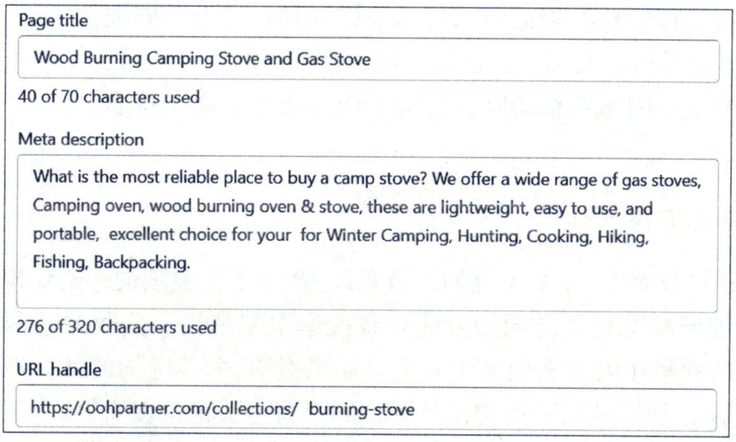

图 5-1 分类页元标签设置

2. 产品页元标签设置

产品页元标签内容来自产品 Title 和 Description。当完成 Title 和 Description 设置后，Shopify 会自动抓取其中的信息到 Search engine listing 里面的 Page title、Meta description，以及 URL handle 中。标题和内容描述是产品页中最重要的两块内容。

当用户使用 Google 搜索时，搜索结果出现的每一条都由 Page title、URL handle、

Meta description 三部分构成，这三部分内容和 Shopify 的 Search engine listing（见图 5-2）的内容是一一对应的。

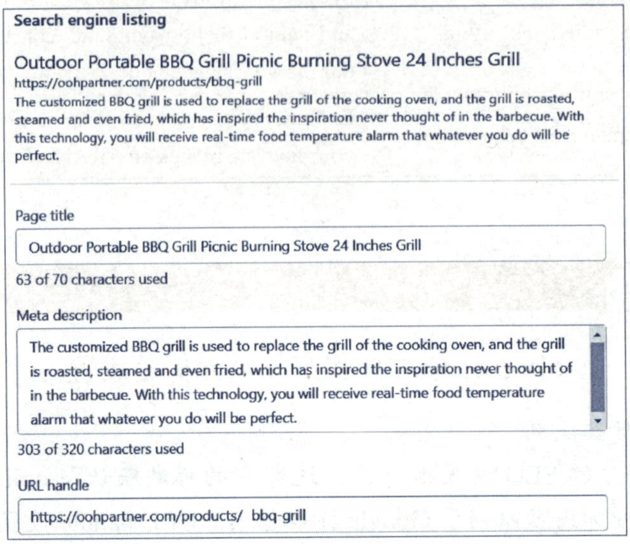

图 5-2 产品页元标签设置

（二）关键词布局优化

网站关键词规划需要有一个清晰的思路和方案来指引。首先要对网站的关键词按照核心关键词、目标关键词和长尾关键词进行分类。布局思路是核心关键词放首页、次一级的词放在分类页、长尾词放在产品页。网站结构清晰，有助于吸引用户，便于搜索引擎抓取信息。

站内关键词部署

（三）关键词密度优化

每个页面建议设置 1～4 个关键词，首页设置 3～5 个关键词，避免出现关键词堆砌现象。堆砌关键词和重复关键词均可能导致搜索引擎惩罚。分散关键词有利于网站集权。例如，网站的整体内容页面为 100 个，如果做 10 个关键词的话，每个关键词只有 10 个页面来支撑；如果做 4 个关键词的话，那么每个关键词就有 25 个页面来参与排名了。参与排名的页面数量越多，整个网站的排名会越好。

企业连线 5-2

wigs.com 主页、分类页和产品页的关键词布局

分析 wigs.com 主页、分类页和产品页的关键词布局（见表 5-5）。

表 5-5 wigs.com 主页、分类页和产品页关键词布局

网页	URL	关键词
主页	https://www.wigs.com	wigs，wigs women，best wigs，hairwigs，women short wigs
分类页（部分）	www.wigs.com/collections/belletress-wigs	belletress，belle tress toppers
	www.wigs.com/collections/caps-liners	wig liner，wig cap with guidelines
	www.wigs.com/collections/gabor	gabor wigs，ava gabor wigs，gabor flexlite wigs
	www.wigs.com/collections/human-hair-wigs	wigsbuy human hair，human hair wig for white woman
	www.wigs.com/collections/jon-renau-wigs-hairpieces	john renau wigs，jon renau flurry，wigs com jon renau
产品页（部分）	www.wigs.com/products/angie-remy-human-hair-wig-jon-renau	jon renau angie
	www.wigs.com/products/big-time-synthetic-lace-front-wig-raquel-welch	raquel welch big time
	www.wigs.com/products/blaze-synthetic-wig-estetica	blaze wig
	www.wigs.com/products/caliente-synthetic-wig-belletress	belle tress caliente wig
	www.wigs.com/products/dolce-short-wig-noriko	dolce and dolce wig

任务二 企业网站内部优化

一、网站基础优化

（一）网站图片优化

优化图片大小，可提高网站打开速度。一般而言，店铺会有大量的图片展示，Google不能识别图片，卖家需要修改图片名称及 ALT 属性，将关键词加入其中并对产品铺以文字性介绍，增加图片周围该关键词出现的频率，提高爬虫程序识别图片的能力。

（二）网站速度优化

网页加载速度是评估网站质量的重要指标之一。卖家要想优化网页加载速度，首先需要找到网页加载速度缓慢的原因，从图片、插件等多个方面进行完善和改进，不断提升网页流畅度和用户体验。

从网站图片的角度分析，一些尺寸较大的图片会对网站速度产生很大的影响，所以有必要通过压缩图片、裁剪图片和更改图片分辨率的方式来进行图片优化，这样能够最大限度地提升网站加载速度。

从网站插件使用的角度分析，卖家要避免使用太多的插件。在网站优化过程中，卖家都会习惯性地安装一些插件，想要通过这种方式来提升并改善用户体验，但是如果插件太多，往往会造成一些缺陷，最直观的表现就是网页加载速度变慢，甚至会导致网站崩溃。

二、网站结构优化

网站结构优化

（一）网站内部链接优化

（1）导航栏优化。将分类页导航添加到主页导航栏区域，可以降低页面链接深度，通过在导航区域布置关键词，增加关键词密度和权重。

（2）面包屑导航优化。为网站的二级、三级页面添加面包屑导航功能，如二级页面面包屑导航 home > wire mesh series、三级页面面包屑导航 home > wire mesh series > welded wire mesh，导航路径中均包含网站或产品的关键词。

（二）站点地图优化

每个网站都有站点地图。站点地图是一个记录文件，其中包含有关商店及其所有网页的所有信息。使用站点地图是为了向 Google 等搜索引擎“说明”企业是如何组织站点内容的。Shopify 站点地图由 Googlebot 等网络爬虫读取，这些爬虫旨在为网站建立索引，该文件可帮助搜索引擎以更智能的方式读取企业的网站。

Shopify 站点地图将帮助搜索引擎网络爬虫程序轻松导航卖家站点。Shopify 站点地图保存页面有价值的元数据。元数据包含有关页面更改频率、页面上次更新时间等重要信息。

每个 Shopify 商店均拥有一个站点地图，因为所有商店都会自动生成一个 Shopify 站点地图，每个商店的默认名称均为 sitemap.xml。

学中做 5-3

站点地图优化操作

第一步：创立并连接网站到 Google Search Console。

Google Search Console（GSC）是谷歌推出的免费工具，可以帮助企业更好地管理网站在 Google 搜索结果中的表现。GSC 可以帮助监控网站的搜索流量和性能，提供有价值的数据和报告，如哪些词在谷歌的搜索结果页面上有展示、有被点击，提供网站在搜索引擎上的排名数据，此外还能提示网站上的问题和更新。这些信息可以帮助企业提高搜索引擎排名，是做谷歌 SEO 最基础的实用工具之一。

如何提交网站 Sitemap到Google

这一步需要完成的工作包括：注册 Google 账号，登录并添加网站，并对网站所有权进行验证。验证方法包括 HTML 文件验证、DNS 记录验证、Google Analytics 验证和 Google Tag Manager 验证。

第二步：添加站点地图。

在 Google Search Console 里面点击站点地图，输入站点地图网址。如果使用的是 Shopify，可以在网站根目录中找到 sitemap.xml 文件。如网站是 http://www.storename.com，则输入 http://www.storename.com/sitemap.xml 完成站点地图添加，添加成功后状态栏会显示“成功”（见图 5-3）。

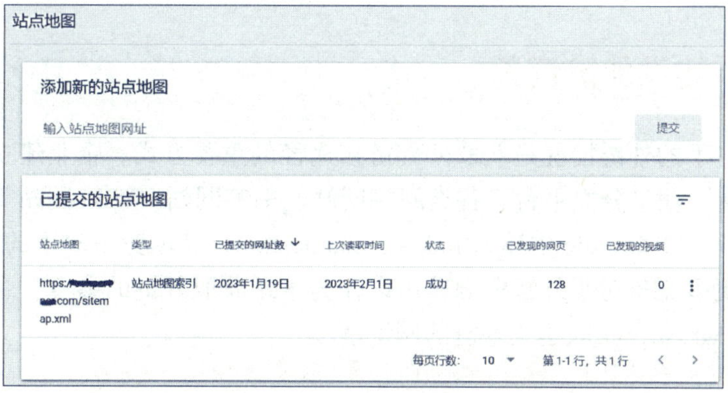

图 5-3 在 Google Search Console 中添加站点地图

三、网站链接深度优化

链接深度是指从源页面到达目标页面所经过的路径数。例如，某网站的首页中存在链接指向页面 A，则从首页到页面 A 的链接深度就是 1。链接深度越小，表示从源页面到达目标页面的路径就越短。与重要页面之间的链接深度越小，被搜索引擎抓取的概率就越大。

在数字渠道中，用户的路径十分简短。用户往往不是沿着“网站首页—频道分类—店铺首页—产品详情页”这样的路径，而是从网站首页直接到达产品详情页，甚至根本不浏览店铺首页，直接在产品详情页完成购买之后就离开，或者跳转到其他产品详情页或其他店铺。

网站链接深度优化的工作主要是降低网站链接深度，缩短访问路径，增加重要页面的导入链接数量以提高权重。网站链接深度优化的结果是："首页"与"分类页"相互链接、"分类页"间相互链接、"分类页"与该类目下所有"产品页"相互链接、"产品页"相互链接。

任务三　企业网站外链优化

网站外链获取工作分为两个阶段推进，这两个阶段由易到难，不是完全独立的，而是以某项工作为主，其他工作辅助同时进行。

一、初步建设外链资源

参考竞争对手的外链情况是获取外部链接途径的重要方式。企业建立外链的途径主要包括博客平台、信息分类平台、各类问答网站、书签网站、Wiki 网站等。这一方式具有实际操作价值。在 Google 中输入 link:storename.com，获取竞争对手的外部链接情况。以此方法查看更多竞争对手外链资源，可以作为本站获取外链的参考。企业也可以通过 SEO 工具如 SEMrush，获取建立外链的网址清单。

企业连线 5-3

外链网站建议

以 wigs.com 网站为例，SEMrush 建议建立外链的网站如表 5-6 所示。

表 5-6　建立外链的网站

geometry.net	soundestlink.com	bye.fyi
womensz.com	couponscodetoday.com	eurekster.com
find-fashion-now.com	petworld-online.com	atomee.com
milled.com	bigcouponcode.com	getcouponsworld.com

续表

gimpsy.com	skills-ware.com	couponscodenow.com
gettravelvoucher.com	freewebsite-service.com	sitelike.org

通过问答式网站获取外链。问答式网站在 Google 中比较容易获取好的排名。用户在网站针对行业知识进行提问和回答，可以帮助网站获取流量及外部链接资源。

通过 Wiki 网站获取外部链接。通过 Wiki 获取外部链接效果也不错，一些 Wiki 网站对网站的价值及文章的原创性要求非常高。在初始阶段，卖家可选择相对容易的 Wiki 频道。

知识拓展

10 个较常用的 Wiki 频道

10 个较常用的 Wiki 频道如表 5-7 所示。

表 5-7　10 个较常用的 Wiki 频道

https://wikitravel.org	https://species.wikimedia.org
https://www.wikihow.com	https://commons.wikimedia.org
https://en.wikibooks.org	https://tvtropes.org
https://en.wiktionary.org	https://www.baseball-reference.com
https://www.fandom.com	https://support.gamepedia.com

二、获取高质量外链

独立站外链发布策略

网站内容优化到一定程度，就会产生一些外链资源，这时要尽量多获取一些高质量外链，也可以和其他网站进行链接交换。

高质量外链获取需要高质量内容输出，网站的生存之道在于网站的内容质量。提供优质的网络资源给用户浏览是一个网站的根基，这就是“内容为王”的含义。网站吸引用户的并不只是漂亮的界面、花哨好玩的功能，而是能够满足用户需求的信息。网站内容只有对用户来说非常有价值，才能留住用户，赢得用户的尊重，同样也会赢得搜索引擎的信任。好内容应该具备可靠性、原创性和完整性。

（1）网站内容可靠性。可靠性是网站内容的首要原则。假定一个网站的内容是虚假的、没有半点可靠性，那么这个网站肯定不会受到搜索引擎的重视，更别说用户了。企业应该提供原创内容，如不可行，也要尽可能挑选可信度高的内容来丰富网站内容。

（2）网站内容原创性。搜索引擎具有严格的内容过滤机制，旨在减少对重复内容的收录。一个网站的内容唯一性过低会给网站的发展造成一定阻碍。

（3）网站内容完整性。完整性是网站内容优化的重点。即便是非原创的内容，通过时间积累，只要网站内容充裕、丰富和主题突出，也会获得搜索引擎的重视。

企业一方面要维护已有的外链资源，另一方面要获取权重高外链，如向一些高权重的分类目录或优质的 Wiki 网站进行链接申请，持续稳步获取高质量外链资源。

学思之窗 5-2

2023 年 7 月，阿里巴巴发布了一项人工智能工具，其每秒可以写入 2 万行广告文案。在阿里巴巴旗下电商网站投放广告的企业可以在产品页面中选择导出链接，然后选取“产品智能文案”，就可以看到不同的广告创意文案。可以看到，AI 广告文案的降生，对阿里巴巴的广告业务无疑会有推进作用。

不过，大部分人更为关注的是 AI 文案能否取代人类的任务。阿里巴巴深信 AI 不会取代人类。人类的发明力是机器人的基石，机器人并不可以取代人类的发明力。应用 AI 营销，可以让人类把更多精力花在具有发明性的任务上。

项目小结

企业网站优化是企业开展国际市场推广的重要工作，企业网站优化工作包括网站关键词优化、网站基础优化、网站结构优化、网站链接优化和网站内容优化。

网站关键词优化工作包括网站关键词拓展及分析和网站关键词布局优化。企业通过搜索引擎提示、竞争对手网站分析和关键词工具等途径拓展关键词，使用关键词分析工具对关键词进行分析为企业提供选择参考，并基于拓展后的关键词列表优化网站关键词布局。

企业网站内部优化主要工作是要进行网站基础优化、网站结构优化和网站链接深度优化。网站基础优化工作包括网站图片优化和网站速度优化。网站结构优化主要工作是网站内部链接优化和站点地图优化，其中站点地图优化是搜索引擎优化的基础工作。

企业网站外链优化工作，首先需要企业筛选外链建立的途径，企业建立外链的途径主要包括博客平台、信息分类平台、各类问答网站、书签网站、Wiki 网站等。高质量外链获取需要高质量内容输出，网站的生存之道在于网站的内容质量，企业要不断输出优质的网站内容。

直通大赛

通过本项目学习，完成竞赛任务——企业独立站优化。

竞赛名称	竞赛任务
跨境电商创新创业能力大赛（独立站赛道）	任务 1 网站关键词拓展及布局优化 任务 2 网页元标签优化 任务 3 企业站点地图优化 任务 4 企业网站外链优化

【任务 1】网站关键词拓展及布局优化（见表 5-8）

表 5-8 网站关键词拓展及布局优化

网页	URL	关键词
主页	https://oohpartner.com	camping, camp chair, camp stove, camp cookware
分类页（部分）	https://oohpartner.com/collections/burning-stove	wood burning stove, wood burning oven, outdoor stove, gas camping
	https://oohpartner.com/collections/camp-chair	cliq chair, cliq camping chair, portable camping chair, cliq portable chair
	https://oohpartner.com/collections/camping-table	camping portable table, small folding table, folding table
	https://oohpartner.com/collections/camping-cookware	camping tableware, camping kitchenware, outdoor cookware, outdoor kitchenware
产品页（部分）	https://oohpartner.com/products/camping-pot-tableware-portable-kettle	camping water kettle, camping portable pot
	https://oohpartner.com/products/goose-down-sleeping-bag	goose down sleeping bag
	https://oohpartner.com/products/camping-folding-chair-portable	camping folding cliq chair
	https://oohpartner.com/products/fire-pits-portable-bbq-grill-wood-burning-stove	wood burning stove for camping, portable BBQ grill

【任务 2】【任务 3】网页元标签优化和站点地图优化后，谷歌搜索结果展示见表 5-9

表 5-9　谷歌搜索结果展示

https://oohpartner.com ⋮ oohpartner - Top Rated Camp Stove & Cliq Chair Camp Stove, Cliq chair, Camp Table, Camp cookware and more. Whether you are going backpacking, camping or traveling around the globe, these are perfect for ... You visited this page on 11/11/22. https://oohpartner.com › Products ⋮ Products – Page 3 – oohpartner Camping Wood Burning Stove Portable Outdoor Wood Stove With Chimney Pipe For Cooking Camping Tent Hiking Fishing Backpacking. $111.86. https://oohpartner.com › collections ⋮ Collections – oohpartner Camp Stove, Cliq chair, Camp Table, Camp cookware and more. Whether you are going backpacking, camping or traveling around the globe, these are perfect for ...	https://oohpartner.com › products › goose-down-sleepi... ⋮ Goose Down Sleeping Bag Winter Sleeping Bag Down Winter For outdoor: With this emergency survival sleeping bag set, you can easily get into the tent without going to a sudden downtime or get tired from the heat of ... US$198.00 https://oohpartner.com › collections › camping-stove ⋮ Wood Burning Camping Stove and Gas Stove ... - Oohpartner What is the most reliable place to buy a camp stove? We offer a wide range of gas stoves, Camping oven, wood burning oven & stove, these are lightweight, ... https://oohpartner.com › products › camping-cliq-chair... ⋮ Camping Cliq Chair | Outdoor Chair With Umbrella - Oohpartner The sport-belle recliner chair is perfect for camping, sporting events, tailgating and the beach. Kick back with the easily adjustable 3-position recliner ... US$134.40
https://oohpartner.com › products › camping-steamed-s... ⋮ Camping Steamed Soup Pot Suit | Multi-Function Pot This website uses cookies to ensure you get the best experience on our website. Learn more. Got it! **Oohpartner**, the camping expert beside you! US$115.50 https://oohpartner.com › products › beach-mat-moistur... ⋮ Camping Outdoor Moisture-proof Thickened Nap Mat This website uses cookies to ensure you get the best experience on our website. Learn more. Got it! **Oohpartner**, the camping expert beside you! US$14.28 https://oohpartner.com › products › portable-shower-ca... ⋮ Portable Shower | Camping Shower Handheld Electric Shower This website uses cookies to ensure you get the best experience on our website. Learn more. Got it! **Oohpartner**, the camping expert beside you! US$61.62	https://oohpartner.com › products › camping-folding-ta... ⋮ Camping Table Chiq Chair | Picnic Barbecue Table - Oohpartner This website uses cookies to ensure you get the best experience on our website. Learn more. Got it! **Oohpartner**, the camping expert beside you! US$279.28 https://oohpartner.com › products › camping-cookware... ⋮ Camping Cookware Equiepment | Bowl Gas Stove - Oohpartner Got it! **Oohpartner**, the camping expert beside you! ... Camping Cookware Set With Stove Burner And Pot Portable Bowl Gas Stove. **oohpartner** ... US$110.86 https://oohpartner.com › products › outdoor-camping-c... ⋮ Outdoor Camping Chair | Folding travel backpack - Oohpartner This website uses cookies to ensure you get the best experience on our website. Learn more. Got it! **Oohpartner**, the camping expert beside you! US$112.08
https://oohpartner.com › products › outdoor-portable-... ⋮ Outdoor Portable Mat | Mini Thickened Folding Mat - Oohpartner Got it! **Oohpartner**, the camping expert beside you! ... Outdoor Portable Travel Camping Mat Mini Thickened Waterproof Folding Mat. **oohpartner** ... US$15.03 https://oohpartner.com › products › camping-thickened... ⋮ Camping Thickened Outdoor Convenient Moisture-proof Cool ... Got it! **Oohpartner**, the camping expert beside you! ... Camping Thickened Outdoor Convenient Moisture-proof Cool Mat. **oohpartner** ... US$20.00 https://oohpartner.com › products › picnic-tableware-st... ⋮ Outdoor Picnic Tableware | Rack Camping Equipment Got it! **Oohpartner**, the camping expert beside you! ... Picnic Tableware Storage Hanging Rack Camping equipment Portable Outdoor Picnic Cutlery. **oohpartner** ... US$98.16	https://oohpartner.com › products › camping-cooker-se... ⋮ Camping Cooker Set Cookware Kit Gas Burner Outdoor Pot ... This website uses cookies to ensure you get the best experience on our website. Learn more. Got it! **Oohpartner**, the camping expert beside you! US$140.74 https://oohpartner.com › collections › all › cliq-chair ⋮ Products – Tagged "Cliq chair"– Page 2 – oohpartner This website uses cookies to ensure you get the best experience on our website. Learn more. Got it! **Oohpartner**, the camping expert beside you! https://oohpartner.com › products › camping-stainless-s... ⋮ Camping Stainless Steel Cookware Portable Barbecue ... Got it! **Oohpartner**, the camping expert beside you! ... Stainless Steel Cookware Portable Barbecue Combination Pot Mountaineering Picnic Set. **oohpartner** ... US$223.14

【任务 4】网站外链优化

通过在 Google 搜索 Web 2.0 Profile Site List，筛选可注册的网站，同时参考同行的外链。建立外链的途径如表 5-10 所示，要求每周发布 1 篇。

表 5-10　建立外链的途径

博客 2.0 网站	https://wordpress.com
	https://www.tumblr.com
	https://www.blogger.com
	https://medium.com

续表

博客 2.0 网站	https://www.wix.com
	https://www.webs.com
问答网站	https://www.quora.com
书签网站	https://www.reddit.com
Wiki 网站	https://wikitravel.org
	https://www.wikihow.com

发布的部分博客如图 5-4 所示。

图 5-4 发布的博客

知识巩固

应知考核

一、名词解释

1. 企业网站优化
2. 网站关键词布局优化

3. 站点地图
4. 网站外链

二、不定项选择题

1. 以下哪些营销方式是免费的？（　　）

A. 搜索引擎广告　　B. 搜索引擎优化

C. Facebook 广告　　D. 友情链接

2. 在 HTML 页面元素中，哪些元素是搜索引擎无法识别的？（　　）

A. 文字内容　　B. title 信息

C. 链接　　D. 图片

3. 以下哪项内容不属于搜索引擎营销管理分析？（　　）

A. 网站外链分析　　B. 网页关键词密度分析

C. 网站访问统计工具　　D. 关键词广告文案

4. 设置站点地图文件是搜索引擎优化的内容之一，以下对于站点地图的作用描述正确的有（　　）。

A. 为用户提供可以进入网站所有页面的链接

B. 方便用户和搜索引擎了解网站的整体结构和内容

C. 将网站的地图提交到搜索引擎，有利于搜索引擎优化

D. 有利于搜索引擎了解网页信息和网站权重的分配

5. 建立网站外链常用的渠道有哪些？（　　）

A. 博客平台　　B. 新闻平台

C. 信息分类平台　　D. 网站交换链接

应会考核

⊙ 技能应用

1. 网站关键词布局优化

各小组根据选定的行业背景，通过工具的使用完成关键词的拓展，并基于关键词布局优化的原则，完成网站的关键词布局优化工作（见表 5-11）。

表 5-11　网站关键词布局优化

网页	URL	关键词
主页		
分类页（部分）		

续表

网页	URL	关键词
产品页（部分）		

2. 网站外链优化

（1）各小组通过分析竞争对手的外链情况和搜索引擎查询结果，并基于小组成员对各网站的测试结果，确定网站外链的渠道（见表 5-12）。

表 5-12　网站外链的渠道

博客 2.0 网站	
问答网站	
书签网站	
Wiki 网站	

（2）在 Shopify 网站发布高质量博客一篇。要求内容原创、完整、主题突出，可借助 AI 写作工具完成。

实践操作

项目团队				
项目负责人	姓　　名			
	专业班级			
	学　　号			
	联系方式		Email	

续表

<table>
<tr><td rowspan="5">项目团队成员</td><td>姓　名</td><td>学　号</td><td>专业班级</td><td>分工 / 角色</td></tr>
<tr><td></td><td></td><td></td><td></td></tr>
<tr><td></td><td></td><td></td><td></td></tr>
<tr><td></td><td></td><td></td><td></td></tr>
<tr><td></td><td></td><td></td><td></td></tr>
<tr><td>任务起止时间</td><td colspan="4">年　月　日—　年　月　日</td></tr>
<tr><td>实训内容</td><td colspan="4">企业独立站优化</td></tr>
<tr><td>实训目的</td><td colspan="4">通过该实训项目，学生能全面分析网站存在的问题，并完成相应优化工作。</td></tr>
<tr><td>实训要求</td><td colspan="4">以教学班级成立的项目团队为单位进行项目实训，明确内部分工。</td></tr>
<tr><td>实训操作步骤</td><td colspan="4">步骤一：由实训指导教师介绍该实训项目的目的与要求。
步骤二：结合本项目任务，由指导教师介绍网站优化的相关内容。
步骤三：结合该实训项目的实际情况，在教师的指导下，完成项目团队的组队及任务分工，每个项目团队 6～8 人。
步骤四：各项目团队研究成功独立站的网站关键词布局、网站内部结构、网站外链情况等，作为本实训项目操作的参考。
步骤五：各项目团队成员按各自的分工，搜集、整理与实训任务相关的信息资料，并展开充分的讨论与交流。
步骤六：各项目团队在规定时间内完成网站优化工作。
步骤七：实训成果汇报、质询、评议及成绩综评。
1. 各项目团队推选一名代表采用 PPT 形式进行实训成果汇报。
2. 各项目团队之间互评、师生质询，教师进行适当点评并总结。
3. 教师对各项目团队及其成员进行综合成绩评定。</td></tr>
<tr><td>实训成果</td><td colspan="4">1. 企业网站优化，成果以网站的形式呈现。
2. 网站搭建汇报 PPT（网站存在问题，网站优化实施）。</td></tr>
<tr><td>实训考评（百分制）</td><td colspan="4"><table><tr><td>评分维度</td><td>网站关键词布局优化</td><td>网站内部优化</td><td>网站外链优化</td><td>汇报</td><td>答辩</td><td>团队分工合作</td></tr><tr><td>百分比</td><td>30%</td><td>15%</td><td>20%</td><td>10%</td><td>10%</td><td>15%</td></tr><tr><td>得　分</td><td></td><td></td><td></td><td></td><td></td><td></td></tr></table></td></tr>
</table>

模块四

搜索引擎营销推广

项目六　搜索引擎营销基础

项目描述

搜索引擎营销是企业网站流量的主要来源之一。做好搜索引擎营销工作，首先需要掌握关键词的分类及不同匹配方式，并了解搜索引擎广告的不同类型。本项目为之后项目的学习打下基础。

■ 知识目标

1. 掌握搜索引擎营销的概念；
2. 掌握搜索营销的特点及发展历史；
3. 掌握关键词的分类及匹配方式；
4. 掌握搜索引擎广告的概念、排名逻辑及不同类型。

■ 能力目标

1. 能够理解搜索引擎营销（SEM）和搜索引擎优化（SEO）的区别；
2. 能够根据搜索词匹配正确的关键词类型；
3. 能够识别不同的搜索广告类型。

■ 素养目标

1. 培养诚实守信的职业道德，以及只要用心努力就会有收获的积极心态；
2. 通过实训项目的团队合作，培养精益求精的工匠精神，以及良好的自主学习与合作学习能力。

知识导图

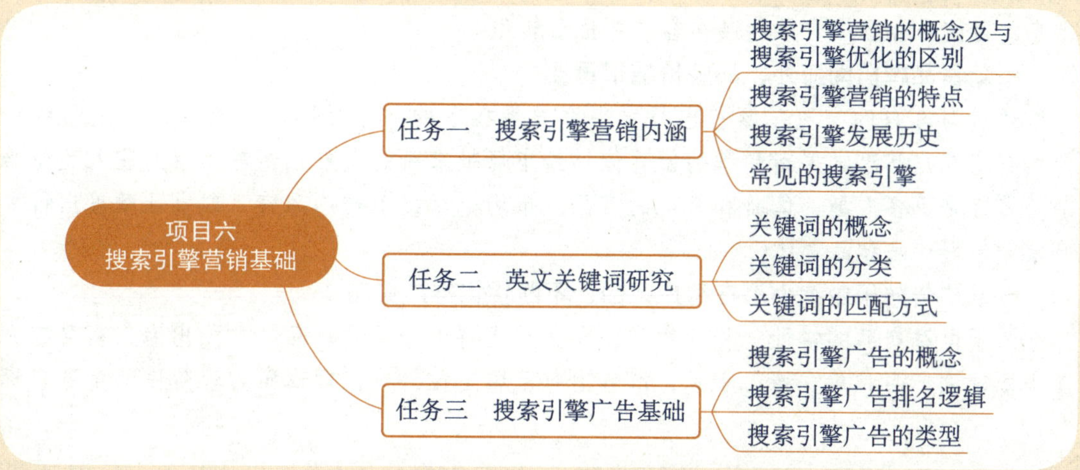

案例导入

3个月赢得超600个询盘，看初创电摩品牌如何玩转数字营销

新兴电摩品牌Tromox（摩兽出行）于2020年5月开始筹备外贸出海业务，通过打造官网并善用谷歌广告，上线仅3个月就成功打开销售，获得海外经销代理商的青睐和终端消费者的好评，更有欧洲客户赞叹产品为充满压力的生活带来放松与微笑。

那么，这个零经验的初创企业是如何一步步获取海外业务增量的？我们来看Tromox从0到1的外贸之路。

摩兽出行成立于2019年，是一家年轻而有活力的出海公司，致力于将出行与高科技融为一体，打造更智能、更酷炫、更时尚、更环保的出行方式。创始人看准了行业新能源代替旧能源的趋势，与团队进行了全球市场消费者调研和产品研发，在2019年10月完成首版电摩样车，并在海外展会获得不错的反响，于是在2020年着手开展外贸业务。

一般而言，新成立的品牌资金有限，如何准确选择市场进行推广是企业首要解决的问题。摩兽出行的出海第一站选择了团队相对熟悉的欧洲和日韩市场，通过优质的海外经销商进行本地化宣传，能更好地保障消费者的售后服务。

确认销售市场后，品牌还需建立有效的平台和渠道以接触海外经销商。新常态下，以往的线下渠道受阻，品牌不得不转向线上销售。然而，团队没有线上推广的经验、新品牌尚未打开知名度，如何快速打开线上渠道获得订单成为摩兽出行的最大挑战。

出海平台众多，如何选择合适的推广方式？客户是否愿意考虑新品牌？新晋品牌如何打开知名度？如何精准定位潜在客户并切实有效地接触他们？

- **多渠道试水后，确认独立站＋谷歌推广的打法**

摩兽出行看重询盘和转化率，这也是出海企业的最终衡量指标。摩兽出行根据行业情况设定了参考值作为选择平台的基准，经过在多个渠道试水后发现，建立官网配合谷歌广告是有效的引流方式。官网有助于打造品牌门面，能够直接面向客户且获得第一手信息，再配合谷歌广告触达潜在客户并推动转化。

- **新晋品牌勇闯海外，品牌价值很重要**

通过与客户的交流，摩兽出行发现客户最在乎的并非品牌成立时间，而是品牌价值。有些客户甚至觉得新品牌的创立能够给市场带来新的气象，新鲜血液的注入还能给消费者带来更多有趣的体验和好玩的产品。市场愿意接受初创品牌，这也让摩兽出行更有信心做好产品和品牌建设。

- **从广告效果中缩小潜在客户范围，不断优化推广策略**

基于电摩产品的特性，长期的维护和售后支持十分关键。品牌初涉出海，需要花大量资源建立产品售后支持。于是，摩兽出行重整定位，将代理商定为现阶段的重点目标

受众。代理商的规模和经验为终端消费者提供售后保障，有助于建立品牌信心。

- **谷歌推广搜索广告关键词设定**

摩兽出行推广前期主要以扩大知名度为重点，从机器学习中积累一定数据。关键词的设定遵循了从粗到细、从同行业到周边衍生产品，随后根据点击率筛选，精简出最有效的关键词。品牌推广第三个月，高效关键词逐渐清晰，投放策略也转向 ROI 和转化率，投放的目标也从最开始的点击数改为转化和点击费用。

- **明确 Google 广告长短期推广目标**

由于缺少成熟的数字广告经验，摩兽出行在谷歌团队协助下确定了线上推广的长期目标和短期目标，并通过搜索广告、展示广告以及 YouTube 视频广告进行推广。通过在机器学习的过程中总结推广效果，调整投放策略，优化广告展现，现在，摩兽出行对于数字营销推广也有了更清楚的认知，对于线上获客信心倍增。

通过谷歌广告配合主流媒体推广和 KOL 宣传，摩兽出行品牌关键词搜索量大幅攀升，知名度提高，询盘量大幅上升，询盘时间缩短，仅 3 个月时间，就收获了超过 600 个询盘、超过 300 次转化，并带来潜在高质量的海外采购订单。收获代理商订单的同时，摩兽出行还收获了不少终端消费者的兴趣和咨询。

摩兽出行的成功首先源于其规避了传统的 OEM 模式，通过建立外贸品牌掌握了话语权，将客户的衡量重点从价格转移到品牌价值上。同时在细分领域开辟天地，产品差异化帮助摩兽出行从激烈的竞争中突围。其次，摩兽出行重视数字化营销，坚信打好线上基本功是新常态下的出海正解。有了成功的数字营销经验，摩兽出行将加速扩张全球版图的步伐，不仅计划开发 C 端市场，还要将目光放眼于美国和东南亚两大市场。

运用国际化思维研发产品，利用数字化手段进行营销。数字广告配合媒体渠道宣传，让品牌在海外搜索量大增，知名度迅速建立。

（资料来源：陈官平 . 初创电摩品牌如何玩转数字营销 . 雨果跨境平台 .（2021-04-21）[2023-02-05].）

问题思考

1. 企业在搜索引擎营销过程中，要做好哪些具体工作？
2. 为更好地做好企业网站的市场推广，除了搜索引擎营销，还有哪些推广方式？

任务一 搜索引擎营销内涵

一、搜索引擎营销的概念及与搜索引擎优化的区别

（一）搜索引擎营销的概念

通过用户使用搜索引擎检索信息的机会，企业应尽可能地将营销信息传递给目标用户。简而言之，搜索引擎营销（Search Engine Marketing，SEM）是基于搜索引擎平台而开展的网络营销，它利用人们对搜索引擎的依赖和使用习惯，在用户检索信息时将信息传递给目标用户。搜索引擎营销的基本思想是让用户发现信息，并通过点击进入网页，进一步了解所需要的信息。企业通过搜索引擎营销推广，让用户可以直接与客服进行交流，从而实现产品交易。

搜索引擎营销（SEM）包括搜索引擎优化（SEO）和搜索引擎广告。

课证融通

跨境电商海外营销职业技能等级证书（中级）要求

面向职业岗位	职业技能要求
海外搜索引擎广告投放	关键词选择与出价，关键词匹配方式的选择。

（二）搜索引擎营销和搜索引擎优化的区别

搜索引擎营销和搜索引擎优化是两种不同的搜索引擎营销方式。前者通过付费方式购买一定的广告位来展现企业推广信息，后者则是通过长期优化网站，提升自然排名来推广企业信息。搜索引擎营销和搜索引擎优化两者之间的区别主要表现在以下几个方面：

1. 展现形式不同

搜索引擎营销展现的结果中带有“广告”字样，既可以展现在结果页的左侧，也可

以展现在结果页的右侧；搜索引擎优化的自然搜索结果只能出现在页面左侧。

2. 见效时间不同

搜索引擎营销的本质是企业通过向搜索引擎平台支付一定数额的推广费用来获得好的广告排名。因此，搜索引擎营销与企业推广费用直接相关，企业竞价推广的预算充足，网站在较短时间内就能提升至前几名的位置。而搜索引擎优化则需要对企业网站长期优化才能获得好的排名，所以自然排名的效果比较慢，但自然排名的显著优势是排名稳定且不怕恶意点击。

3. 推广成本不同

搜索引擎营销属于付费推广，按点击效果支付推广费用。用户每点击一次推广链接，企业就要支付一定数额的推广费，一般排名越靠前，推广费用越高。同行之间为获取更好的点击量，会竞价推广，增加了企业的推广成本。而搜索引擎优化正好相反，除了网站运行成本和搜索引擎优化工作成本，不需要其他费用投入，成本非常低。

4. 技能要求不同

搜索引擎营销操作简单，企业开通推广账户后，推广人员只需通过账户设置投放条件和展现形式就可以实现广告推广。而搜索引擎优化偏向技术，从业人员不仅需要懂网站结构、域名、服务器、网站设计等网站技术，而且要进行内容营销，对从业人员的要求相对比较高。

二、搜索引擎营销的特点

在互联网时代，搜索引擎营销是当今网络营销中极为重要的一部分。充分理解搜索引擎的特点有助于企业更高效地利用搜索引擎开展营销活动。

（一）基础是企业网络营销信息

网络营销信息源包括内部信息源和外部信息源。两者都可利用搜索引擎实现信息传递，前提是信息源发布的网站平台具有搜索引擎优化基础，因为这是企业进行搜索引擎营销的基础。

（二）核心是企业网站

搜索引擎营销是网站推广的常用方法。企业在没有建立网站的情况下很少会采用这一方法。搜索引擎营销需要以企业网站为基础，企业网站设计的专业性会对网络营销的效果产生直接影响。

企业连线 6-1

www.anker.com 网站流量的主要来源分析

使用 SimilarWeb 工具分析 www.anker.com 网站，选择分析的时间段为 2022 年 7 月，网站总访问量 210 万，较上个月增长 9.49%。按区域分，主要访问者来自美国，占比为 45.43%，其次是英国（10.41%）、德国（9.55%）、加拿大（3.86%）等。主要通过搜索营销渠道找到本网站，通过搜索营销渠道访问本网站的比例达到 52.51%，其次是直接访问（31.3%）、社交（8.52%）和外链（4.36%）等。

（三）具有主动性

搜索引擎营销的主动性是指搜索引擎会根据用户搜索时留下的浏览信息，对其进行准确分析和定位，并且记录为数据，然后在企业进行搜索引擎营销时主动为用户呈现相关内容。

（四）针对性强

搜索引擎营销是一种由用户主导的网络营销方式，针对性强，用户使用搜索引擎检索信息的行为是用户主动发生的，用户会自愿接受搜索引擎广告，对相关内容更能给予信任。

（五）门槛低、公平竞争

搜索引擎是开放性平台，门槛较低。任何企业，不论规模大小，也不论知名度大小，都可以在搜索引擎上推广宣传，且机会均等。小企业的资金实力不及大企业，但只要用心做好网站内容和广告内容，一样可以在搜索结果中胜出。

企业连线 6-2

Google AdWords 付费模式创新

2002 年 2 月，Google 彻底改变了广告模式，不仅看重竞价，而且将广告和搜索词条的相关性加入排名的权重中。随着搜索结果中提供的信息越来越多，用户访问搜索结果中显示的页面的需求越来越少。

结合竞价价格及广告点击次数，Google 可实现在每一搜索结果上页面利润的最大化。这一创新带来的结果是：一家小公司只要用心做广告，即便竞价较低，其 Google 搜索结果页面的广告展示排名也会高于那些没有时间创建相关广告的大公司。即便企业竞价很高，也不能保证得到最多的点击和展示。广告主需要选择与产品相关的关键词，并创建相应的广告。

三、搜索引擎发展历史

了解搜索引擎的发展历史，有助于网络营销人员理解搜索引擎的发展和变革，进而对搜索引擎未来的发展做出判断。从搜索引擎技术变革角度来说，可以将搜索引擎的发展分为 4 个时代。

（一）分类目录时代

分类目录时代，又称“导航时代”，Yahoo 和国内的 hao123 是这个时代的代表。通过人工收集整理，将属于各个类别的高质量的网站分门别类。例如，hao123 网站提供的是分类网站，用户可以根据分级目录来查找高质量的网站。采用分级目录搜索引擎引录的网站质量一般都比较高，但是这种方式的可扩展性不强，绝大部分网站不能被收录。

（二）文本检索时代

搜索引擎查询信息的方法是将用户所输入的查询信息提交给服务器，服务器通过查阅，返回给用户一些相关程度高的信息。这一时代的搜索引擎的信息检索模型主要包括布尔模型、概率模型或者向量空间模型。通过这些模型来计算用户输入的查询信息与网页内容相关程度，将相关度高的信息返回给用户。采取这种模式的搜索引擎主要是一些早期的搜索引擎，如 AltaVista、Excite 等。

（三）整合分析时代

这一时代的搜索引擎所使用的方法和现在网站的外部链接形式基本相同。用户通过某个网站的推荐链接的数量来判断该网站的流行性和重要性。搜索引擎会结合网页内容的重要性和相似程度来改善用户搜索的信息质量。这种模式的首先使用者是 Google，Google 首次使用就大获成功，引起了学术界和其他商业搜索引擎的极大关注。后来，学术界以此为基础，提出了链接分析算法。

（四）用户中心时代

当用户输入查询请求时，同一个查询的请求关键词在用户的背后可能是不同查询要求。例如，用户输入的是“苹果”，那么作为一个想要购买 iPhone 的用户和一个果农来说，要求是不一样的。即使同一个用户查询的关键词一样，也会因为所在的时间和所在的场合不同而返回不同的结果。所有主流搜索引擎都在致力于解决同一个问题：怎样才能通过用户所输入的一个简短的关键词来判断用户真正的查询请求。这一代搜索引擎主要是以用户为中心，这就是第四代搜索引擎。

移动设备的使用者，即使不向移动搜索互联网授权任何特征信息，移动搜索互联网仍然可以通过移动设备使用者在搜索时的大量特征，如上网的时间习惯、操作习惯等，来逐渐勾勒出使用者的特征信息，这种“推测式”算法是由于移动设备具有唯一性、随身性而产生的。使用者的行为是未来移动互联网搜索引擎进行“商业数据挖掘”的巨大宝藏。移动互联网搜索的必然使命是提供精准到个人的搜索。前三代搜索引擎都是基于 PC 互联网的搜索，而精准到个人需求的移动互联网搜索为第四代搜索引擎。

学思之窗 6-1

搜索引擎作弊英文为 SEO Spam，是指为了获取良好的搜索排名，采用一些欺骗搜索引擎（搜索引擎暂时的算法漏洞）的技术来实现目标网页的排名。这样做可能会换来短暂的风光，但是最终网站会被搜索引擎降权或者彻底清除。

四、常见的搜索引擎

搜索引擎是互联网中最大的公域流量池，企业通过搜索引擎营销获客依然具有很多机会。对于想要通过搜索引擎这类公域流量池获客的企业来说，在开始做搜索引擎优化、搜索引擎营销之前，需要对常见的搜索引擎有一个基本的认识。

企业连线 6-3

全球前五大搜索引擎市场份额占比

StatCounter 是美国一家网站通信流量监测机构，提供各种类型的统计报告以及网站流量统计服务。StatCounter 统计了 2021 年 1 月至 2021 年 12 月期间电脑、手机、平板等设备端，全球搜索引擎市场份额占比前五名分别是 Google（92.01%）、Bing（2.58%）、Yahoo（1.49%）、Baidu（1.46%）、Yandex（0.88%）（见图 6-1）。

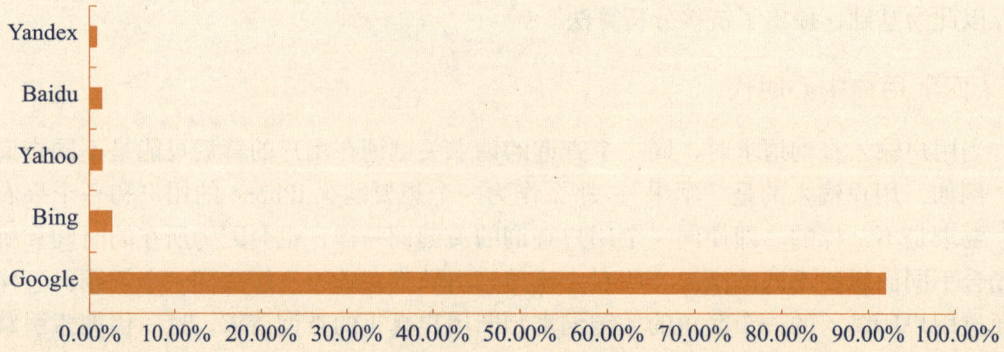

图 6-1　全球五大搜索引擎市场份额占比

（一）Google（谷歌）

1998 年 9 月 4 日，拉里·佩奇和谢尔盖·布林在美国斯坦福大学的学生宿舍内共同开发了谷歌在线搜索引擎。多年以后，谷歌在线搜索成为公认的全球最大的搜索引擎之一。Google 公司的业务范围包括互联网搜索、云计算、广告技术等，同时开发并提供大量基于互联网的产品与服务，其主要利润来自 Google AdWords 等广告服务。目前，Google 的主要业务有谷歌搜索、谷歌广告、谷歌地图、YouTube、Android、Chrome、Google Play、Gmail 等。

（二）Bing（必应）

Bing.com 是微软推出的用以取代 Live Search 的搜索引擎，于 2009 年 5 月 28 日推出。Bing 的含义就像一种铃声，表现人们在搜索中寻找到答案时的快感。Bing 是北美地区第二大搜索引擎，是微软品牌的重要产品线。2020 年 10 月 6 日，微软官方宣布 Bing 改名为 Microsoft Bing。Microsoft Bing 具有每日首页美图、全球搜索与英文搜索、全球搜图等功能。它与 Windows 操作系统深度融合，通过触摸搜索键引出，一键获得来自互联网、本机以及应用商店的准确信息。

（三）Yahoo（雅虎）

雅虎（Yahoo）是美国著名的互联网门户网站，是 20 世纪末互联网奇迹的创造者之一。其服务包括搜索引擎、电邮、新闻等，业务遍及全球多个国家和地区，为全球超过 5 亿的独立用户提供多元化的网络服务。雅虎是全球第一家提供互联网导航服务的网站。雅虎是分类目录搜索数据库，也是主要的搜索服务网站之一。雅虎具有多种语言版本，各版本的内容互不相同，提供目录、网站及全文检索功能。

（四）Baidu（百度）

百度公司 2000 年 1 月 1 日创立于北京中关村，公司创始人李彦宏拥有超链分析技术专利，使中国成为美国、俄罗斯和韩国之外，全球仅有的 4 个拥有搜索引擎核心技术的国家之一。百度每天响应来自 100 余个国家和地区的数十亿次搜索请求，是网民获取中文信息和服务的最主要入口，服务 10 亿多互联网用户。基于搜索引擎，百度演化出语音、图像、知识图谱、自然语言处理等人工智能技术。近年来，百度在深度学习、对话式人工智能操作系统、自动驾驶、AI 芯片等前沿领域进行投资，成为一个拥有强大互联网基础的领先 AI 公司。

任务二　英文关键词研究

一、关键词的概念

关键词（Keyword）是指单个媒体在制作和使用索引时所用到的词汇。在互联网中，关键词是指用户在搜索框中输入想要通过搜索引擎查找相关信息的短语或者词汇。

用户使用搜索引擎，并不是想获得网络中的所有信息，而是希望能够找到自己想要的特定信息。用户使用搜索引擎的目的是寻找问题的答案。对于用户和搜索引擎来说，关键词是双方互动的媒介。在搜索引擎营销的整个环节中，关键词的选择是最为重要的。

如果企业选择的关键词错误，那么搜索引擎推广工作就不会收到预期效果。一方面，如果企业选择的关键词只有很少用户使用，那么企业进行关键词广告投放，即使获得了较好的排名，用户点击进入着陆页，发现企业提供的服务或产品不是用户所需要的，也不会产生任何的转化。另一方面，如果企业选择的关键词热门但不够精准，也会浪费大量的人力、时间和推广费用。

企业希望更多的潜在客户通过某种渠道在最短的时间内找到企业，这在搜索营销中反映为企业所选择的关键词是否正好迎合了用户特定的搜索目标。可以说，关键词是决定搜索营销推广成败的关键。

二、关键词的分类

（一）目标关键词

目标关键词（Target Keyword）是指经过关键词分析确定下来的网站核心关键词，是网站产品或服务的目标用户用来搜索的关键词。目标关键词是网站通过搜索引擎获取流量最重要的一部分，流量占比高。目标关键词一般布局在网站的首页，如首页标题、描述位置。

（二）长尾关键词

长尾关键词（Long Tail Keyword）是指在网站上的非目标关键词，但是也能够带来搜索流量的那些关键词。顾名思义，长尾关键词的特征就是比较长，通常由 2 ～ 3 个词组成，还包括一些短语，大多体现在网站文章、标题以及内容页中。长尾关键词具备以下几个特点：

1. 搜索量小

因为是长尾，所以长尾关键词不可能每天都有像目标关键词那样大量的索引量。长尾关键词如同一个人的思维，每个人的思想是不同的，或者在不同的时间考虑相同的问题时搜索的词会不同，所以搜索量较小。

2. 竞争程度低

造成竞争程度低的原因主要有两个：一是每个人的目标都是核心关键词，所以长尾关键词竞争程度低；二是理论上这些词的数量是无限的，决定了其不可能被完全囊括。

3. 目标精准

长尾关键词包含更多的信息，搜索引擎更容易判断用户搜索的真实意图，搜索目标更为准确。例如，“sunglasses”是一个目标关键词，用户在搜索这个词的时候，可能想要找的产品是“kids sunglasses”，关键词目标不精准；“kids sunglasses party favors”是一个长尾关键词，用户在搜索这个词时表达的意图就更加明确了。

4. 转化率高

搜索目标的准确性决定了更高的转化率。例如，如果用户将“哪个网站的智能手机质量最好、价格最便宜”作为一个超长尾词搜索，说明用户购买手机的可能性较大，是处于主动寻找信息阶段的潜在客户。如果用户只是搜索“手机”这一关键词，那么搜索引擎很难判断用户的意图。

5. 搜索频率不稳定

长尾关键词的搜索频率较不稳定。可能某个长尾关键词两天才被用户搜索一次，也有可能更长时间才被搜索到。也有一些结合热点的长尾关键词，热度高的时候可能每天能够带来好几个甚至上百个搜索，但是热度过后可能一个月才被搜索一两次。

6. 词量无限大

长尾关键词的词量是无限大的，只要认真挖掘就能够找出非常多的长尾关键词。卖家可以根据其性能、用途、爱好等细分这些长尾关键词。

知识拓展 6-1

关键词拓展工具

关键词的重要性不言而喻。无论是广告还是自然搜索排名都与关键词有关，它关系着 listing 权重，甚至会影响销量。卖家需要在 listing 中囊括尽可能多的关键词，提升产品曝光。

1. Ahrefs Site Explorer

Ahrefs 是谷歌 SEO 辅助工具，它有一套用于外链分析和 SEO 分析的工具集，其 Site Explorer 工具会展示 Organic keywords（见图 6-2），即自然搜索关键词。通过 Site Explorer，卖家可以查看每个关键词落在搜索结果页的位置。此外，仪表板上还有各种指标，可以用这些来分析竞争对手的数据。

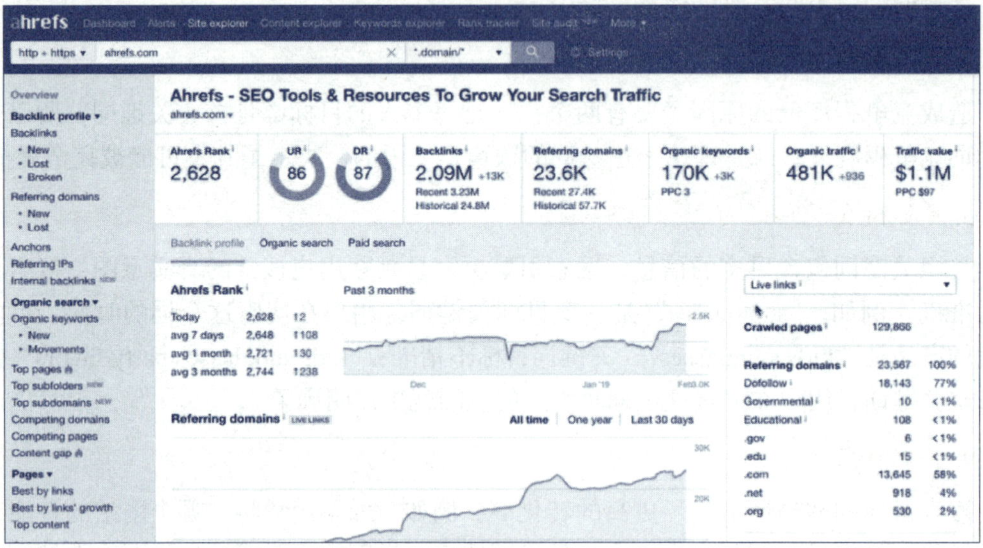

图 6-2　Ahrefs Site Explorer

2. KeywordInspector

KeywordInspector（见图 6-3）提供了许多不同的功能，包括“趋势关键词搜索”，卖家可以利用这一工具查询买家正在使用的关键词。该工具提供的 Indexation Tester 索引和 Reverse ASIN 反查功能，可以优化亚马逊选品，吸引感兴趣的买家。

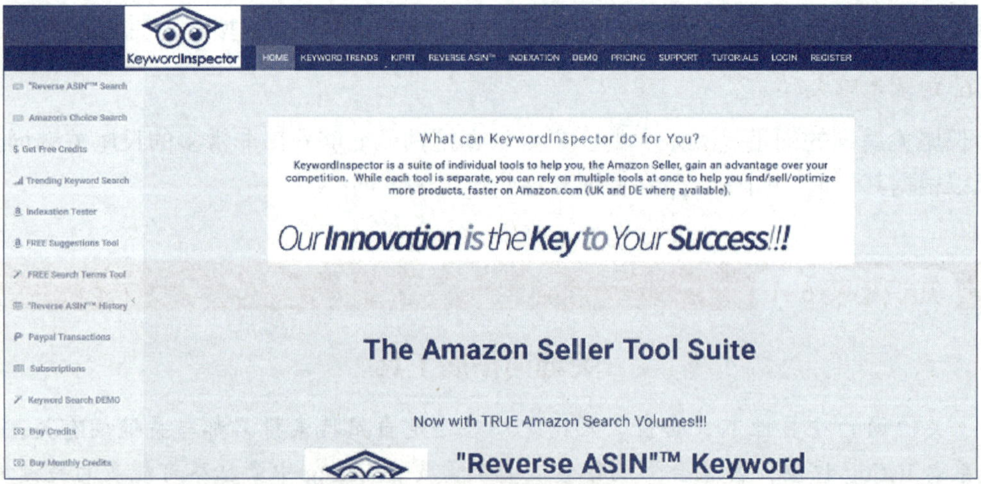

图 6-3　KeywordInspector

3. Google Keyword Planner

Google Keyword Planner 即谷歌关键字规划师。使用这款关键词工具，卖家可以统计分析关键词的流量情况，了解关键词的SEO难度，获得更多的相关关键词提示。通过谷歌关键字规划师，卖家可以获得不同关键词在谷歌搜索上的用户查询信息，方便为网站制定合适的关键词策略，尽早让网站获得搜索流量。

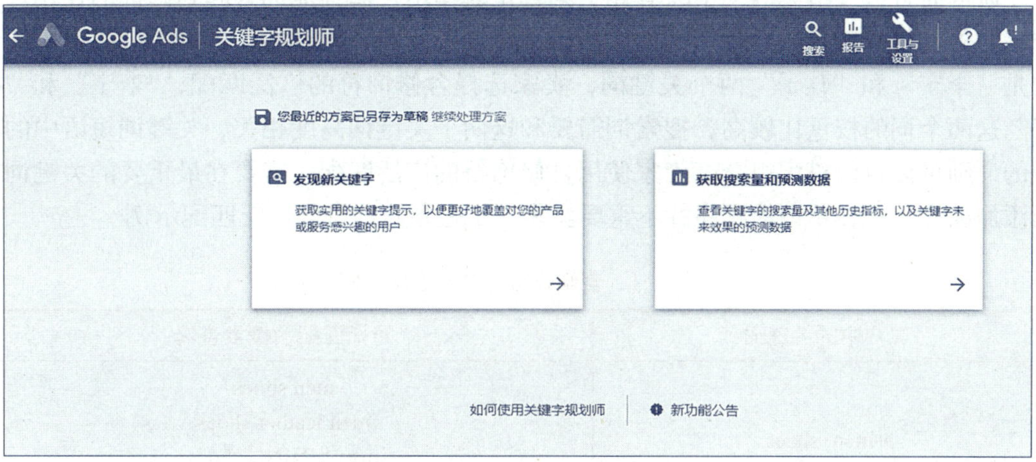

图 6–4　Google Keyword Planner

三、关键词的匹配方式

当用户搜索的内容符合预定义的匹配方式时，广告才会显示。正确使用关键词的匹配方式，能为广告带来更多的精准流量。关键词的匹配方式包括两类：肯定匹配和否定匹配。

（一）关键词肯定匹配

关键词肯定匹配包括四种方式，分别是广泛匹配、含修饰符的广泛匹配、短语匹配及精确匹配。

1. 广泛匹配

广泛匹配是指输入广告组中的关键词不带有任何格式。如果用户查询的词语与关键词相关，那么广泛匹配关键词便会触发广告的显示。

例如，如果将关键词“men shoes”（男鞋）设置成广泛匹配，那么当用户的搜索词部分匹配关键词时，如“shoes men”（男鞋）、“women shoes”（女鞋）、“kids shoes”（童鞋）、“men boots”（男士靴子）、“formal shoes”（盛装鞋）时，广告均会显示。

如果搜索查询中含有与关键词类似的词语，那么同样也可以匹配到关键词。例如，关键词是“men shoes”（男鞋），那么可以与“men black shoes”（男士黑色鞋子）、“men sandals”（男士凉鞋）匹配。

广泛匹配可能与完全不同的搜索查询相匹配。例如，关键词是“men shoes”（男鞋），那么“shoes rack”（鞋架）、“shoe cream”（鞋油）也会匹配关键词。这种匹配是无效的，使用广泛匹配，有时候会导致很多与业务无关的搜索查询。

2. 含修饰符的广泛匹配

通常而言，一组关键词中只有几个词真正起作用，而其他词只起到修饰的作用。修饰词并不能带来较多的转化。例如，某店铺经调查发现，男鞋的广告组中最终带来流量的是“李宁”和“鞋子”两个关键词，卖家选择含修饰符的广泛匹配，“李宁”和“鞋子”这两个词的权重比较高，搜索词需要和这两个关键词高度相关，关键词短语中的其他的词则可以自由搭配组合。卖家使用含修饰符的广泛匹配，需要在最重要的关键词前面添加加号（+），单词的顺序并不重要。表 6-1 是含修饰符的广泛匹配示例。

表 6-1　含修饰符的广泛匹配示例

账户中的关键词	可能匹配的搜索查询
+men+shoes	men shoes men leather shoes men LINING shoes black shoes for men
men+shoes	women shoes black leather shoes shoes cream shoes rack

3. 短语匹配

短语匹配是指为广告组中输入的关键词加上双引号（“ ”）（见图 6-5）。为了使短语匹配关键词可以显示广告，包含在搜索词条中的关键词必须与输入广告组的关键词保持顺序一致。

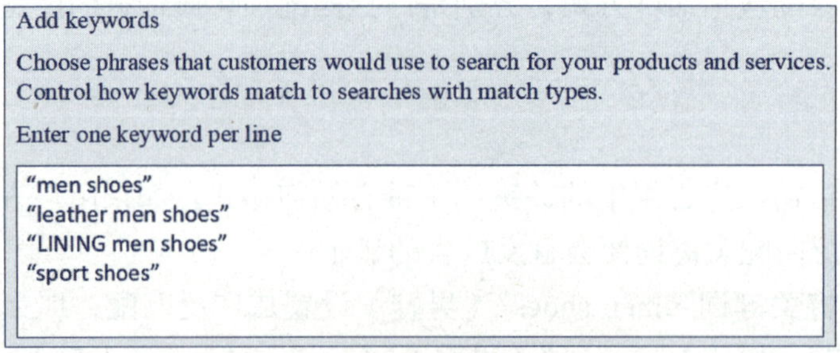

图 6-5　广告组中的短语匹配关键词

例如，账户中关键词是“men shoes”，可以匹配以下短语：

men shoes（男鞋）

leather men shoes（真皮男鞋）

LINING men shoes（李宁品牌男鞋）

sport shoes（运动鞋）

如果在关键词“men”和“shoes”中间插入一个词，那么广告就不会被触发。如搜索“men formal shoes”（男士盛装鞋），则广告不会被触发，这是因为搜索词条包含的短语与“men shoes”（短语匹配）不完全一致。

4. 精确匹配

精确匹配是最具体的匹配选项，卖家输入关键词时需要用方括号（[ ]）括起来，即告诉搜索引擎该关键词的匹配方式是精确匹配（见图 6-6）。精确匹配要求用户的搜索查询与关键词完全一致，只有这样广告才会显示。精确匹配最大的优势在于可以准确了解用户搜索的内容。

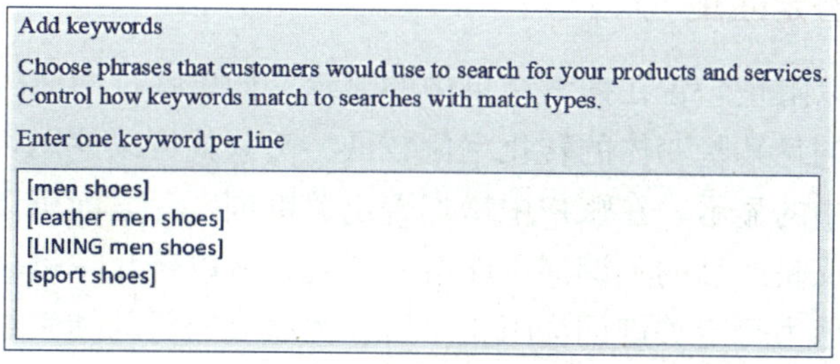

图 6-6 广告组中的精确匹配关键词

知识拓展 6-2

Google Adwords 变体匹配设置

搜索词与关键词可以单复数和错误拼写匹配（见图 6-7）。卖家可在 Google Adwords 账户中对是否允许变体匹配进行操作，以便确认哪些搜索内容触发广告，该选项被称为近似匹配或变体匹配。该选项只适用于特定广告系列中的关键词。卖家如果想要了解该选项是否适合使用，需要分析数据，查看设置这个选项前后账户转化率是否有变化、转化成本或者平均销售额是否有显著的变化。

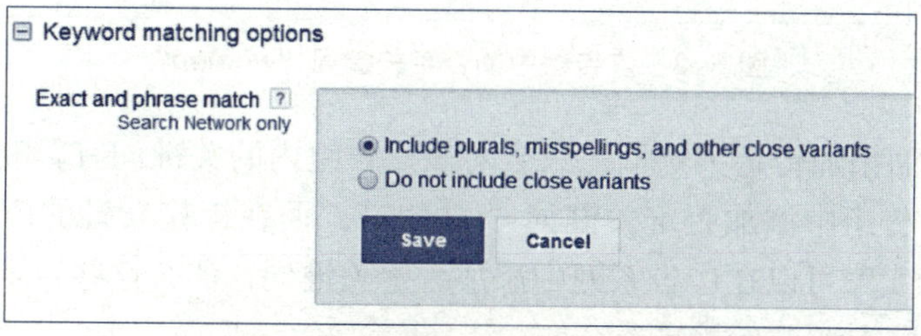

图 6-7 精确匹配和短语匹配选项

卖家在账户创建初期，没有足够的历史数据可以参考，无法评估该设置的利弊，可以由预算来决定。如果每日预算充足，便可以开启该选项，以便获得更多的展示次数，收集充足的数据以供后期使用；如果预算不足，则可以关闭该选项，等预算充足时，再开启该选项以进行单词变体体验。

卖家设置匹配类型时，可将品牌相关的词语设置为精确匹配和短语匹配方式，将2～3个字符的关键词设置为含修饰符的广泛匹配和短语匹配方式。如果使用多种匹配方式，则要确保竞价的高低依次为精确匹配关键词、短语匹配关键词、含修饰符的广泛匹配关键词，最后是广泛匹配的关键词。

一般而言，转化率最高的是精确匹配，其次是短语匹配，最后是广泛匹配。如果出现广泛匹配的转化率高于短语匹配或精确匹配，原因是账户中没有与搜索词条相对应的关键词，而这些词条的转化率却高于账户中的关键词。

（二）关键词否定匹配

否定关键词可以阻止广告在搜索结果中的显示。如果账户中同时包含短语匹配关键词和广泛匹配关键词且某些变体的转化率比较低，卖家就可以使用否定匹配关键词来阻止广告在搜索结果中的显示。在账户中增加否定关键词，一方面可以提升转化率，一些模糊的、不能直接反映产品的关键词不能触发广告，所以转化率可以上升；另一方面可以降低转化成本，因为否定关键词会阻止广告在关联度较低的搜索结果中显示，因此用户若点击，这些点击的质量会较高，从而降低总体的转化成本。

卖家可以在账户的多个位置使用否定关键词。卖家一般会在广告组设置添加否定关键词，广告组层面的否定关键词是保证广告与搜索词相匹配的最佳方式。卖家进入广告组，在输入关键词时，如果不希望某些词语触发广告，可以在这些词语前面添加减号（-）（见图6-8）。

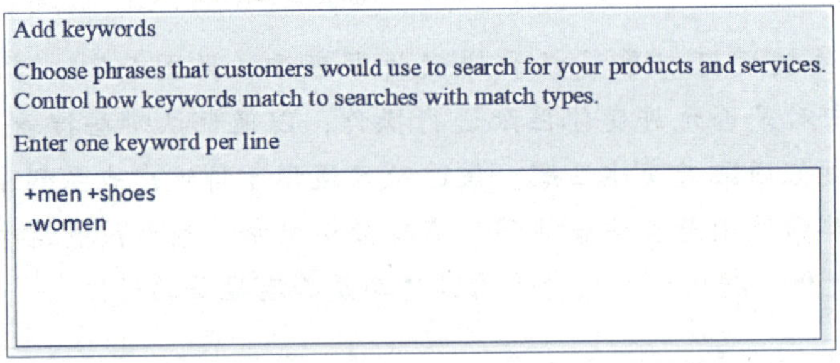

图6-8　广告组中的否定关键词“women”

在广告组层面添加否定关键词，只会对该广告组内的关键词有影响。卖家可以在销售男鞋的一个广告组中添加否定关键词“women”，而在销售女鞋的广告组中添加否定关键词“men”。卖家可以在广告系列中添加否定关键词，那么这些否定关键词会对该广告系列中的每个广告组都有影响。

与肯定关键词类似，否定关键词也有相应的匹配方式。否定关键词的匹配方式主要有三种：广泛匹配、短语匹配和精确匹配。

学中做 6-1

客户搜索字词对应的关键词

一家做手套外贸批发业务的企业，根据客户搜索字词的语义拟定了正确匹配的广告关键词（见表 6-2）。

表 6-2　客户搜索字词对应的关键词

搜索字词	对应的关键词
usa glove manufacturers	+glove+manufacturers+usa
glove manufacturers in usa	+glove+manufacturers+usa
guangdong gloves china	+chinese+gloves
wholesale gloves	"wholesale gloves"
gloves suppliers	+gloves+suppliers
majestic gloves wholesale	"wholesale gloves"
baseball glove factory in louisville ky	+gloves+factory
wholesale industrial gloves	+industrial+gloves+wholesale
nokona ball glove factory	+gloves+factory

任务三　搜索引擎广告基础

一、搜索引擎广告的概念

搜索引擎广告（Search Engine Advertising，SEA），即搜索引擎竞价推广，是将企业的产品或服务等以关键词的形式在搜索引擎平台上推广的一种按效果付费的新型广告。企业开通搜索引擎广告的服务，筛选一定数量的关键词作为推广信息，当用户在搜索引擎中检索这些关键词时，这些推广信息就会出现在用户的搜索结果中。在互联网世界中，搜索引擎是最重要的流量入口，有着海量的用户资源，是企业用于推广产品或服务的最好平台之一。

搜索引擎广告主要以搜索结果的形式展现，展现的位置包括自然搜索结果的上方和页面右侧“推广链接”位置（见图 6-9）。

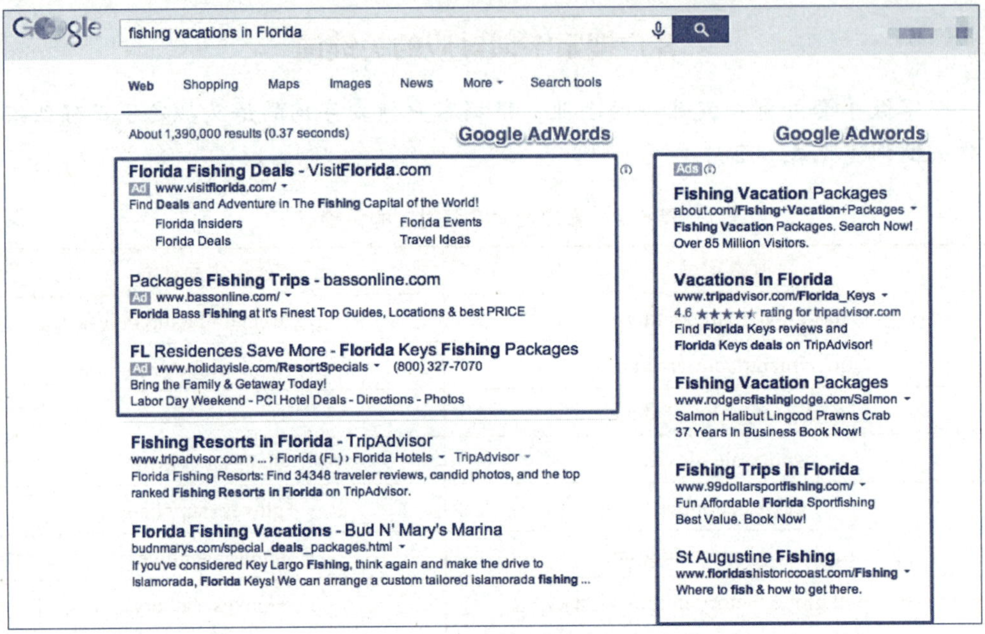

图 6-9　谷歌竞价广告展示

二、搜索引擎广告排名逻辑

在 PPC（Pay Per Click）广告竞价模式出现之前，网站上出现的基本上是与搜索词关系不大的横幅广告。尽管这些广告的展示次数较多，但是因为和用户搜索意图关系不大，所以这些广告的点击次数往往很少。在这种情况下，广告主的投入回报率不高，没有带来很多真正有价值的流量。

基于展示次数收费的广告模式，企业可以自主决定购买广告的展示次数，然后按每千次展示次数计费。这使得广告主不得不投入大量的费用签订广告服务合同，但是无法预知这些广告可为网站带来的访客和交易量。

使用 PPC 广告竞价模式之后，广告主只有在获得流量的时候才需要付费。这种转变让一直以绩效为基准的广告主可以用较少的费用换取流量。因为只有广告被用户点击后，广告主才需要付费，这样广告主就必须保证搜索引擎只显示与搜索内容相关的广告。搜索引擎不仅看重竞价，而且将广告和搜索词条的相关性加入排名的权重中。

搜索结果的广告展示位置由点击竞价和点击率决定。通过显示竞价低但点击次数较多的广告，搜索引擎赚得的利润会高于竞价高但点击次数少的广告。结合竞价及广告点击次数，搜索引擎可实现在每一搜索结果页面利润的最大化。

学思之窗 6-2

企业开通搜索引擎广告账户不仅操作简单，而且能为企业提供广告营销公平竞争的平台。企业只要用心做广告，即便竞价较低，搜索结果页面的广告展示排名也会高于那些没有时间优化广告内容的规模更大的企业。

知识拓展 6-3

搜索广告计费方式

- 千人展现成本（Cost Per Mile，CPM）

CPM 即广告每展现给 1 000 个人所需花费的成本。视频贴片、门户横幅等优质广告位通常采用 CPM 计费方式。视频贴片、门户横幅广告以曝光展示为目的，不强调获客效果，在大型品牌广告中尤为常见。

- 每次点击成本（Cost Per Click，CPC）

CPC 即以广告被点击的次数为指标收费，关键词竞价广告、信息流广告大多采用这种计费方式。从理论上来说，CPC 是最适合效果广告的计费方式。平台方负责广告创意从曝光到点击率预估，而广告主负责衡量用户点击后页面价值的预估。

- 每次行为成本（Cost Per Action，CPA）

这个行为可以是下载、安装、销售、注册、放入购物车等。每次下载成本（Cost Per Download，CPD）、每次安装成本（Cost Per Install，CPI）、每次销售成本（Cost Per Sales，CPS）都可以被称作 CPA。

- 按时长付费（Cost Per Time，CPT）

CPT 是一种以时间来计费的广告方式（被称作最省心的投放方式）。按时长计费是包时段投放广告的一种形式，广告主选择广告位和投放时间，费用与广告点击量无关。

三、搜索引擎广告的类型

搜索引擎广告的类型共有 6 种，分别是搜索广告、展示广告、购物广告、视频广告、应用广告和智能广告。企业营销目标决定了广告的类型、需要触及的广告受众以及受众的偏好。不同广告类型之间的区别主要体现在广告的展现形式（文字、商品信息、图片、视频等）以及广告触达的用户群体。

Google广告类型详解

（一）搜索广告

搜索广告（见图 6-10）是最常见的广告类型，也是最精准的广告形式之一。用户在搜索引擎中输入搜索词时，一般都带有某种意图。如果用户的意图正好与企业的商业目标匹配，那么向用户展示广告将极有可能获得用户关注。

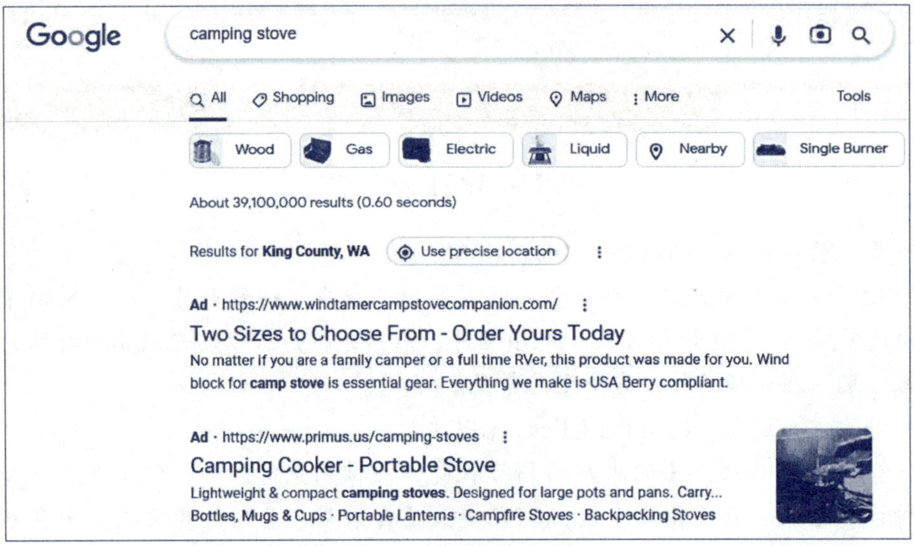

图 6-10　谷歌搜索广告

（二）展示广告

展示广告（见图 6-11），又称内容网络，是依托页面内容来显示的广告。用户不通过搜索也能看到展示广告，因为该广告是基于页面内容或者其他定向方法显示的。如果广告与文章内容相关，有助于用户了解与该文章相关的产品或服务。展示广告是非搜索展示。例如，用户在浏览网站、观看视频时，广告主都可以向用户投放展示广告。

图 6-11　谷歌展示广告

（三）购物广告

购物广告（见图 6-12）使用现有的 Merchant Center 商品数据中心（而非关键词）来决定广告的展示方式和展示位置。通过商品数据中心提交的商品数据包含所销售产品的相关详情。谷歌利用这些信息将用户的搜索内容与广告进行匹配，以确保展示相关性最高的产品。

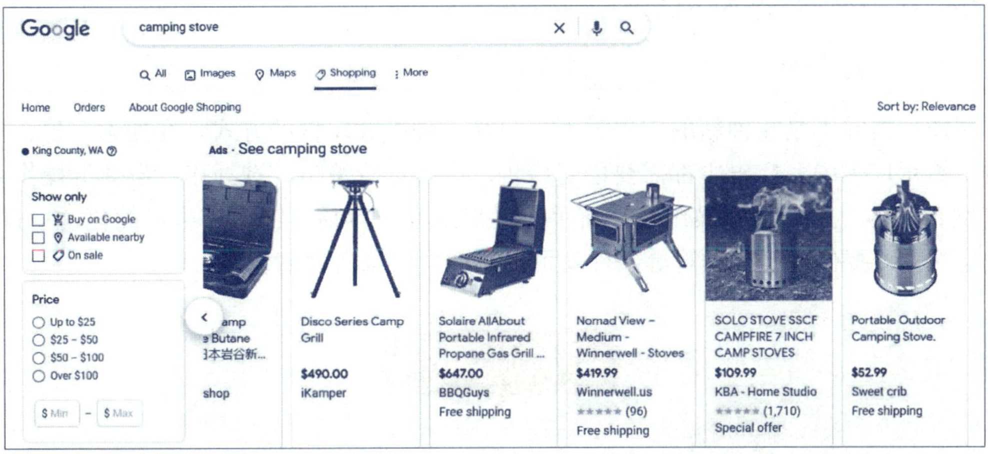

图 6-12　谷歌购物广告

（四）视频广告

谷歌将视频广告（见图 6-13）单列。相对于展示广告，视频广告更加具有针对性，广告形式主要是视频。视频营销在商品展示、软件推广等领域具有天然的优势，远优于图文，但视频广告的是制作成本最大、难度最高的广告形式。视频广告包括插播广告、视频发现广告、不可跳过的插播广告、外播广告和导视广告。

图 6-13　谷歌视频广告

（五）应用广告

应用广告主要针对手机用户，大多数情况下，手机都会默认开启用户信息收集功能。根据用户信息，广告主会推送给用户一些相关的广告。例如，用户在手机上搜索了某个地区的旅游信息，广告主会推送该地区相关的酒店、航班等广告信息。Discovery 广告就是展示到手机信息流（Feed）中的广告。手机用户数量已超越 PC 用户数量，谷歌信息流广告可以触达 30 亿用户。

（六）智能广告

智能广告并不是一种新的广告类型，只是一种投放广告的方式。在搜索广告、视频广告、展示广告中，广告主都需要创建广告、设置竞价策略、选择用户群体等操作才能最终发布广告，这一系列操作对于新手卖家来说并不容易。智能广告可简化这一过程，广告主只需要提供网站、预算等条件就可以让搜索引擎自动创建广告。

项目小结

搜索引擎营销（Search Engine Marketing，SEM）是基于搜索引擎平台而开展的网络营销，它利用人们对搜索引擎的信赖和使用习惯，在用户检索信息时将信息传递给目标用户。搜索引擎营销包括搜索引擎优化和搜索引擎广告。搜索引擎营销经历了分类目录时代、文本检索时代、整合分析时代和用户中心时代。常见的搜索引擎有谷歌、百度、必应、雅虎。

搜索引擎营销的基础工作之一是做好关键词研究。关键词可以分成目标关键词和长尾关键词。关键词的匹配方式包括肯定匹配和否定匹配。其中，肯定匹配方式包括广泛匹配、含修饰符的广泛匹配、短语匹配及精确匹配；否定匹配方式包括广泛匹配、短语匹配和精确匹配。

搜索引擎广告（Search Engine Advertising，SEA），即搜索引擎竞价推广，是将企业的产品或服务等以关键词的形式在搜索引擎平台上推广的一种按效果付费的新型广告。搜索引擎广告是企业推广产品或服务的有效途径。搜索引擎广告的类型共有 6 种，分别是搜索广告、展示广告、购物广告、视频广告、应用广告和智能广告。

直通大赛

通过本项目学习，完成竞赛任务——收集、学习竞争对手搜索引擎广告。

竞赛名称	竞赛任务
跨境电商创新创业能力大赛（独立站赛道）	收集、学习竞争对手搜索引擎广告

卖家使用 SEMrush 搜索引擎优化工具收集竞争对手的关键词广告设置，部分汇总如表 6-3 所示，完成竞争对手广告内容的学习以更好地设置本网站的搜索引擎广告。

表 6-3 关键词广告设置

标题（Title）	描述（Description）	关键词（Keywords）
CLIQ Portable Camping Chair-Water Bottle Sized Chair	The Instant Chair That Folds to Water Bottle Size - Only 3 lbs and Sets Up in Seconds. So Compact You Can Bring It Anywhere. Instant Setup & Tear Down...	camping chair
CLIQ Chair，Just Click and Sit - CLIQ Chair - Shop Now	The Instant Chair That Folds to Water Bottle Size - Only 3 lbs and Sets Up in Seconds. So Compact You Can Bring It Anywhere. Instant Setup & Tear Down. Sturdy & Lightweight. Instant Setup & Tear Down. Buy 2，Save 10%.	cliq chair
Perfectly Portable & Packable-Best Beach Chair，Only 3lbs	The Instant Chair That Folds to Water Bottle Size - Only 3 lbs and Sets Up in Seconds. So Compact You Can Bring It Anywhere. Instant Setup & Tear Down. Sturdy & Lightweight.	best beach chairs
The Ultimate Portable Chair-Chair Collapses to Bottle Size	CLIQ Chair - Folds to Size of Water Bottle - Only 3 lbs and Sets Up in Seconds. CLIQ Chair - Superior Craftsmanship，Collapses to Size of Water Bottle，& On Sale. Buy 2，Save 10%.	portable chair
Packable Portable Perfection-Bottle-Size Camping CLIQ Chair	In the mountains. At the beach. On the sidelines. Fishing，picnicking，pickleballing. CLIQ. So lightweight and portable，you can bring the best seat in the house on your adventures.	camping chair

知识巩固

应知考核

一、名词解释

1. 搜索引擎营销
2. 搜索引擎广告
3. 目标关键词
4. 长尾关键词
5. 展示广告

二、不定项选择题

1. 购物广告的格式与标准文字广告的格式有所不同，其区别在于购物广告包含（　　）。

A. 产品图片、背景颜色和价格

B. 产品图片、产品名、价格和附加信息

C. 产品图片、产品名和价格

D. 产品图片、产品名、价格和商家名称

2. 小刚想制作一个文字广告，以便用户在 Google 上搜索时吸引用户。他应该采取何种做法才能带来最多的点击次数？（　　）

A. 在广告文字中加入关键词

B. 在广告文字中加入商家地址

C. 在广告标题中使用特殊字符

D. 将广告标题中的所有字母均改为大写

3. 满足以下哪个条件时，企业的广告可以在展示广告网络的网页上展示？（　　）

A. 关键词与该网页的内容相匹配

B. 网站与该网页的内容相匹配

C. 着陆页与该网页的内容相匹配

D. 广告文字与该网页的内容相匹配

4. 假设某卖家想通过 Google Ads 推广狗狗看护服务。其可以制作哪种广告系列，以便无论狗狗主人在 Google 上搜索还是浏览宠物用品网站，都可以吸引到他们？（　　）

A. 通用应用广告系列

B. 选择启用展示广告网络的搜索网络广告系列

C. 投放到展示广告网络的广告系列

D. 搜索网络广告系列

5. 当用户搜索钟表维修商家时，他们会使用非常具体的字词，如“古董表维修”。卖家若想在用户使用此类字词搜索时展示广告，应该使用（　　）。

A. 词组匹配关键词　　　　B. 广泛匹配关键词

C. 否定匹配关键词　　　　D. 完全匹配关键词

应会考核

⊙ 技能应用

1. 关键词列表增加关键词

一位客户经营一家跑鞋网店，她希望增加女式跑鞋的销售额。为帮助客户实现此目标，你应该在这位客户的关键词列表中加入哪些英文关键词（见表 6-4）？

表 6-4 关键词列表增加英文关键词

关键词	关键词	关键词	关键词

2. 收集竞争对手的关键词广告设置

使用搜索引擎优化工具收集竞争对手的关键词广告设置，并汇总到表 6-5。认真研读、分析竞争对手广告文案，可以为本网站的广告设置提供参考。

表 6-5 竞争对手的关键词广告设置

序号	标题（Title）	描述（Description）	关键词（Keywords）
1			
2			
3			
4			
5			

实践操作

项目团队				
项目负责人	姓　　名			
	专业班级			
	学　　号			
	联系方式		Email	
项目团队成员	姓　　名	学　　号	专业班级	分工 / 角色
任务起止时间	年　　月　　日—　　年　　月　　日			

续表

<table>
<tr><td>实训内容</td><td>1. 结合背景企业实际，为企业选择合适的搜索广告类型。
2. 使用工具，收集并分析竞争对手的关键词广告。</td></tr>
<tr><td>实训目的</td><td>通过该实训项目，学生能理解不同类型搜索广告的作用，准确选择关键词类型；学会使用搜索引擎广告工具，收集竞争对手的关键词广告。</td></tr>
<tr><td>实训要求</td><td>以教学班级成立的项目团队为单位进行项目实训，明确内部分工。以各项目团队为单位与当地跨国经营企业进行联系。</td></tr>
<tr><td>实训操作步骤</td><td>步骤一：由实训指导教师介绍该实训项目的目的与要求。
步骤二：结合本项目任务，由指导教师介绍搜索引擎广告、关键词匹配类型等相关内容。
步骤三：结合该实训项目的实际情况，在教师的指导下，完成项目团队的组队及任务分工，每个项目团队 6～8 人。
步骤四：各项目团队研究成功独立站的搜索引擎广告的设置，作为本实训项目操作的参考。
步骤五：各项目团队成员按各自的分工，搜集、整理与实训任务相关的信息资料，并展开充分的讨论与交流。
步骤六：各项目团队在规定时间内完成实训报告。
步骤七：实训成果汇报、质询、评议及成绩综评。
1. 各项目团队推选一名代表采用 PPT 形式进行实训成果汇报。
2. 各项目团队之间互评、师生质询，教师进行适当点评并总结。
3. 教师对各项目团队及其成员进行综合成绩评定。</td></tr>
<tr><td>实训成果</td><td>各项目团队按以下要求撰写、提交搜索引擎广告调研一份，字数不少于 1 000 字。文字表述要精练，观点明确，并且善于使用表格、图示等进行表述。
<table>
<tr><td colspan="2">《××× 企业 / 行业搜索引擎广告调研》</td></tr>
<tr><td>时间</td><td></td></tr>
<tr><td>项目团队</td><td></td></tr>
<tr><td>项目负责人</td><td></td></tr>
<tr><td>执笔人</td><td></td></tr>
<tr><td>项目团队成员</td><td></td></tr>
<tr><td colspan="2">××× 企业 / 行业搜索引擎广告调研</td></tr>
<tr><td colspan="2">Ø 目录
Ø 正文</td></tr>
</table></td></tr>
<tr><td>实训考评
（百分制）</td><td>
<table>
<tr><td>评分维度</td><td>网站定位</td><td>网站结构导航</td><td>网站内容</td><td>网站应用</td><td>网站设计</td><td>汇报</td><td>答辩</td><td>团队分工合作</td></tr>
<tr><td>百分比</td><td>10%</td><td>15%</td><td>15%</td><td>10%</td><td>15%</td><td>10%</td><td>10%</td><td>15%</td></tr>
<tr><td>得　分</td><td></td><td></td><td></td><td></td><td></td><td></td><td></td><td></td></tr>
</table></td></tr>
</table>

项目七　搜索引擎广告推广

项目描述

搜索引擎广告是企业网站流量的主要来源。企业要想取得良好的搜索引擎广告效果，就要要求其从业人员掌握搜索引擎广告账户结构设置、搜索引擎广告的制作，并能对搜索引擎广告进行数据分析，不断优化企业的搜索引擎广告结构、广告内容、关键词和着陆页。

学习目标

知识目标

1. 掌握搜索引擎广告账户结构；
2. 理解创建不同广告系列的原因；
3. 掌握搜索引擎广告制作流程；
4. 掌握搜索广告的内容要求。

能力目标

1. 能够根据企业目标，合理设置广告系列的目标；
2. 能够制作搜索引擎广告；
3. 能够准确且符合要求撰写搜索广告文案；
4. 能够对搜索引擎广告进行效果分析。

素养目标

1. 培养数字营销思维，养成借用工具分析问题的思维习惯；
2. 通过实训项目的团队合作，培养良好的自主学习与合作学习能力。

知识导图

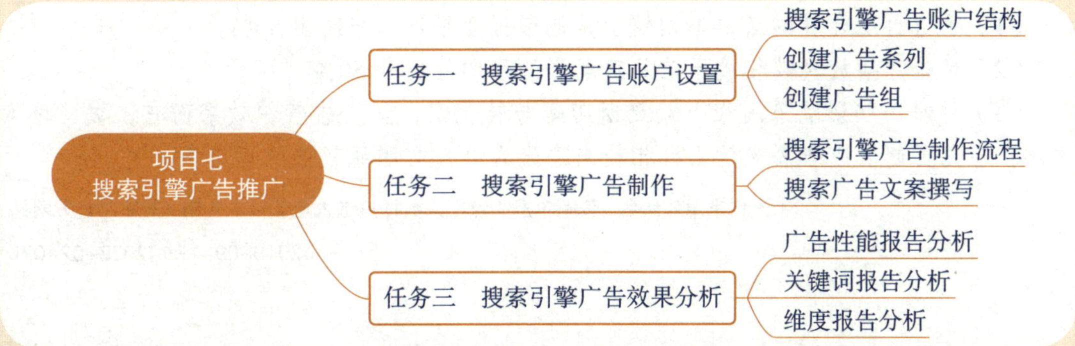

案例导入

美库尔携手百度大数据打造大电影精准营销

美库尔作为百度唯一一家总部设在美国的北美代理商，与传奇影业一起合作了多部好莱坞大电影在百度的媒体投放推广活动。美库尔凭借在全球范围内以数据和结果为导向的精准化营销经验，在中国携手百度采用以数据为中心的方法，帮助传奇影业好莱坞大电影实现在中国电影市场的成功营销。

作为中国最大的搜索引擎，百度拥有庞大的数据信息，人群画像越来越精准到一个细致的行业，这对广告主无疑是一件大好事。对于传奇影业的《环太平洋：雷霆再起》这部电影来讲，因为《环太平洋》系列电影本身已经在中国有一定的粉丝积累，随着中国电影市场的火爆，企业不仅仅满足于找到电影爱好者人群，更倾向于找到《环太平洋：雷霆再起》的忠实粉丝。因此，不仅需要百度人群标签中针对电影的人群画像，更需要为《环太平洋：雷霆再起》制定特殊的人群模型，从而达到美库尔以数据和结果为导向的精准化营销。

美库尔携手传奇影业数据分析部门自定义用户模型：百度首次为传奇影业大电影开放数据端口，美库尔中国分析团队携手传奇影业数据分析部门和百度一起专门为《环太平洋：雷霆再起》进行人群分析。

通过挖掘搜索查询背后的用户意图，美库尔获得了全新的消费者洞察。在行业领先的分析技术支持下，美库尔分析人群标签，进而建立特定《环太平洋：雷霆再起》的粉丝模型，再利用百度大数据库找到相似人群，以指导付费搜索关键词策略，并建立广告消息的相关性。

在电影的预热期间，美库尔运用自主建模的人群精准定向，借助手机百度开屏 CPM 广告强调电影热点、预告片首映倒计时，实现潜在购票客户的全面覆盖以及电影预热；在电影首映的黄金周末，增加手机百度信息流再营销，拓展更多相似人群，不断推出预告片、火爆观影场面以促进宣传到观影的转换，推动首映黄金周末的影院销售。最后的电影上映期间，手机百度开屏 CPM 广告以模型人群的再细分成功定向，鼓励和激发更多潜在受众。

得益于精准人群的覆盖，整个活动取得了以下结果：

（1）手机百度开屏的点击率相较于其他影视业平均水平高出 45%。

（2）预告片播放次数相较于前几部电影的平均值提升 50%。

（3）针对一些影院采用线下监测返店率与转化率，就广告营销效果而言，被《环太平洋：雷霆再起》广告曝光的人群相较未曝光人群，有明显较高的返店率。

（资料来源：佚名．美库尔携手百度大数据打造大电影精准营销．美库尔官方网站．（2019-09-17）[2023-02-07].）

问题思考

搜索引擎广告可以通过哪些维度指标精准定向目标人群？

任务一 搜索引擎广告账户设置

Google广告结构解析

一、搜索引擎广告账户结构

搜索引擎广告的账户结构大致一样，下文以Google为例介绍搜索引擎广告的账户结构。一个广告账户对应一个企业，每个企业只有一个广告账户，在特定的搜索结果中只会显示一个账户的一条广告。由于账户代表一个企业，因此诸如账单信息、联系信息及访问权限都是以账户为单位存储的，这些信息都是建立广告账户所需的基本信息。

“一个企业一个账户”“一个网站只显示一条广告”等规定是基于扩大用户对搜索结果的选择范围、提升用户的搜索体验而制定的。有时企业规模较大，或企业有子公司及多个网站，各网站之间无联系，企业可以在一个特定的搜索结果页面上显示两条广告或多个广告账户。

一个企业只有一个广告账户，企业可在广告账户中设置多个广告系列，在每个广告系列下设置多个广告组，在广告组下设置多个广告和关键词组（见图7-1）。

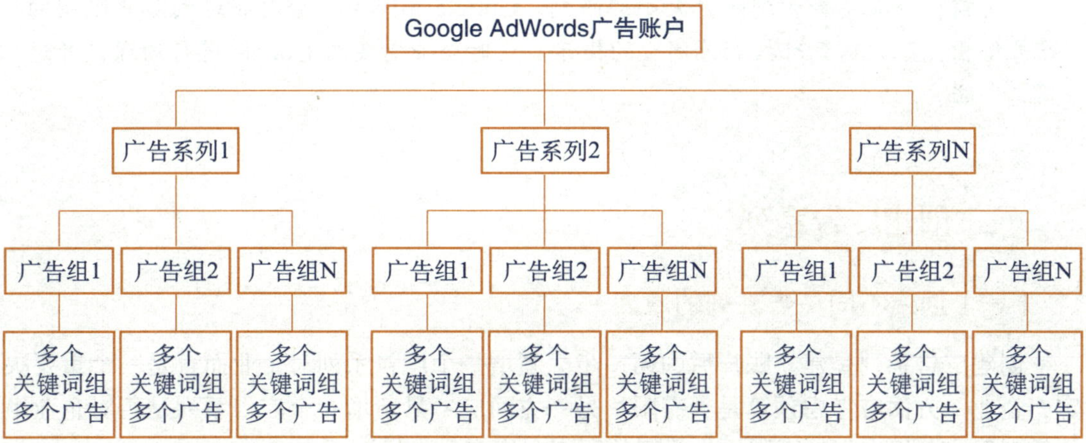

图7-1 广告账户结构

课证融通

跨境电商海外营销职业技能等级证书（中级）要求

面向职业岗位	职业技能要求
海外搜索引擎广告投放	能够制订并执行搜索引擎广告投放计划，包括广告账户搭建与优化、确定广告投放目标、广告语撰写、着陆页策划与实现和其他账户高级设置。 能够使用搜索引擎广告平台对广告效果的主流指标进行查询和优化，包括点击率、每次点击费用、每次转化费用、转化率、质量得分、展示份额、平均排名。 能够根据广告账户优化策略，提高广告的点击率和转化率，降低跳失率，提升广告投放的ROI。 能够正确使用高级细分功能，生成报告，评估着陆页效果，对广告效果进行衡量。

企业连线 7-1

Google AdWords 账户的最大限制

一个基本的 Google AdWords 账户有以下一些最大值限制：

10 000 个广告系列（包括动态和静态的广告系列）；

每个广告系列包含 20 000 个广告组；

每个广告组包含 20 000 个广告组目标（如关键词、显示位置、受众列表及产品目标）；

每个广告组包含 300 个展示广告（包括图片广告）；

每个广告组包含 50 个文本广告。

目前，企业不会受到账户大小的限制。Google AdWords 会对将达到账户限制的账号给出“账户达到可控制范围”的提示。这时企业需要与 Google 进行沟通，开通第二个账户。

二、创建广告系列

（一）创建不同广告系列的原因

创建广告系列是建立账户后的第一步。新增一个广告系列对企业而言是一个重要决定，企业一方面应考虑预算是否有限，另一方面应考量新增一个广告系列是否对企业组织管理形成负担。创建不同广告系列的原因有许多，常见原因有：

1. 每日预算

每个广告系列都应有每日预算。企业添加广告系列时，需要考虑每个广告系列的预算。计算广告系列预算额度的方法是分析企业营销目标，然后计算达到这些目标所需的费用；或者广告系列中含有多个产品，每个产品都有相对应的市场营销预算，从而计算广告系列的预算。

2. 目标市场

不同的目标市场是企业需要建立多个广告系列的常见原因。不同的目标受众会选择不同的广告类型，不同的广告类型应有不同的广告系列。企业不同产品面向不同的受众群体，则也要建立不同的广告系列。

3. 地理位置定向

地理位置定向是在广告系列层面进行设置的。企业运行多个广告系列时，如果希望在不同的地理位置使用不同的关键词、广告或着陆页，则需要在广告系列层面设置地理位置定向。

4. 广告时间

广告时间设定是在广告系列层面进行设置的。广告系列默认的是每天 24 小时、每周 7 天都会显示。如果企业希望每天显示不同的广告，那么每个时间范围需要对应一个广告系列。

（二）广告系列目标设置

企业设置不同的广告系列的前提是要了解自己的商业目标，设定合适的竞价。企业可根据不同的商业目标设置不同的广告系列，主要包括：

1. 高搜索效益广告系列

对大部分企业而言，仅使用一个搜索广告系列便可以管理所有的广告组。但随着账户的不断发展，企业关键词会分成两类：

（1）自选关键词：精确匹配关键词，具有良好的效益。

（2）发现关键词：模糊匹配关键词，试图发现新的盈利性关键词以添加至自选关键词。

对于这种结构类型，会出现两个广告系列。第一个广告系列是自选关键词系列，这些关键词收入可观，属于精确匹配关键词，所有关键词都会产生利润，因此其花费较高。第二个广告系列是实验系列，目标是寻找新的精确匹配关键词以添加至自选广告系列。

2. 良好展示位置广告系列

企业可针对不同位置定向创建不同的广告系列，通过关键词、兴趣及话题等不同设置获得良好的展示位置。若要做好定向管理，广告系列中的广告组最好只有一个目标选择，如一个话题、一个兴趣点或紧密结合的关键词组。

3. 再营销效果广告系列

再营销广告可以吸引之前访问过企业网站的用户。当之前用户在 Google 上搜索与企业的产品或服务相关的字词时，用户会再次看到企业的广告，这会使转化率大大提升。由于这一展示定向方法不同于其他定向方法，企业应单独投入精力。多数情况下，如果有多个营销清单，那么每个清单都应该有相应的广告组。

4. 地理位置效果广告系列

企业希望创建的广告系列可基于用户的地理位置向其展示不同的广告、着陆页，广告竞价会因不同地理位置而不同，企业需要创建多个广告系列。

三、创建广告组

广告组是关键词和广告的集合。广告组中的任意一个关键词都能展示广告组中的任何一个广告。一个广告系列可以设置多个广告组，一个关键词对应一个广告是不现实的，大多数企业没有这么多的时间为每个关键词撰写一则广告。因此，更实际的做法是将相关性较高的一组关键词添加到广告组，创建与关键词组相关性较高的广告文案。

强相关性广告是指如果用户在搜索结果页查看该广告，可以从广告文案中得到能够满足其需求的产品或服务的信息。广告文案与关键词组的强相关性，说明广告文案中的内容描述能够体现关键词，否则这些关键词需要转移到其他广告组。

企业连线 7-2

企业广告账户结构案例分析

选取鞋企分析，覆盖的群体包括男士、女士和儿童。鞋企设置广告账户时，按照产品种类面向的不同群体进行分类，设置男士搜索广告系列、女士搜索广告系列和儿童搜索广告系列等（见图 7-2）。男士搜索广告系列设置男士运动鞋广告组、男士靴子广告组和男士正装皮鞋广告组。女士搜索广告系列设置女士运动鞋广告组、女士靴子广告组和女士正装皮鞋广告组。

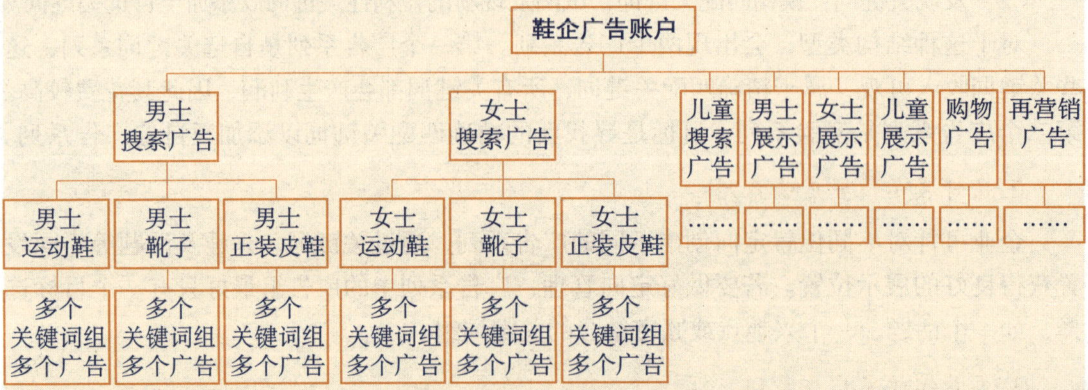

图 7-2 鞋企广告账户结构

任务二 搜索引擎广告制作

一、搜索引擎广告制作流程

企业制作搜索引擎广告时，要开通广告账户，向潜在客户展示文字广告，首先要制作搜索广告系列。在搜索网络上展示的文字广告是可以使用 Google Ads 投放的形式最为简单的在线广告之一。企业根据自己的产品或服务的内容、特点等，确定相关的关键词，撰写广告内容并自主定价投放广告。当用户在搜索网络上搜索企业提供的这类产品或服务时，相应的广告就会展示。下面以 Google Ads 为例，介绍文字搜索广告的制作流程。

（一）开通 Google Ads 账户

企业应先注册一个 Gmail 邮箱，之后按流程完成账户开通（见图 7-3）。

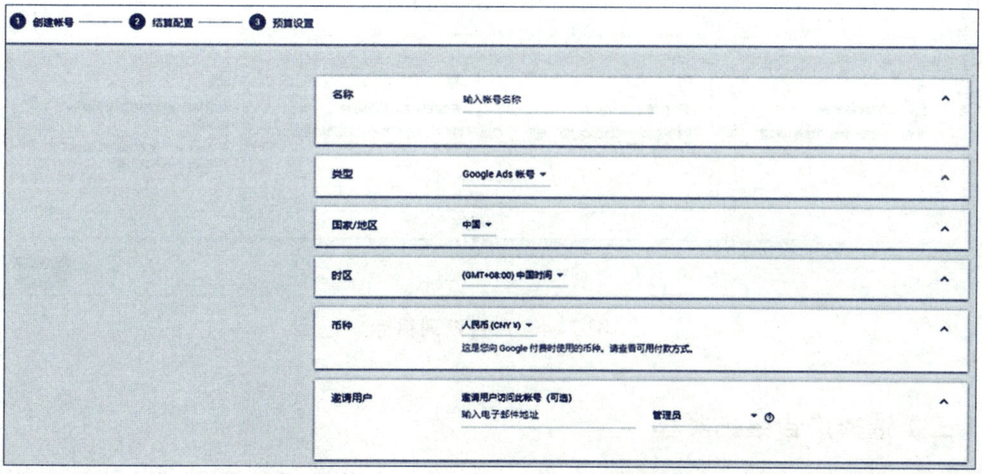

图 7-3 开通 Google Ads 账户

（二）确定广告系列目标

企业开始投放新的在线广告系列时，需要确切地知道要实现的目标。只有有了明确的目标，广告创作的过程才会更顺利。广告系列目标与广告类型相关，Google Ads 提供了以下目标（见表 7-1、图 7-4）。

表 7-1　不同广告类型的广告投放目标

广告类型	广告投放目标
搜索广告和购物广告	● 通过应用、手机或商店推动销售和转化率 ● 与即将购买产品的客户或与企业联系过的客户进行接触 ● 鼓励客户给企业联系方式 ● 推动访客访问网站
展示广告和视频广告	除搜索广告的目标外，还可以实现如下目标： ● 向目标受众介绍产品 ● 激励潜在客户开发产品 ● 提高品牌知名度 ● 当发布新产品或进入新市场时，扩大覆盖范围
应用程序广告	● 鼓励潜在客户安装应用

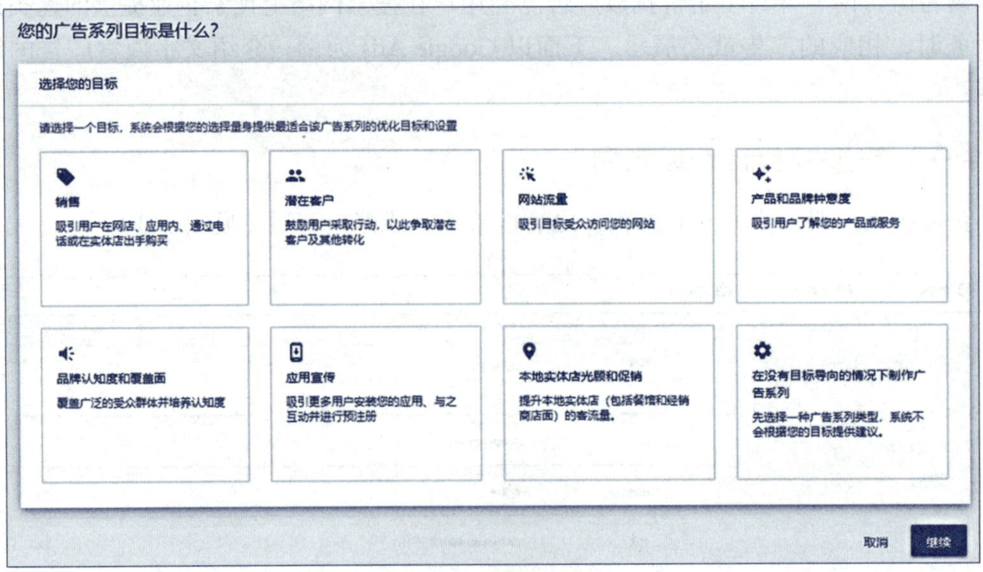

图 7-4　广告系列目标

（三）选择广告系列类型

确定广告系列目标后，就可以为 Google Ads 选择广告系列类型了（见图 7-5）。企业选择的广告系列类型将决定广告的显示位置。将鼠标停在每种给定的类型上时，能够看到每种类型可以提供的帮助。如果想要广告实现自动化，可以选择“智能广告系列”（Smart campaign）。通过这个选项，可以在 Google Maps、Google 和 Web 平台上自动投放广告。

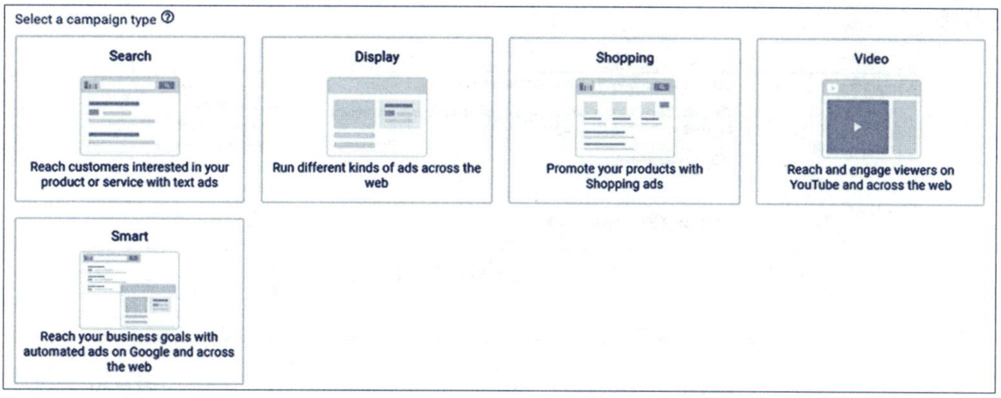

图 7-5 选择广告系列类型

（四）选择目标位置

通过选择特定的位置，企业可以更好地定位广告，并获得高质量的潜在客户。默认情况下，Google AdWords 会根据用户可能看到的位置展示广告。如果要缩小搜索范围，企业可以选择国家、城市（见图 7-6）。在其目标选项下，企业甚至可以在一个地点周围添加特定的范围进行地理定位。对于经营实体店的卖家而言，这个选择很有帮助。使用定位功能的好处是：可以看到广告的预计覆盖范围，通过排除或添加参数进一步定制目标。

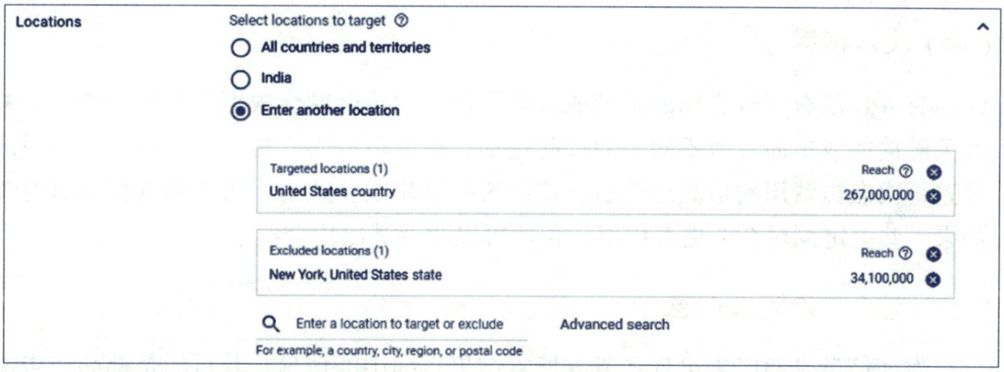

图 7-6 选择目标位置

（五）选择目标语言和受众

企业想将广告信息准确传达给使用不同语言的受众是很困难的。企业应使用受众目标的语言设置（见图 7-7），将广告传达到潜在的客户群体。此选项允许选择用户的语言，广告只会向具有相同语言偏好设置的用户或使用所选语言的网站用户展示。例如，如果企业想将广告展示给讲西班牙语的用户，则应选择西班牙语作为广告系列语言；除此之外，也需要使用西班牙语的关键词和广告文本创建广告。

在选择语言之后，企业需要为广告系列选择目标受众。Google Ads 提供了多种受众定位选项（见图 7-8）。企业可以根据受教育程度、婚姻状况、兴趣等因素精确搜索范围。

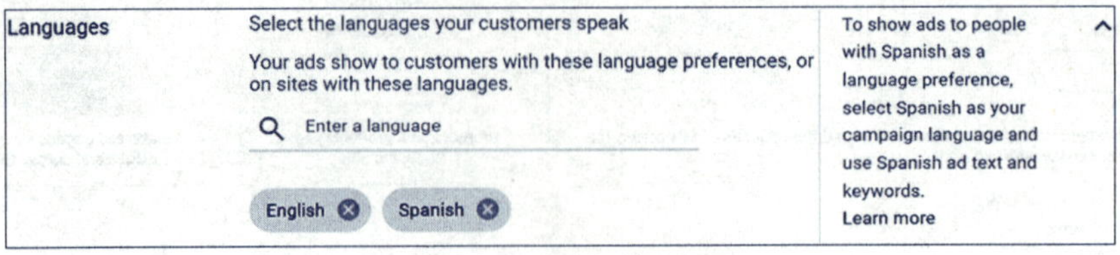

图 7–7　选择目标语言

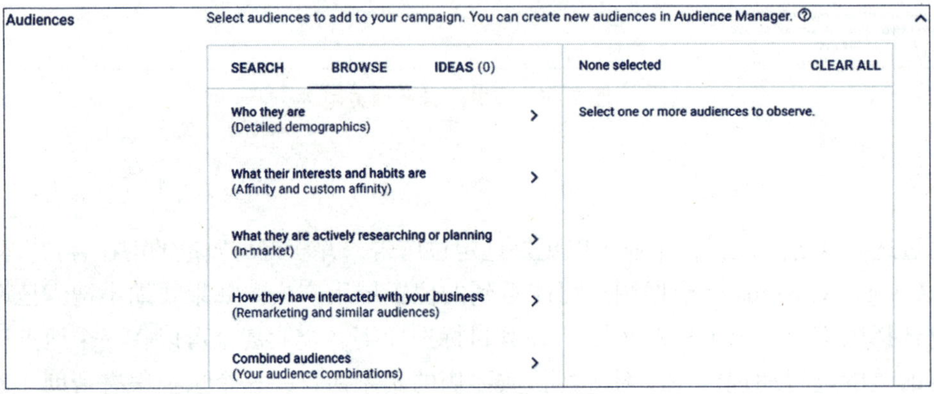

图 7–8　选择目标受众

（六）决定预算

Google Ads 没有广告支出的最低或最高限额。出价金额会根据广告系列类型、关键词以及关键词的成本而有所不同。通过此选项，企业可以为广告的每次点击支付最高金额。设置每次点击费用的最高出价后，该出价将应用于企业为广告系列选择的所有关键词。如果一些关键词对企业更有价值，企业可以改变其出价金额。

（七）选择广告附加信息

广告附加信息是随广告出现在谷歌搜索结果页面中的信息，其目的是提高广告文案的有效性。这些附加信息既可以为用户提供更多的信息，也可以提高广告的点击率。常见的 3 种广告附加信息是：

（1）附加电话信息：可添加电话号码。

（2）附加宣传信息：可添加 USP 以使广告更具吸引力（如免费送货、24 小时服务等）。

（3）附加链接：可在网站添加其他相关链接（如 About Us、Contact Us 等）（见图 7–9）。

（八）选择关键词

在创建广告组时，企业能够查看预计的每日点击量、每次点击费用和总费用。这可以帮助企业确定目标关键词。关键词是广告定位的基础。如果没有找到正确的关键词，广告就无法触及那些正在寻找产品或服务的用户。

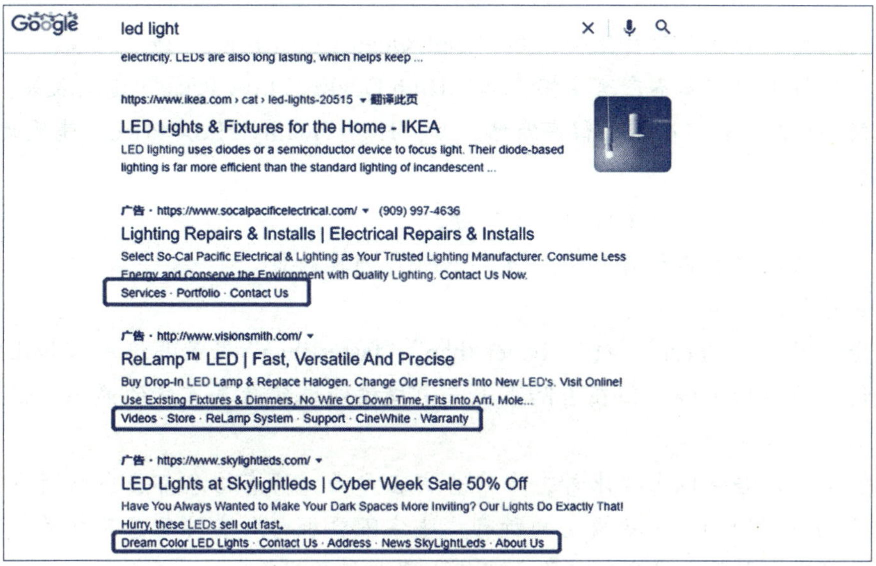

图 7–9 搜索广告附加链接

企业想要查找与产品相关的关键词，可以使用谷歌关键字规划师等工具。这些工具会为企业提供相关关键词的列表，企业可以从中挑选出目标受众较可能使用的关键词。

（九）准备着陆页

着陆页是搜索者点击网站广告之后看到的第一个页面。着陆页不一定是网站的首页，既可以是网站上的任何一个页面，也可以是一个为广告系列而专门创建的页面。大部分用户只会在着陆页上停留几秒钟，然后决定是继续访问网站还是点击“返回”按钮。着陆页必须能够回答用户的问题，提供给其预期的服务或产品。

为了让用户参与进来，可以设计特定的广告着陆页。例如，PPC 广告宣传的是特定的产品，企业可以建立一个简单但具有吸引力的着陆页进行展示。着陆页允许自定义号召性用语（Call-To-Action，CTA）。如果 PPC 广告系列的目标是那些想买新车的用户，企业可以这样自定义 CTA：“Buy This Car”。

学思之窗

Google Ads 广告政策

文字广告是最基本的广告类型，是广告附加信息的基础。文字广告必须遵守 Google Ads 政策。

1. 在符号使用方面，AdWords 广告政策不允许：

- 在广告标题中使用感叹号，在广告内容中使用多个感叹号；
- 标点符号使用不当或有违其本来用途；

- 英文标点的后面应有空格，如“High Quality.Low Price”违反政策；
- 英文标点的前面不应有空格，如“High Quality . Low Price”违反政策；
- 使用“&”的前后需要留有空格，如“High Quality&Low Price”违反政策。

2. 在大写字母方面

- 大写一般只可用于字词的首个字母；
- 不应使用过多的大写形式，如“FREE”违反政策。

3. 在竞争性言辞方面

宣传内容包含“best”“#1”“better than”“faster than”等最高级用语和比较级用语或任何其他类似言辞，但在着陆页上并未提供能证实此类言辞的第三方证明，则不能使用。

谷歌文字广告除以上要求外，在广告内容方面，所有信息都应当与所宣传的产品或服务相关。例如，企业提交的所有广告字段要求与所宣传的产品相关；同时在广告内容里不能重复出现产品名称，不能出现电话号码等。

（十）准备广告文案

制作文字广告时，企业需要输入标题、广告内容描述和网址。

（1）标题。用户最有可能注意到的就是广告的标题文字。企业最多可填写三个标题字段，每个字段不能超过 30 个字符。前两个标题字段为必填字段，第三个为可选字段。企业应考虑清楚较长的标题在移动设备上可能会换行，各标题字段之间会以竖线（“|”）隔开。

（2）广告内容描述。两个广告内容描述字段（每个字段不能超过 90 个字符）用于着重详细介绍企业的产品或服务的独到之处。在移动设备上，由于空间有限，Google Ads 会优化企业的广告以展示效果最好的文字内容。

（3）网址。网址部分显示的是企业的网站地址。用户看到网址，就能大致知道在点击广告后会进入哪个网站。企业应确保广告与着陆页的内容一致：检查点击广告后会跳转到的网页（即着陆页），确保其中包含广告所宣传的促销信息或产品。用户如果找不到他们所期望的信息，就会离开网站。

学中做

烧烤炉广告文案撰写

为企业网站烧烤炉（burning stove）撰写广告文案，着陆页地址为 https://oohpartner.com/collections/burning-stove。搜索结果显示的是一个标题、一个描述。为了能更好地达到广告效果，企业应增加标题和描述数量（见表 7-2），通过自动运行配备达到最佳效果。标题最多可以输入 15 条、英文字符数最高 30 个。广告描述最多可以输入 4 条、英文字符数最高 90 个。

表 7-2　烧烤炉（burning stove）标题及描述

标题	描述	关键词
Wood Burning Camping Stoves Portable Camping Stove camping-pit in one Camping stove Camping grill Gas stove Burning stove portable camping grill BBQ grill best camping stove gas camping outdoor stove fire stove camp stove camping oven	Portable Camping Stove - 5 to 7 People，Portable Camping Stove Perfect For Use With Propane And Natural Gas. The best portable camping stove for 5-7 people for camping，backyard BBQs and bonfires! BBQ Grill，Campfire-pit and Bonfire all in One! Prepare Your Backyard For A Beach-Party With This Portable Camping Stove. Perfect for backyard BBQs，camping and outdoor fun - the portable camping stove is perfect for any occasion!	Camping stove Camping grill Wood burning stove Gas stove Burning stove portable camping grill portable camping stove BBQ grill

（十一）审核广告

当广告创建完成，细节都设置成功之后，就进入了审核程序。首先，Google 会在广告发布完成之后的 1 小时内，使用爬虫爬取目标网址，并确认目标网址中没有包含违反广告政策的文字或者词组。如果有违反政策的内容，企业会在 1 小时之内收到修改提示。然后官方审核小组人员会进一步审核广告标题和广告描述。如果广告文案包含任何违反政策的内容，Google 会在发布广告的 1 小时之内给出提示，并告知企业具体违反了什么政策。最后，企业可能需要等待 12～24 个小时，如果没有任何问题，广告才会展示。

（十二）提高质量得分

搜索引擎会使用质量评分系统确定每次点击的成本。企业应检查质量分数，并采取措施以确保其得到提高。得分越高，表明以下四方面的相关性越高。

（1）关键词和广告文案的相关性；

（2）广告文案和着陆页的相关性；

（3）关键词和着陆页的相关性；

（4）广告文案和关键词与展示网络的相关性。

相关性很难进行量化，但是企业可以通过一系列实践和研究来确保账户符合搜索引擎的相关性要求。广告系列开始投放后，企业应跟踪每个关键词的效果，找出得分较低的关键词，并提高其相关性。

二、搜索广告文案撰写

广告文案主要包括标题和内容描述（见表 7-3），广告内容中可以编写 URL，但是可编辑空间不大（只有 15 个字符）。

表 7-3　文字广告的结构

位置	空间	建议内容
标题 1	30 个字符	关键词
标题 2	30 个字符	产品 USP（独特卖点）
标题 3	30 个字符	产品 USP（独特卖点）或 CTA（号召性用语）
内容描述 1	90 个字符	展示产品或服务的益处，能为用户解决什么问题、带来什么好处
内容描述 2	90 个字符	

广告标题主要用于吸引目标用户，应能引起用户的注意，引导用户阅读描述内容，进而点击广告后进入着陆页。所以，标题要放置产品关键词和产品的独特卖点。广告的内容描述要展示产品或服务的两个主要方面，展示产品或服务的益处，阐述为用户解决什么问题、带来什么好处。

由于广告的文字内容有限，因此企业必须选取有效信息，让用户在阅读广告后，能够继续点击访问网站。鉴于文字内容限制，一个广告往往只能使用一个主题，每个主题强调一个信息，企业应为同个产品设置不同主题的多个广告，通过数据查看哪一个更适用于企业的营销目标。如果竞争对手只使用一个主题，企业可以尝试使用不同的主题，可能会让该广告在搜索结果页面中脱颖而出，取得良好的营销效果。

任务三　搜索引擎广告效果分析

搜索引擎广告效果分析，包括广告性能报告分析、关键词报告分析、维度报告分析。

一、广告性能报告分析

企业运用广告性能报告时，可以查看自定义列部分的属性。如按展示网络不同的数据，可以查看搜索数据或显示数据；按不同设备类型的数据，可以分析每一设备类型的广告数据。一份广告性能报告包括的内容如表 7-4 所示。

Google广告数据分析与优化技巧

表 7-4 广告性能报告

标题	
描述行 1	
描述行 2	
显示 URL	
展示次数	
点击次数	
平均 CPC	
成本	
转换次数	
转化率	
CPC	
设备偏向	

在电子数据表中创建一个电子透视表，选择标题或描述行作为行元素，添加展示次数、点击次数等作为数值，从基本指标中获取点击率等数据。如果某些显示位置或关键词对企业很有价值，企业可以根据显示位置或关键词细分每一条广告，以寻找每种目标下最合适的广告。如果企业希望对一个网站的单一显示位置或关键词测试广告，则可以创建单一关键词或显示位置的广告组以便进行测试。

广告性能报告有助于企业通过账户点击率、转化率和每次转化成本识别效能较差的广告。

二、关键词报告分析

（一）关键词竞价

企业按照关键词的盈利额为每一个关键词设置竞价，设置竞价时应考虑点击数和净利润两个指标，通过计算得出每次点击金额。如点击数为 1 000、净利润为 5 万美元，则竞价就需要低于 50 美元。企业对关键词进行分析时，需要统计的指标包括关键词、匹配类型、每次转化成本、每次点击费用和总收入等。

如果关键词数量较多，根据转化标准不得不将某些关键词的定价为 0.00 美元，则可选择删除关键词，或者不根据转化标准设置竞价。

（二）质量得分

如果质量得分低于 6 分或 7 分，企业应继续优化得分。企业首先运行并下载关键词报告，包括广告组、关键词、成本和质量得分列。然后将数据输入数据透视表，并查找质量得分低而花费较高的广告组，从而寻找到增加质量得分的潜在位置。

（三）搜索词条

如果企业使用广泛或短语匹配关键词，广告中会显示许多账户中不存在的词。搜索词条报告会显示用户搜索哪些内容会触发广告。企业使用 Google AdWords 转化追踪，就会看到所有关键词变化形式的转化率和每次转化成本。

企业若发现要付款但不转化的变化形式，应了解触发搜索词条的关键词是否适合广告文案和着陆页。如果关键词不适合这个广告组而适合另一个，则将关键词添加到第一个广告组的否定关键词中，而将其作为第二个广告组的肯定关键词。如果触发广告的搜索词条与广告组都不匹配，则将这些搜索词条作为广告系列层面的否定关键词，广告便不会在搜索查询中展示。如果发现某些触发广告的搜索词条不在关键词组中，则要将这些搜索词条添加到关键词组中，从而跟踪其性能，并为每一个关键词设置合适的竞价。

三、维度报告分析

维度报告可以根据目标 URL、地理位置、访问量等子报告进行分析。

（一）目标 URL 分析

企业可通过目标 URL 报告，在 Google AdWords 账户内查看每一个着陆页的指标。如果同时测试多个着陆页，报告可以显示转化率最高的着陆页。目标 URL 报告的另一用途是识别较差的着陆页，企业应检查链接是否正常。

（二）地理位置分析

通过地理位置报告，企业可以查看国家、地区的广告效果参数。按地理位置分析点击次数和转化次数，如果发现某些区域没有转化，则可创建一个单独的广告系列，向这些区域显示其他的信息。如果发现某些区域的转化率较高，则可创建一个每日预算较高的广告系列，仅在这些地区运行。

影响质量得分的其中一个因素是某一特定位置的点击率。如果发现某个区域的点击率较低，那么该区域的质量得分也会较低。在这种情况下，企业可以将该地区排除，或新建一个广告文案专门针对该地区的广告系列，以提高该地区的点击率和可见度。

（三）访问量分析

只有展示网络才显示访问量和频率报告，如 CPM 广告便是按展示次数付款。客户访问频率上限越低，用户查看信息的次数就会越少，但访问的总用户数量会越多；相反，用户查看信息的次数越多，则查看信息的总人数就会越少。

企业运行再营销广告系列时，应查看投放次数，避免广告向同一个人投放次数过多。如果企业过于频繁地向用户展示广告，会引起用户的反感。

知识拓展

谷歌证书介绍

1. Google Ads 认证简介

Google Ads 认证是 Google 授予个人的专业鉴定，用于证明获得者已精通 Google Ads 的基础知识和高级技巧。企业相关人员获得认证的好处：

- 展现专业技能。通过认证后，企业相关人员会获得一份可打印的个性化证书，以向现有客户和潜在客户证明自身是通过认证的在线广告专家。
- 帮助企业赢得 Google 合作伙伴徽章或 Google 优秀合作伙伴徽章。要赢得这些徽章，企业需要让至少一名关联成员获得 Google Ads 认证，同时还应满足相关的其他要求。

2. Google Ads 认证的运作机制

获得特定 Google Ads 认证，需要在 Academy for Ads 中通过 Google Ads 基础知识评测以及下列其中一项额外的广告产品知识评测，包括搜索广告知识评测、展示广告知识评测、移动广告知识评测、视频广告知识评测和购物广告知识评测（见表 7-5）。

表 7-5　广告产品知识评测

知识评测	说明
搜索广告	搜索广告知识评测考查的是有关搜索广告的基本概念和高级概念，包括制作、管理、衡量和优化在搜索网络中投放的搜索广告系列的最佳做法。
展示广告	展示广告知识评测考查的是有关展示广告的高级概念，以及制作、管理、衡量和优化展示广告系列的最佳做法。
移动广告	移动广告知识评测考查的是有关移动广告的基本概念和高级概念，包括广告格式、出价和定位，以及广告系列的效果衡量和优化。
视频广告	视频广告知识评测考查的是有关视频广告的基本概念和高级概念，包括制作、管理、衡量和优化在 YouTube 和网络上投放的视频广告系列的最佳做法。
购物广告	购物广告知识评测考查的是有关购物广告的基本概念和高级概念，包括如何创建 Merchant Center 账号和商品数据 Feed，以及如何制作和管理购物广告系列。

Google Ads 移动广告需要通过的课程如图 7-10 所示。

- Google Ads 基础；
- Google Ads 移动广告认证。

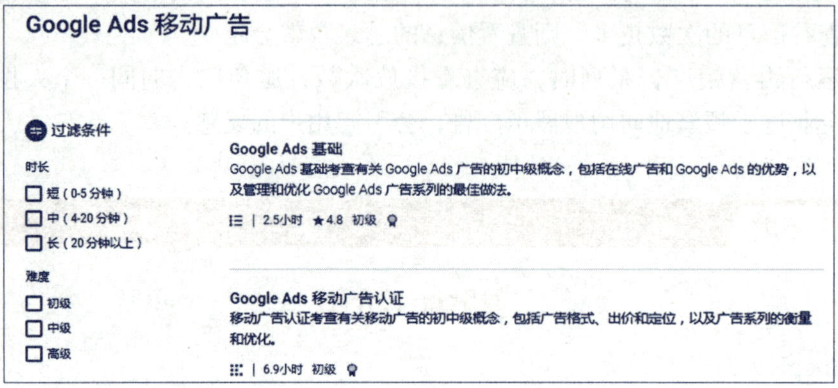

图 7-10　Google Ads 移动广告课程

3. 认证有效期

在针对特定产品领域的知识评测（如搜索广告知识评测）成绩失效之前，Google Ads 认证资质一直有效。在成绩失效后，评测者只有重新参加 Google Ads 基础知识评测和成绩已失效的特定产品领域知识评测，才能维持认证资质。

例如，如果评测者 5 月通过了搜索广告知识评测，则当搜索广告知识评测成绩在下一年的 5 月失效时，评测者需要重新参加并通过 Google Ads 基础知识评测和搜索广告知识评测。

4. 支持的语言

Google Ads 认证知识评测支持以下语言：捷克语、简体中文、繁体中文、荷兰语、英语（英国）、英语（美国）、法语、德语、意大利语、日语、韩语、波兰语、葡萄牙语、葡萄牙语（巴西）、俄语、斯洛伐克语、西班牙语、西班牙语（拉丁美洲）、泰语、土耳其语和越南语。

项目小结

搜索引擎广告制作基础是掌握搜索引擎广告的账户结构，理解账户不同层级的设置内容。创建不同广告系列的原因包括每日预算、目标市场、地理位置定向和广告时间。企业可根据不同的商业目标设置不同的广告系列，包括高搜索效益广告系列、良好展示位置广告系列、再营销效果广告系列和地理位置效果广告系列。

搜索广告制作流程包括开通 Google Ads 账户、确定广告系列目标、选择广告系列类型、选择目标位置、选择目标语言和受众、决定预算、选择广告附加信息、选择关键词、准备着陆页、准备广告文案、审核广告和提高质量得分。搜索广告文案内容包括标题、内容描述、着陆页 URL，建议一个广告组输入 15 条标题和 4 条内容。谷歌广告系统运行一段时间后，会呈现最优搭配。搜索引擎广告效果分析包括广告性能报告分析、关键词报告分析和维度报告分析。

直通大赛

通过本项目学习，完成竞赛任务——广告账户结构设置、搜索广告文案制作。

竞赛名称	竞赛任务
跨境电商创新创业能力大赛（独立站赛道）	任务 1 广告账户结构设置 任务 2 搜索广告文案制作

【任务 1】广告账户结构设置

为网站 https://oohpartner.com 设计广告账户结构（见表 7-6）。

表 7-6　设计广告账户结构

广告系列	广告组	广告系列	广告组
搜索广告	Camp stove	视频广告	Camp stove
	Sleeping bags		Sleeping bags
	Cliq chair		Cliq chair
	Camp table		Camp table
	Camp cookware		Camp cookware

【任务 2】搜索广告文案制作

以网站中的主营产品 sleeping bags 为例，充分挖掘产品卖点，充分考虑关键词和广告文案、广告文案和着陆页、关键词和着陆页等之间的相关性，搜索广告文案制作如图 7-11 所示。

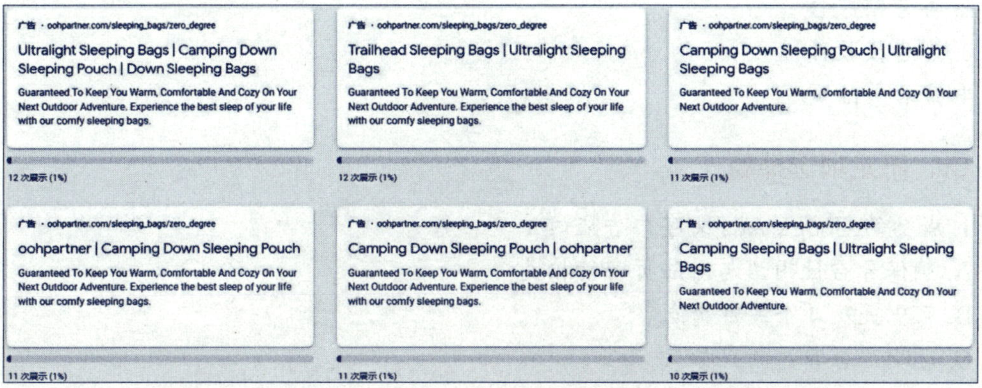

图 7-11　搜索广告文案制作

图 7-11　搜索广告文案制作（续）

知识巩固

应知考核

一、名词解释

1. 搜索引擎广告账户结构
2. 再营销广告
3. 广告投放目标
4. 广告着陆页

二、不定项选择题

1. 成功的 Google Ads 文字广告应该（　　）。

A. 确保号召性用语与着陆页密切相关

B. 至少提及 4 个关键卖点

C. 说明广告客户的声誉

D. 使用多行广告标题且至少包含两段广告文字

2. 一位新客户在北京的不同区域开了 3 家火锅店，他想向搜索餐饮地点的用户推广这几家店。你会如何管理他的账号？（　　）

A. 针对每一个菜品分别制作 1 个包含 1 个广告组的广告系列

B. 制作多个广告系列，每个广告系列包含 2 个广告组：店内用餐和外卖

C. 为每家餐馆制作 1 个包含 1 个广告组的广告系列

D. 为所有 3 家餐馆制作 1 个包含 1 个广告组的广告系列

3. 你的客户经营海南岛潜水游览业务，你正查看该客户的付费搜索和自然搜索报告，发现她的业务只出现在针对“乘船潜水游览”和“海滨潜水游览”等查询的自然搜索结果中。你可以根据此信息，（　　）。

A. 创建两个独立的广告组，分别专门宣传乘船潜水和海滨潜水，并将这些查询添加为关键词

B. 提高以这些查询为关键词的所有广告系列的预算

C. 提高包含字词“船”“潜水”和“海滨”的关键词的出价

D. 降低以这些查询为关键词的所有广告系列的预算

4. 你的朋友要投放她的第一个 Google Ads 广告系列。你会给她提供什么样的关键词选择建议？（　　）

A. 为每个广告组设置 1 个主题，并选择相关的关键词

B. 为每个广告系列设置 1 个主题，并选择相关的关键词

C. 在 1 个广告组中添加 50 个以上的关键词

D. 让每个关键词都只包含单个字词，而非词组

5. 小坤刚刚开始与一位客户合作，这位客户的 Google Ads 账号结构非常混乱。要重新设置客户的账号结构，以下哪一项是较为有效的方式？（　　）

A. 制作多个广告系列，为每个广告系列添加一组关键词

B. 制作一个广告系列，为其添加较为宽泛的一组关键词

C. 根据客户网站的结构制作广告系列

D. 为客户提供的所有产品制作一个广告系列

6. 如果你通过搜索字词报告发现，某些搜索字词带来的广告点击次数较多，那么你建议采取的后续步骤是什么？（　　）

A. 为你的广告添加附加链接，使其更加显眼

B. 如果搜索字词所带来的点击次数少于否定关键字，则将其添加为关键词

C. 无论是否相关，将所有这些搜索字词全都添加为关键词

D. 确保其中相关的搜索字词已添加为关键词，并为其调整出价或广告文字

应会考核

⊙ 技能应用

1. 广告账户结构设计

为团队已经完成建设的 Shopify 网站，设计广告账户结构（见表 7-7）。

表 7-7　设计广告账户结构

<table>
<tr><th>广告系列</th><th>广告组</th></tr>
<tr><td rowspan="3"></td><td></td></tr>
<tr><td></td></tr>
<tr><td></td></tr>
<tr><td rowspan="3"></td><td></td></tr>
<tr><td></td></tr>
<tr><td></td></tr>
<tr><td rowspan="3"></td><td></td></tr>
<tr><td></td></tr>
<tr><td></td></tr>
</table>

2. 搜索广告文案制作

选择网站一个产品类目，制作搜索广告文案（见表 7-8）。要求标题输入 15 条、英文字符数最高 30 个、广告描述输入 4 条、英文字符数最高 90 个；输入准确关键词。

表 7-8　制作搜索广告文案

<table>
<tr><th>标题</th><th>描述</th><th>关键词</th></tr>
<tr><td></td><td rowspan="4"></td><td rowspan="15"></td></tr>
<tr><td></td></tr>
<tr><td></td></tr>
<tr><td></td></tr>
<tr><td></td><td rowspan="4"></td></tr>
<tr><td></td></tr>
<tr><td></td></tr>
<tr><td></td></tr>
<tr><td></td><td rowspan="4"></td></tr>
<tr><td></td></tr>
<tr><td></td></tr>
<tr><td></td></tr>
<tr><td></td><td rowspan="3"></td></tr>
<tr><td></td></tr>
<tr><td></td></tr>
</table>

实践操作

<table>
<tr><td>项目团队</td><td colspan="4"></td></tr>
<tr><td rowspan="4">项目负责人</td><td>姓　　名</td><td colspan="3"></td></tr>
<tr><td>专业班级</td><td colspan="3"></td></tr>
<tr><td>学　　号</td><td colspan="3"></td></tr>
<tr><td>联系方式</td><td></td><td>Email</td><td></td></tr>
<tr><td rowspan="5">项目团队成员</td><td>姓　　名</td><td>学　　号</td><td>专业班级</td><td>分工 / 角色</td></tr>
<tr><td></td><td></td><td></td><td></td></tr>
<tr><td></td><td></td><td></td><td></td></tr>
<tr><td></td><td></td><td></td><td></td></tr>
<tr><td></td><td></td><td></td><td></td></tr>
<tr><td>任务起止时间</td><td colspan="4">年　　月　　日—　　年　　月　　日</td></tr>
<tr><td>实训内容</td><td colspan="4">结合已经建好的 Shopify 网站，为该网站策划搜索引擎广告。</td></tr>
<tr><td>实训目的</td><td colspan="4">通过该实训项目，学生能够：
1. 根据实际情况，为网站准确建立广告系列。
2. 根据网站分类，准确建立广告组。
3. 根据着陆页，确定关键词列表及匹配方式。
4. 撰写搜索广告文案。</td></tr>
<tr><td>实训要求</td><td colspan="4">以教学班级成立的项目团队为单位进行项目实训，明确内部分工。</td></tr>
<tr><td>实训操作步骤</td><td colspan="4">步骤一：由实训指导教师介绍该实训项目的目的与要求。
步骤二：结合本项目任务，由指导教师介绍搜索引擎广告账户类型、广告文案制作要求、广告效果分析等相关内容。
步骤三：结合该实训项目的实际情况，在教师的指导下，完成项目团队的组队及任务分工，每个项目团队 6～8 人。
步骤四：各项目团队研究成功独立站的搜索引擎广告的文案和广告系列设置，作为本实训项目操作的参考。
步骤五：各项目团队成员按各自的分工，搜集、整理与实训任务相关的信息资料，并展开充分的讨论与交流。
步骤六：各项目团队在规定时间内完成实训报告。
步骤七：实训成果汇报、质询、评议及成绩综评。
1. 各项目团队推选一名代表采用 PPT 形式进行实训成果汇报。
2. 各项目团队之间互评、师生质询，教师进行适当点评并总结。
3. 教师对各项目团队及其成员进行综合成绩评定。</td></tr>
</table>

续表

<table>
<tr><td>实训成果</td><td>
各项目团队按以下要求撰写、提交搜索引擎广告策划一份，字数不少于1 000字。文字表述要精练，观点明确，并且善于使用表格、图示等进行表述。
<table>
<tr><td colspan="2">《××× 企业/行业搜索引擎广告策划》</td></tr>
<tr><td>时间</td><td></td></tr>
<tr><td>项目团队</td><td></td></tr>
<tr><td>项目负责人</td><td></td></tr>
<tr><td>执笔人</td><td></td></tr>
<tr><td>项目团队成员</td><td></td></tr>
<tr><td colspan="2">××× 企业/行业搜索引擎广告策划</td></tr>
<tr><td colspan="2">Ø 目录
Ø 正文</td></tr>
</table>
</td></tr>
<tr><td>实训考评
（百分制）</td><td>
<table>
<tr><td>评分维度</td><td>信息的处理与应用</td><td>知识的应用性</td><td>分析的逻辑性</td><td>创新性</td><td>实训文本</td><td>汇报者的仪容仪态</td><td>答辩</td><td>团队分工合作</td></tr>
<tr><td>百分比</td><td>10%</td><td>15%</td><td>15%</td><td>18%</td><td>10%</td><td>10%</td><td>10%</td><td>12%</td></tr>
<tr><td>得　分</td><td></td><td></td><td></td><td></td><td></td><td></td><td></td><td></td></tr>
</table>
</td></tr>
</table>

模块五

海外社交媒体营销推广

项目八　海外社交媒体认知

项目描述

社交媒体是卖家开展站外营销的有效渠道。社交媒体营销是最具互动性的营销方式，有效的社交媒体营销不仅能使卖家与买家之间形成良好的互动，更会对卖家的商品销售和发展产生积极的影响。在跨境贸易中，海外社交媒体营销可以帮助外贸企业快速获得更多曝光，实现口碑营销。本项目为后续项目的学习打下基础。

学习目标

■ 知识目标

1. 掌握社交媒体营销的概念和特点；
2. 了解社交媒体营销的基础理论；
3. 了解社交媒体营销的效果；
4. 了解主流的海外社交媒体平台；
5. 掌握海外社交媒体营销岗位能力要求及岗位职责。

■ 技能目标

1. 能够根据所属行业选择适合的海外社交媒体平台；
2. 能够为企业制定海外社交媒体营销方案。

■ 素养目标

1. 适应新时代国际传播需要，理解海外社交媒体内容创作和运营规则，能够以国外受众所熟知的形式和渠道，丰富、立体地“讲好中国故事，讲中国好故事”；
2. 具备较强的市场意识、创新意识、数据思维和系统思维；
3. 学会合作分享，坚持用户至上；
4. 关注时事，具有国际视野。

知识导图

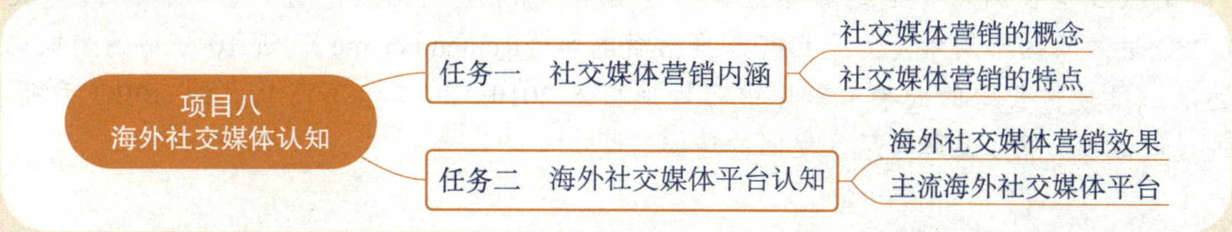

案例导入

国货品牌 OPPO 进军东南亚市场的营销小妙招

OPPO 成立于 2004 年，是一家全球领先的智能终端制造商和移动互联网服务提供商，业务遍及全球 60 多个国家和地区。4 万多名员工共同致力于科技创新，创造美好生活，与全球用户共享科技之美。当前，品牌对出海企业的重要性越发凸显。作为出海十余年的“老将”，OPPO 丰富的海外营销实战经验或可为其他出海的国货品牌提供借鉴。

早在 2009 年，OPPO 就开始布局泰国、越南、印度尼西亚等东南亚国家的市场。知名数据调研机构 Canalys 智能手机分析统计数据表明，2022 年第二季度 OPPO 在东南亚国家凭借着 18% 的市场份额占据手机市场的第二名。在菲律宾市场中，OPPO 的出货量较上一季度增长了 55%。由此可见，OPPO 经过十余年的本土化运营在东南亚国家有了一席之地。

OPPO 在东南亚市场能够获得成功，并非简单复制国内的打法，而是根据东南亚不同国家的文化特点进行有针对性的营销策略。例如，OPPO 在印度尼西亚市场主要以零售渠道和大卖场的代理商为主，而在越南则以大客户渠道为主。在线上营销方面，OPPO 通过明星效应、广告微电影、海外社交媒体矩阵账号、品牌挑战赛等方式对产品进行有效的营销推广。

1. 明星效应

- 海外流量

东南亚是韩流的热点地区，带动韩流相关产业的价值达 120 亿美元。OPPO 根据东南亚市场的流行趋势，邀请某韩星担任 OPPO F3 菲律宾地区的代言人。

- 本土明星

OPPO 在国内会请到一线明星代言产品，到了国外也是如此。OPPO 出新款时会邀请当地流量明星为产品造势，在泰国推广 OPPO R9s 时，请来了多位泰国明星。在马来西亚，OPPO 邀请当地明星代言品牌产品。

当然，OPPO 在印度尼西亚、菲律宾、越南、缅甸等东南亚国家推出新品时也会找本地一线明星代言，充分利用明星效应影响年轻消费者市场，提升品牌形象和知名度。OPPO 以“谁红找谁”的原则驰骋营销界，仅在 2017 就收获了全球超过 2 亿的年轻用户。

2. 广告微电影

OPPO 结合国内先进的营销经验和泰国当地的本地化元素进行营销。2019 年是 OPPO 进入泰国十周年，为此 OPPO 推出微电影《Remember me》，近 10 分钟的影像讲述了一段爱情长跑的故事，影片中巧妙地植入 2010—2017 年不同款式的 OPPO 手机，通过该视频加深了品牌与用户之间的连接。

3. 海外社交媒体矩阵账号

明星和微电影的打法能够有效帮助 OPPO 扩大知名度，社交媒体则能够帮助 OPPO 深度触达目标消费者。OPPO 在 Facebook、YouTube、Instagram、TikTok 等海外社交媒体建立了账号，通过图片、文字和视频的形式频繁地更新内容，增加品牌被看见的概率。

随着短视频的逐渐流行，OPPO 在 TikTok 建立了矩阵账号，针对目标市场的特性发布相应的品牌宣传视频，实现品牌的本地化。其中泰国账号延续了活泼的广告形式，同时营销内容增添了温情元素，能够从情感上触动用户，无形中对用户进行种草。拥有最多粉丝的印度尼西亚账号，则通过本地红人出镜的方式拍摄日常视频，将产品巧妙地植入，让观众感受到 OPPO 的魅力。

4. 品牌挑战赛

2019 年，OPPO 推出最新款 OPPO F11 Pro 智能拍照手机，该手机的特点是在弱光下也能拍出清晰明亮的人像。OPPO 希望将该款产品在马来西亚打响知名度，提升品牌在年轻群体中的认知度。相较于传统广告，年轻用户更喜欢新鲜的营销方式。因此，OPPO 选择在拥有大量千禧一代和 Z 世代用户的 TikTok 发起品牌挑战赛 #LightUpF11Pro，借此与消费者进行互动并诠释产品卖点。OPPO 在挑战赛中植入中英双语的品牌主题曲，邀请明星和 KOL 发布“拍照手势舞”内容，并将新款手机 OPPO F11 Pro 作为挑战赛的奖品之一。在明星效应 + 奖品激励的推动下，许多当地用户积极参与活动，短短 6 天时间，7 000 多名用户参与话题视频的创作，话题 #LightUpF11Pro 的观看量超过 600 万次，获得近 33 万个赞。

（资料来源：OPPO 打下东南亚市场的营销小妙招，国货品牌难道不想来学一下吗？Pongoshare 平台 .（2022-11-04）[2023-01-29].）

问题思考

1. 分析 OPPO 利用海外社交媒体进军东南亚市场的营销策略。

2. 中国品牌在出海过程中，如何利用海外社交媒体洞察及满足本地用户的需求，并使国货品牌成为具有“地方风味”的全球化品牌？

任务一　社交媒体营销内涵

一、社交媒体营销的概念

社交媒体营销，因其具有丰富的媒体种类、良好的传播能力、强大的用户黏性、准确而详细的用户信息，在很多业务领域展现出卓越的营销效果。社交媒体营销又称SNS营销，是指利用社交媒体平台向目标用户传播品牌信息、增加品牌知名度、塑造品牌形象、提高产品销售量等的一种网络营销方式。近年来，大量跨境电商企业、海外社交媒体游戏发行公司、外贸B2B进出口企业都通过Facebook、LinkedIn等海外社媒营销获得了可观的收益。因此，越来越多的企业开始重视社交媒体营销。社交媒体营销的基础理论是“六度分隔理论”。

六度分隔理论（Six Degrees of Separation），又称六度分割理论、六度空间理论、小世界理论，这一理论认为，世界上任何两个人，通过不超过六个人就可以建立起联系。六度分隔理论表明了社会关系网络中弱关系的普遍存在，并强调了弱关系的巨大作用。弱关系在人们获取资源过程中具有潜在效用，它是人们进行资源共享的“桥梁”。通过弱关系链接，人与人之间的联系变得非常紧密。正是基于六度分隔理论，MySpace、MSN、Facebook、LinkedIn、人人网、微博等社交媒体网络才慢慢发展起来。

六度分隔理论并非说任何人之间的联系都必须通过6个层次才会产生，而是表达了这样一个观点：任何两位素不相识的人之间，通过一定方式，总能够产生必然联系或关系。

二、社交媒体营销的特点

社交媒体营销的特点包括：

（一）具有较高的精准度

门户网站一般追求的是信息的覆盖率，而社交媒体则更能体现营销精准度。例如，Facebook作为全球知名的社交媒体平台，将用户属性分为年龄、性别、语言、学历、民族、父母、生活记事、行为、地区、感情、工作、世代、政治以及兴趣爱好等，依托程序运算，分析出不同个体的具体偏好，再按照不同维度归类细分，进行个性化的内容推送，实现营销的差异化、精准化、有效化。此外，随着移动互联网的发展，基于地理位置的营销特征也将给营销带来极大的变革。对目标用户的精准定位以及地理位置的定向大大提高了信息的有效传递。

（二）更能体现人格化

人是有个性的，但又属于社会，所以人的根本属性是社会属性，而社交媒体最大的优势就是利用了人的这一属性，赋予信息传播人格化的特点。社交媒体通过互动，使受众对接收的内容进行评论、转发，在再次传播过程中成为主动参与者，而不是被动接受者。每一个受众都拥有一个独立的社交媒体账号，成为网络空间的实体，并形成社交圈子。由于信息传播是双向的，因此受众可以根据个人偏好，选择感兴趣的内容来接收和传播，这就较好地满足了人的个性需求。正因为如此，社交媒体才如此兴旺发达。

（三）门槛较低

在社交媒体营销中，个人的手机、电脑成为信息传播、社会交往的媒介，个人既是信息的接收者，又是信息的发布者、传播者。相较于传统媒体需要采访、编辑、审核、发布的常规流程，社交媒体的信息发布门槛要低得多。移动终端技术和无线互联网技术的发展，使个人利用社交媒体账号随时随地发布各类消息成为可能。社交媒体改变了信息的传播模式，颠覆了传统的消息构成元素，不但使信息的传播更为迅速、便捷，也使信息更加广泛，出现海量存储和传播，以及碎片化的海量信息，使受众获取和运用信息更为便捷、高效。

（四）具有普遍的受众

市场研究公司 Global Web Index 的研究表明，全球互联网用户现在平均每天花费近 7 个小时使用互联网。Boost Mobile 公司对 500 名 16 ～ 25 岁的消费者进行了一项社交媒体的使用调查，50% 的受访者承认他们对社交媒体上瘾，68% 的受访者一天至少查阅社交媒体 10 次以上。这些数据都说明，受众的注意力份额很大一部分被社交网络所占据。

课证融通

跨境电商海外营销职业技能等级证书（中级）要求

面向职业岗位	职业技能要求
海外社交媒体营销	工作任务 1：海外社交媒体营销运营操作 1. 能正确使用第三方工具进行海外社交媒体账号注册、账户设置、账号安全信息备份。

续表

面向职业岗位	职业技能要求
海外社交媒体营销	2. 能对海外社交媒体公共主页进行创建与设计，包括主页基本设置、主页营销设置。 3. 能根据独立站和目标客户定位选择社交媒体渠道，撰写与发布趣味性、实用性和专业性软文。 4. 能根据独立站和目标客户定位选择社交媒体营销的推广渠道，在社交媒体平台上发布公司品牌及产品宣传信息，征集粉丝意见，组织和推广相关活动。 5. 能按进度整理每日、周、月社交媒体营销数据，包括覆盖人数和参与度、主页操作、受众、浏览量、帖子细分数据。
	工作任务 2：海外社交媒体广告投放 1. 能根据社交媒体广告计划，确定社交媒体广告推广目标、广告版位和创意方式。 2. 能根据社交媒体广告活动计划，搭建广告账户，完善新建广告系列、广告组和广告信息。 3. 能根据广告目标确定广告格式和版位，进行广告创意编辑、广告文案编辑、广告素材编辑。 4. 能根据广告目标确定目标受众定位，包括核心受众定位、自定义受众定位、相似受众定位。 5. 能借助平台自身或第三方工具，对广告流量分析报告、创意报告、广告报告进行实际成效调整和优化营销工作。

任务二　海外社交媒体平台认知

一、海外社交媒体营销效果

（一）有利于提升跨境电商企业的网络曝光量

跨境电商企业应用社交媒体，可以在世界范围内的不同国家或地区的微博、博客等拥有海量注册用户的社交媒体网络上发布相关的服务信息和产品资讯，利用社交媒体网络上的粉丝关注效用和社群效应，大大增加企业的产品与服务信息在全球网络上的曝光量。社交媒体上的信息更新与内容互动越频繁，企业在社交媒体上的频道页面的更新率越高，越容易在搜索中排在靠前的位置。

（二）有利于为跨境电商企业带来高质量的销售机会

社交媒体的应用改变了以往过于依赖搜索引擎的网络营销模式，不仅社交媒体上的用户流量可以直接转化为跨境电商企业官方网站的流量，而且跨境电商企业可以通过在社交媒体上的信息和服务互动来吸引更多的注册用户。许多跨境电子商务企业已经通过社交媒体发布消息，发布优惠券，或者发起与产品有关的话题，监控感兴趣的客户行为，结合邮件营销和博客营销，带来了大量的销售机会。

（三）有利于为跨境电商企业吸引更多的业务伙伴

社交媒体在吸引个人用户的同时，也吸引了越来越多的企业用户。统计显示，Instagram 有 2 500 万商业账户，超过 3 000 万家企业活跃在 LinkedIn 平台，Facebook 在全球拥有 8 000 万家小企业入驻。这些社交媒体平台可以共享企业名称、地址、联系方式以及企业提供的产品或服务，使企业能够提高知名度和销量。这也给许多跨境电商企业提供了寻求合作的机会，跨境电商企业可以通过社交媒体来找到更多适合的合作伙伴。

（四）有利于跨境电商企业与客户建立互动联系

社交媒体的聚焦效应，使得跨境电商企业能够通过社交媒体实现与潜在用户之间更为广泛的沟通。社交媒体还具有平等沟通的特性，更有利于企业与潜在客户之间保持亲和的沟通，持续深化关系，从而促成下一次销售。另外，社交媒体可以在营销的同时获得客户反馈，这样可以极大地提高企业的市场反应能力。

（五）有利于跨境电商企业低成本进行市场营销

几乎所有社交网络平台都可以免费注册和创建个人资料，企业只需花费少量时间和费用就能获得可观的投资回报。社交媒体有着其他传统媒体和网络媒体不可替代的传播效应，一方面，社交媒体网络的开放性吸引了大量的注册用户；另一方面，有关产品与服务的信息可以利用社交媒体网络以更低的成本、更快的速度进行传播。通过社交媒体，跨境电商企业可以低成本地进行舆论监控，有效降低企业不良信息产生和扩散的可能。同时，通过对社交媒体大量数据的分析和调研，跨境电商企业能够以较低的成本发掘市场需求。

学思之窗

花西子出海：向世界展示东方美学

花西子诞生于 2017 年 3 月，以“东方彩妆，以花养妆”为理念。随着花西子在国外市场的销量不断提升，越来越多的海外消费者开始关注这个带有浓郁“中国风”元素的美妆品牌。

自开启海外生意以来，花西子积极在社媒发力，通过各种创意形式与潜在消费者进行对话和互动，让消费者对花西子以及中国传统文化更感兴趣。目前，花西子已经开通了众多海外主流社交媒体账号，其官方 TikTok 号已突破 70 万粉丝，Instagram 号已突破 30 万粉丝。

海外网红营销

品牌与网红合作进行“种草”营销几乎是美妆圈的标配，花西子也不例外。在 Facebook、Instagram、YouTube、TikTok 等主流社媒渠道，花西子选择了一些垂直度高、粉丝黏性强的尾部以及腰部美妆类网红合作。

讲述品牌 / 产品背后的动人故事与文化内涵

花西子几乎每款产品的背后都有一个文化母体，像同心锁、并蒂莲、百鸟朝凤等都代表着古时人们对美好感情与生活的期许。民族美就是世界美，因此花西子便想到将这些东方文化元素传递出去，在扩大品牌影响力的同时，传播中国传统文化。

美妆 / 仿妆教学

美妆行业是一个特别依赖使用效果驱动消费的行业，因此，花西子会经常发布一些美妆教学的视频在社交媒体上传播，让目标用户看到产品真实的使用效果。例如，在社交媒体平台的短视频中，花西子将打造青花瓷妆容所需要的产品与中国风的陶瓷展示结合起来，让对这套妆容感兴趣的粉丝可以通过购买产品进行仿妆。

近几年，全球消费者对于“美”的追求不断攀升，美妆行业因此正加速发展。纵观海内外市场，品牌众多，产品纷繁，想要在这片大红海中冲出突围并非易事。如今，花西子已树立起国货美妆扩张海外市场的成功典范，昭示了国货美妆在全球范围的巨大潜力。

（资料来源：佚名．1 年积累 70 万 TikTok 粉丝，揭秘花西子海外社媒玩法．百度百家号．（2022-04-02）[2023-01-20].）

二、主流海外社交媒体平台

海外常用的社交媒体平台有很多，但用户量较大的有 Facebook、LinkedIn、Instagram、Pinterest、YouTube、TikTok 等，这些社交媒体各自的特点也不一样。例如，Facebook 的用户量最大、活跃度最高；Instagram 是一款非常受欢迎的社交服务软件，是在线照片共享服务商；YouTube 是目前世界上访问量最大的视频网站之一；LinkedIn 是商务职场社交平台；Pinterest 是世界上最大的图片社交分享网站之一；TikTok 是中国成功出海的直播短视频社交媒体平台。海外的社交媒体平台很多，企业只有了解这些社媒平台的特点，才能在营销中有的放矢。

（一）Facebook

Facebook 创建于 2004 年，是全球最大的海外社交媒体平台之一。Facebook 拥有广泛的年龄层和庞大的用户群，每月活跃用户超 30 亿，目前已经覆盖全球 130 多个国家和地区。截至 2023 年 4 月，每天约有 20.37 亿人登录 Facebook，90% 的日活跃用户来自美国 / 加拿大以外的地区。Facebook 用户年龄段集中在 25 ～ 34 岁，其中男性用户占比 56.6%，女性用户占比 43.4%，高收入群体占比较大，这为 Facebook 成为数字营销平台奠定了用户基础。Facebook 在全球有 8 000 多万家小企业入驻，有超过 700 万广告主，80% 以上的营销人员定期使用 Facebook 广告。

1. 用户如何使用 Facebook

（1）可以通过 Facebook 与朋友和家人保持联系，并发现世界的最新动态；

（2）可以创建个人主页以承载其需要分享的照片及内容；

（3）可以添加家庭成员、朋友和其他想保持联系的人。

2. 企业如何使用 Facebook 营销

（1）可以创建公共主页，添加企业的基本信息，方便用户联系；

（2）可以通过内容分享和产品更新，帮助客户便捷了解产品；

（3）可以帮助企业销售产品和服务；

（4）可以使用 Facebook Ads Manager 创建和管理动态广告。

（二）LinkedIn（领英）

LinkedIn 成立于 2002 年 12 月并于 2003 年启动，是世界上最大的职业社交网站之一，是一家针对商业用户（B2B）的社交网络。据 LinkedIn 官方数据统计，目前 LinkedIn 全球会员总数已经达 9.6 亿，平台上有超过 6 500 万家企业。LinkedIn 是一个聚集高端商务人士的平台。超过 30% 的决策者使用 LinkedIn 进行产品研究，超过 50% 的决策者充分利用 LinkedIn 内容来判断是否与该公司合作。

1. 用户如何使用 LinkedIn

（1）与朋友、熟人和专业人士进行交流。

（2）搜索梦想中的公司或角色，与新员工建立联系，了解他们的工作或获得引荐机会。

（3）加入特定的兴趣和行业群体，结识有共同爱好的人，并掌握所在领域的最新趋势。

（4）显示自己的简历，并设置通知，以便在感兴趣的公司发布新工作时得到提醒。

2. 企业如何使用 LinkedIn 营销

（1）帮助企业吸引和接触新的用户。

（2）与行业领导者和类似公司建立关系网，帮助企业更迅速地掌握行业惯例和标准。

（3）定期分享商业故事动态或行业实践见解，企业可以在其行业中树立自己的声誉。

（4）向广泛但具有战略意义的受众发布广告招聘信息。

（三）Instagram

Instagram 成立于 2010 年，是 Facebook 旗下（2012 年 4 月 10 日，Facebook 宣布以 10 亿美元收购 Instagram）的海外社交媒体平台之一。Instagram 用户通过一种快速、精彩、有趣的方式相互分享照片。Instagram 以简洁的设计、有趣的内容和优质的体验，深受海外年轻人的喜爱。Instagram 的月活跃用户超过 20 亿，这使得 Instagram 成为仅次于 Facebook 的第二大传统社交网络。

1. 用户如何使用 Instagram

（1）关注朋友、名人、行业领袖和企业，以了解他们的生活。

（2）使用 Instagram 编辑照片并将其发布到个人资料或「Story」中。

（3）通过「Direct」功能在 Instagram 上与其他用户进行私密对话。

2. 企业如何使用 Instagram 营销

（1）使用 Instagram 应用内的创意工具创建有趣的照片和视频并分享，以展示企业品牌个性。

（2）在 Instagram 创建企业社区，通过定期更新企业产品照片和视频让用户保持新鲜感。

（3）使用「Story」发布内容，邀请社区的用户使用互动贴纸与其互动。

（4）使用 Instagram 位置标签和聚合标签等功能，让潜在用户了解企业的产品和服务。

（5）创建数字商店，使用户不离开应用便可完成购买。

（6）与 Instagram 上的艺术家、博客作者和名人等独立创作者合作，联合推广产品。

（7）将帖子变成广告来接触潜在用户，用户可以通过发帖参与广告。

（四）Pinterest

Pinterest 成立于 2010 年，是一家图片社交网站。用户可以在 Pinterest 上发布感兴趣的图片，其他用户可以保存并转发这些图片。Pinterest 采用的是瀑布流（Feed）的形式展现图片内容，用户无须翻页，新的图片就会不断自动加载在页面底端，让用户不断地发现新的图片。

据官方数据统计，Pinterest全球月活跃用户约为4.54亿，其中80%的用户来自移动端。伴随着平台全球化的进程，目前 Pinterest 已覆盖了北美洲、欧洲、南美洲等主流市场。

1. 用户如何使用 Pinterest

（1）通过手动上传图片和链接来创建 Pins（图片），将 Pins 集合到 Board（图片集合）中，用户可将 Board 设置为隐藏或者公开模式。

（2）通过搜索找到喜欢的 Pin。

（3）将包含链接、说明和图像的 Pin 保存到不同的 Board 中供以后使用。

（4）通过使用站内 Pin 图来作为购物参考，或者通过点击 Buy Now 或 Visit 按钮转至相关产品购买页面。

2. 企业如何使用 Pinterest 营销

（1）创建企业账户（Business Account），并组织产品的 Pinterest Boards，细分 Boards 并上传对应的产品图，以精准触达粉丝。

（2）在 Pins 打上 # 标签，以出现在用户的搜索结果页面中。

（3）创建包含特定产品的图片或者视频的产品 Pins，以引导用户点击购买。

（4）投放可购物的 Pinterest 广告来吸引更多感兴趣的潜在客户。

（五）YouTube

YouTube 成立于 2005 年，是源自美国的视频分享网站，也是全球最大的视频网站之一。2006 年 11 月，Google 公司以 16.5 亿美元收购了 YouTube。YouTube 在全球 100 多个国家和地区提供服务，有 80 多种不同的语言可供用户选择。据官方数据统计，YouTube 每月活跃用户高达 20 亿，每日活跃用户约为 3 000 万。

1. 用户如何使用 YouTube

（1）用户如果已经有 Gmail 账号，可以直接用 Gmail 账号登录 YouTube，无须注册；

（2）用户可以创建并开通自己的 YouTube 频道，一个账号最多可以创建 50 个 YouTube 频道；

（3）用户可以根据自己的喜好关注其他频道。

2. 企业如何使用 YouTube 营销

（1）通过“Google+”“Google 我的商家”等方式创建企业品牌账号；

（2）使用企业账号开设 YouTube 频道，并定期更新企业视频；

（3）对视频进行搜索优化，使其在搜索结果中脱颖而出；

（4）使用谷歌广告平台在 YouTube 上投放广告，其在谷歌的搜索排名中是有优先级别的。

（六）TikTok

TikTok 于 2017 年 5 月上线，是字节跳动旗下的短视频社交平台。TikTok 被称为“国际版抖音”，随着在海外市场接连获得佳绩，TikTok 已经成为中国产品在海外获得成功的又一杰出代表，被视为中国移动产品出海的新模式。据 TikTok 官方数据统计，截至 2022 年 12 月，TikTok 月活跃用户突破 13 亿。TikTok 覆盖全球 150 多个国家和地区，支持 70 余种语言版本，足迹遍布亚洲、美洲、欧洲。TikTok 在美国拥有 1.6 亿以上的活跃用户，排名第一；排名第二的是印度尼西亚，拥有 1.13 亿活跃用户；排名第三的是巴西，拥有 8 000 多万活跃用户。

1. 用户如何使用 TikTok

（1）发布 15 ～ 60 秒的视频片段，视频内容种类丰富；

（2）通过喜欢、评论和分享等方式实现在线互动；

（3）通过二重唱和拼接视频的形式，将他人的内容整合到自己的内容中。

2. 企业如何使用 TikTok 营销

（1）创造一些非正式且有趣的内容，吸引更多的用户分享、传播及裂变；

（2）与平台上受欢迎的创作者合作，借助创作者的影响力展示企业的产品；

（3）使用热点标签和流行音乐，获得新用户的关注；

（4）通过创建自己的标签来提高品牌知名度。

学中做

社交媒体流量来源分析

用 SimilarWeb 工具分析社交媒体流量来源，了解中国头部出海品牌官网流量来自哪些主流社交媒体。例如，以快时尚品牌 SHEIN（shein.com）及手机品牌 OnePlus（oneplus.com）为例（见图 8-1、图 8-2）。

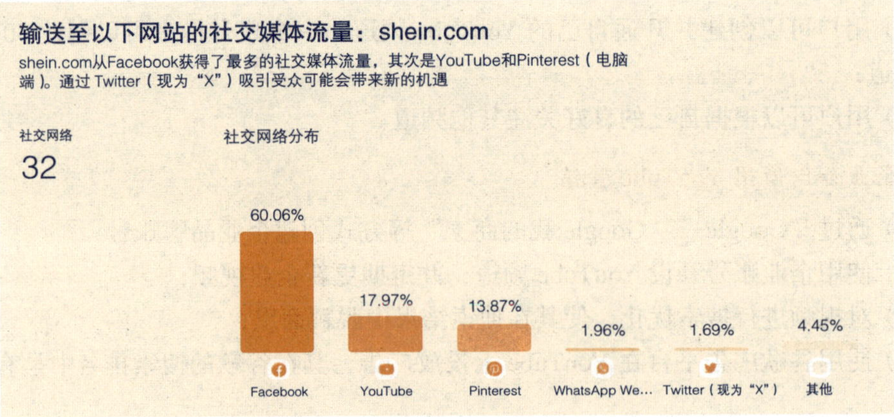

图 8-1 shein.com 社交媒体流量分布

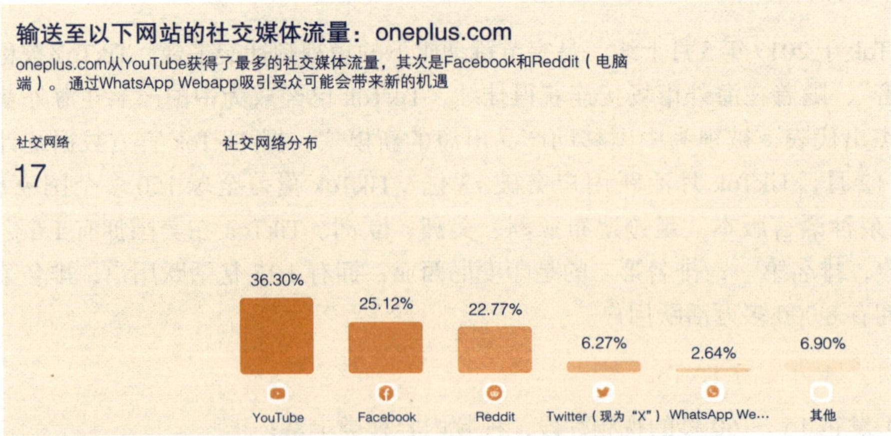

图 8-2 oneplus.com 社交媒体流量分布

项目小结

海外社交媒体营销可以帮助跨境电商企业直接与海外市场用户建立精准联系，吸引更多流量，引导客户或潜在客户购买产品，提升订单的转化率，树立品牌知名度。因此，越来越多的外贸企业近年来开始重视海外社交媒体营销。

了解最受欢迎的海外社交媒体平台、目前国际市场上消费者的喜好及消费习惯，知晓目标消费者聚集的社交媒体，是企业开展跨境电商业务的必要条件。目前主流的外贸社交媒体平台有 Facebook、LinkedIn、Instagram、Pinterest、YouTube、TikTok 等，每个平台都有各自的特点。企业只有充分了解这些社交媒体平台的特点，才能在营销中有的放矢。

直通大赛

通过本项目学习，完成竞赛任务——对独立站进行海外社交媒体营销推广。

竞赛名称	竞赛任务
跨境电商创新创业能力大赛（独立站赛道）	选择适配目标市场的社交媒体平台，并注册社交媒体账号，开展社交媒体营销。

在第一阶段的露营行业优秀独立站国际市场推广方式调研中，团队了解到三个优秀同行独立站皆使用了 Facebook、Pinterest、Twitter（现为“X”）等主流社交媒体。因此，本项目也为 Oohpartner 品牌注册了 Facebook、Pinterest、Twitter 等主流社交媒体账号，并设置了各社交媒体的主页内容（见图 8-3）。

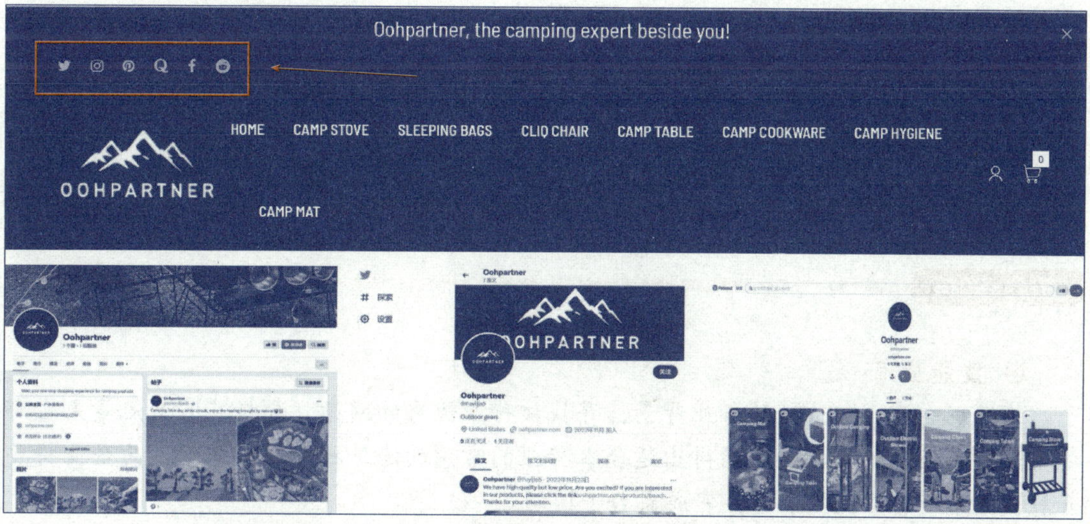

图 8-3 品牌社交媒体账号

知识巩固

应知考核

一、名词解释

1. 社交媒体
2. 社交媒体营销
3. 六度分隔理论
4. LinkedIn

二、不定项选择题

1. 社交媒体营销的基础理论是（　　）。

A. 马斯洛需求层次理论　　B. 六度分隔理论

C. 营销 4P 理论　　D. 营销 4C 理论

2. 世界上最大的视频网站是（　　）。

A.Facebook　　B. Twitter（现为“X”）

C. YouTube　　D. TikTok

3.Instagram 属于什么性质的海外社交媒体？（　　）

A. 美国社交软件，类似于微信

B. 基于地理信息的服务网络

C. 图片短视频分享软件，纯用于分享生活动态，聊天少涉及

D. 社交媒体及微博客服务，类似于微博，多用于关注公众人物

4. 短视频是指多少时间范围内的视频？（　　）

A. 3 秒内　　B. 15 秒内

C. 30 秒内　　D. 60 秒内

5. 下列属于海外社交媒体平台的有（　　）。

A. Facebook　　B. Twitter（现为“X”）

C. Sina Weibo　　D. TikTok

应会考核

⊙ 技能应用

请根据自己小组选择的行业背景，寻找该行业优秀的网站，分析其官网流量来自哪些主流的社交媒体，之后总结得出适合本行业的常用的海外社交媒体平台，为企业将要开展国际市场推广提供参考，完成表 8-1 填写。

表 8-1 网站社交媒体流量来源

网站地址	主要海外社交媒体流量来源	该行业常用的海外社交媒体平台

实践操作

项目团队				
项目负责人	姓　　名			
	专业班级			
	学　　号			
	联系方式		Email	
项目团队成员	姓　　名	学　　号	专业班级	分工 / 角色
任务起止时间	年　　月　　日—　　年　　月　　日			
实训内容	调研《BrandOS TOP100 出海品牌社媒影响力榜单》内上榜品牌的海外社交媒体营销情况。			
实训目的	通过该实训项目，学生能够了解成功出海的中国品牌开展海外社交媒体营销的现状，明确海外社媒营销的必要性和重要性，并能根据不同行业类目选择合适的社交媒体平台。			

续表

<table>
<tr><td>实训要求</td><td>教师先对《BrandOS TOP 100 出海品牌社媒影响力榜单》中上榜企业所涉及行业类目进行简要解析及分类，要求各项目团队分别选择不同的行业 / 企业进行相应的资料收集。</td></tr>
<tr><td>实训操作步骤</td><td>步骤一：搜集、整理、分析资料。
通过网络途径搜集资料，掌握该出海品牌基本情况以及其近年来开展海外社交媒体营销的概况。
步骤二：集体讨论。
在搜集诸多相关信息资料的基础上，以项目团队为单位进行讨论，研讨中心围绕该出海品牌开展海外社交媒体营销时社媒平台的选择，以及如何通过社交媒体打造品牌和影响力，并分析其具体的做法。
步骤三：成果提交。
在集体讨论分析的基础上，各项目团队以 Word 文件形式形成并提交格式规范的《×××品牌海外社交媒体营销调查报告》，包括：
1. 背景企业开展海外社交媒体营销的概况。
2. 背景企业开展海外社交媒体营销时社媒平台的选择、推广成效。
3. 背景企业通过海外社媒打造品牌和影响力的具体做法。
步骤四：实训成果汇报、质询、评议及成绩综评。
1. 各项目团队推选一名代表采用 PPT 形式进行实训成果汇报。
2. 各项目团队之间互评、师生质询，教师进行适当点评并总结。
3. 教师对各项目团队及其成员进行综合成绩评定。</td></tr>
<tr><td>实训成果</td><td>各项目团队按以下要求撰写、提交调查报告，字数不少于 1 500 字，文字表述要精练，观点明确。
<table>
<tr><td colspan="2">《×××品牌海外社交媒体营销调查报告》</td></tr>
<tr><td>时间</td><td></td></tr>
<tr><td>项目团队</td><td></td></tr>
<tr><td>项目负责人</td><td></td></tr>
<tr><td>执笔人</td><td></td></tr>
<tr><td>项目团队成员</td><td></td></tr>
<tr><td colspan="2">×××品牌海外社交媒体营销调查报告</td></tr>
<tr><td colspan="2">Ø　目录
Ø　正文</td></tr>
</table>
</td></tr>
<tr><td>实训考评
（百分制）</td><td>
<table>
<tr><td>评分维度</td><td>信息的处理与应用</td><td>知识的应用性</td><td>分析的逻辑性</td><td>创新性</td><td>实训文本</td><td>汇报者的仪容仪态</td><td>答辩</td><td>团队分工合作</td></tr>
<tr><td>百分比</td><td>10%</td><td>15%</td><td>15%</td><td>18%</td><td>10%</td><td>10%</td><td>10%</td><td>12%</td></tr>
<tr><td>得　分</td><td></td><td></td><td></td><td></td><td></td><td></td><td></td><td></td></tr>
</table>
</td></tr>
</table>

项目九　LinkedIn 海外推广

项目描述

LinkedIn（领英）是一家以商业用户为导向的全球职场社交平台，能够为企业和机构提供包括招聘、市场和销售在内的一系列解决方案。目前，LinkedIn 已成为 B2B 企业开展国际市场推广的有效渠道。

学习目标

■ 知识目标

1. 了解领英社交平台概况及基本功能；
2. 了解领英人脉圈规则。

■ 技能目标

1. 能够创建领英公司主页；
2. 能够运营领英公司主页；
3. 能够创建领英产品专区；
4. 能够利用领英开发海外客户。

■ 素养目标

1. 适应新时代国际传播的需要，掌握领英平台的运营规则，并能够通过领英平台传播中国优秀的品牌文化和中国的传统文化，增强文化自信；
2. 培养独立思考和判断的能力、创新意识以及职业操守和家国情怀。

知识导图

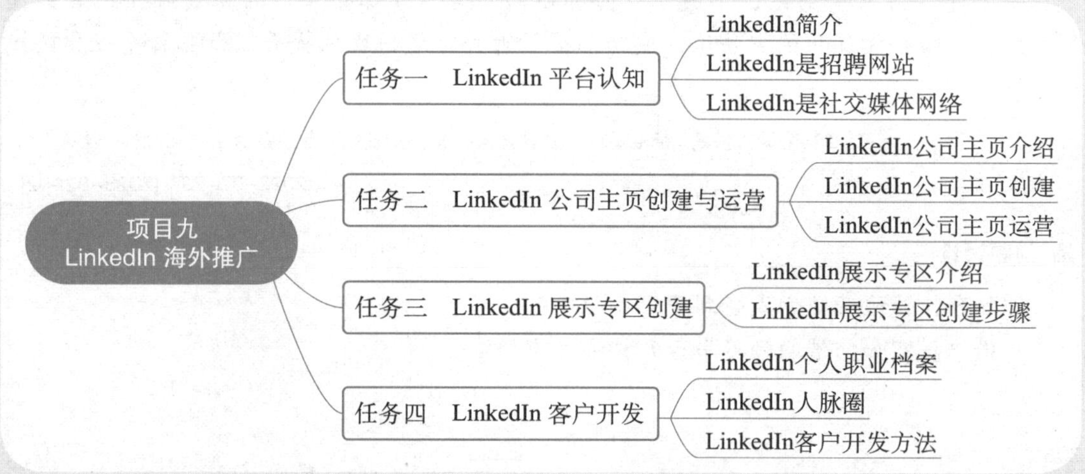

案例导入

精准定向，营销协同，领英加速猎户星空品牌全球化进程

猎户星空（OrionStar）成立于2016年，是一家专注于应用AI技术研发机器人的科技型企业。作为国内智能机器人的领导品牌，该公司从2021年起开始布局海外业务，凭借其自研的全链条AI技术、敏锐的市场洞察力、前瞻性且具有策略基础的数字化布局，以及成熟的团队与企业管理经验，现已成功覆盖全球40多个国家和地区，其中以递送服务机器人为主，聚焦餐饮、商超等高频运载和营销的需求场景。

在数字经济时代，服务机器人将成为未来的核心终端之一，其国际市场潜力巨大。在与领英营销解决方案的协作中，猎户星空短期内快速获得了高价值的客户资源，并保持及时、持续的跟进沟通，横纵双向挖掘更多潜在用户。猎户星空成功解决了B端企业传统的线下营销方式受阻以及随之而来的获客难问题；同时，面对多样化的市场背景及差异化的线上渠道，领英也成功帮助猎户星空提升了从前期销售线索获取到后期业务转化的全链路投资回报率。

1. 外部：精准投放＋高质量获客

基于领英的全球化商业社交属性，猎户星空能快速、广泛地与海外B端的潜在“代理商客户”（如餐饮供应链经销商）直接沟通，在短期内准确了解各个目标市场潜力、本地客户群偏好等，以此为基础采取本地定制化的出海产品策略；同时，借助领英完善的“细分行业层级＋清晰受众职业画像”体系，猎户星空能快速、精准地定位“某行业”内符合“某特定技能和职级”的人群，这使广告曝光更具针对性。

2. 内部：高效转化＋策略持续优化

在领英平台获得了大量的高质量销售线索后，猎户星空内部通过多种方式（如Email及LinkedIn Message等），积极持续跟进每一个销售线索，将潜在客户逐步发展为意向客户；并根据已有线索，进行横向与纵向并重的深度挖掘，将相关信息整理排序后再次返回相关部门，以协助其优化投放策略。

基于此，猎户星空逐步形成了“内部协同”与“外部拓展”的高效海外拓客的闭环，以及策略持续优化的方法论，成功加速了海外市场份额的提升以及品牌全球化的战略升级。

（资料来源：佚名．精准定向，营销协同，领英加速猎户星空品牌全球化进程．领英平台．（2022-07-23）[2023-02-02].）

问题讨论

1. 如今，传统营销方式受到了哪些阻碍？
2. 猎户星空如何借助领英平台开拓海外市场？

任务一 LinkedIn 平台认知

一、LinkedIn简介

LinkedIn（https://www.linkedin.com）是全球最大的职业社交平台之一，是一家面向商业客户的社交网络平台，成立于 2002 年 12 月并于 2003 年启动，于 2011 年 5 月 20 日在美国纽约证券交易所上市。2014 年 2 月 25 日，LinkedIn 简体中文版网站正式上线，并宣布中文名为“领英”。当前领英已经成为全球最大的商务社交媒体平台之一和全球最大的社交媒体招聘平台之一，以及全球最大的聚集 B2B 人员的社交媒体平台之一，可以助力中国企业在高度活跃且值得信任的职场社区打造营销与品牌出海阵地。

二、LinkedIn是招聘网站

领英是一个巨大的人才数据库，聚集了大量的高素质人才，企业用户和个人用户通过产品关键词加职位关键词在 Jobs（职位）、People（会员）维度搜索，个人用户可以找到工作，企业用户则可以找到人才。领英用户会有一份详细的 Profile（个人职业档案），从中可以看到完整的 Summaries（职业概述）、Experience（工作经历）、曾就职于哪些公司及领域、个人特长等。

领英的个人职业档案中有更多鲜活的资料。例如，Media（作品文件）中的视频、图片、文章或博客链接，Featured Skills & Endorsements（精选技能），同事、朋友、客户或合作伙伴的 Recommendation（推荐信），以及所完成的 Project（项目）等信息，有助于招聘企业更加全面、深入地了解应聘者。

领英推出的“ProFinder（兼职平台）”功能，能让中小企业足不出户地找到所需要的跨国人才，这里面有大量经过领英审核的可信赖的 Freelancers（自由职业者）。自由职业者或者兼职人员，抑或独立的专业人士，可以考虑加入领英的 ProFinder 网络关系网。这是一个所有领英成员都可以寻求专家来提供专业服务的社交网络平台，如设计师、作家、编辑、会计师、营销顾问、网络开发人员、社交平台营销推广、谷歌开发客户、领英运营营销人员等。

三、LinkedIn是社交媒体网络

领英除了是招聘网站以外，还是一个助力外贸企业开展 B2B 海外业务的社交平台。首先，领英是一个专业的适合 B2B 外贸的社交平台；其次，领英可以助力 B2B 外贸人员开发海外客户，助力外贸管理者进行品牌宣传与营销。

随着领英的会员越来越多，特别是高端专业人士和经理人越来越多，领英的营销价值凸显出来，企业可以很方便地使用领英建立自己的品牌并通过内容营销长期吸引潜在客户。此外，企业还可以通过搜索高效地找到目标客户所在的公司以及关键决策人，从而开展营销和销售。领英之所以可以助力企业开发海外客户，有两个主要原因：一是国外买家已经越来越依赖用社交平台获取产品信息、供应商信息；二是领英聚集了高素质职场人士，其购买力、商业决策力都比其他社交平台的人士要高。

任务二　LinkedIn 公司主页创建与运营

一、LinkedIn公司主页介绍

领英是世界上最大的专业人士社交网络平台之一，集中了大量寻找产品和商机的 B2B 买家。公司主页（Company Page）可以很好地展现专业形象。公司主页是出海企业在领英面向客户的第一张名片，完整的公司页面信息可为企业增加约 30% 的查看率。在外贸业务中，大多数海外客户首先会对公司页面进行简单浏览，再决定是否要关注或进一步沟通，因此公司主页是决定海外营销是否成功的关键因素。打造一个吸引人的公司页面，不仅可以为企业的官网引流，与潜在客户建立联系，还能提升品牌曝光率，提高其在搜索引擎中的排名。

领英公司主页是企业在全球职场社区中（社交平台）的专属阵地。企业可以发布相关新闻、资讯以及商机，这有助于连接潜在客户，挖掘商业机会，促使全球范围内的领英用户更加官方性、商务性、正式性地了解公司、品牌、业务、产品和服务。

二、LinkedIn公司主页创建

在创建领英公司主页前，创建者要注意以下事项：

（1）要确保目前没有其他同事在领英创建过公司主页，因为一个公司在领英只能创建一个公司主页。

（2）确保创建者的领英账号是使用真实姓名资料所注册的。

（3）如果创建者的领英账号是新注册的，至少要满 24 小时并且档案资料信息真实、完整，同时好友（1 度联系人）数量超过 10 个，才有资格创建领英公司主页。

（4）创建者的领英账号关联了邮箱地址，建议至少添加两个关联邮箱，即一个工作邮箱和一个私人邮箱（私人邮箱无法创建公司主页）。

满足上述条件后，创建者就可以开始创建领英公司主页了。

第一步：点击领英首页的右上角的“更多”图标按键，选择“创建公司主页”（见图 9-1）。

图 9-1　创建公司主页（中英文界面）

第二步：根据自身情况，选择对应的企业类型（见图 9-2）。

图 9-2　选择对应的企业类型

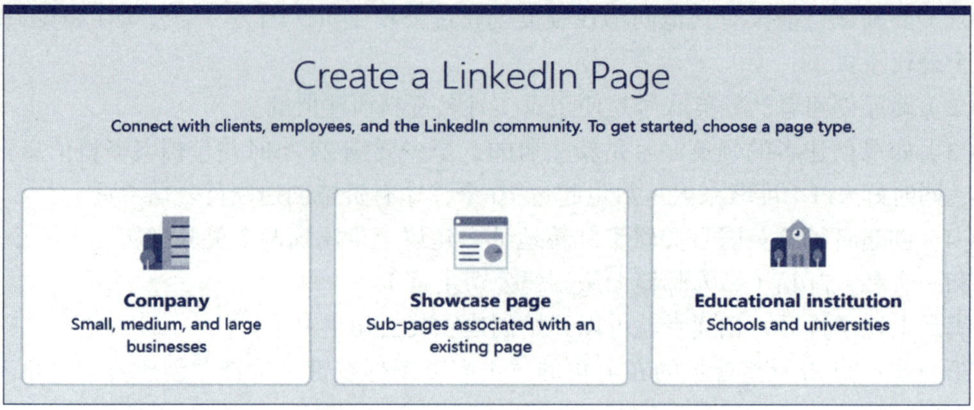

图 9-2　选择对应的企业类型（中英文界面）（续）

第三步：填写企业基本信息（见图 9-3、图 9-4）。内容包括名称、网站、所属行业、组织规模、组织类型、图标、标语等。

第四步：根据步骤指引完成表格内容填写，这些内容将会在公司主页展示（见图 9-5）。添加的内容包括描述、所在地点、定制按钮、话题标签等。创建者最多只能添加 3 个与公司主页相关的话题标签，将精准的关键词作为话题标签会提高公司主页被搜索到的概率。同时，上传公司的 Logo 和封面图片也是提升主页品牌形象的重要内容。

图 9-3　填写企业基本信息（中文界面）

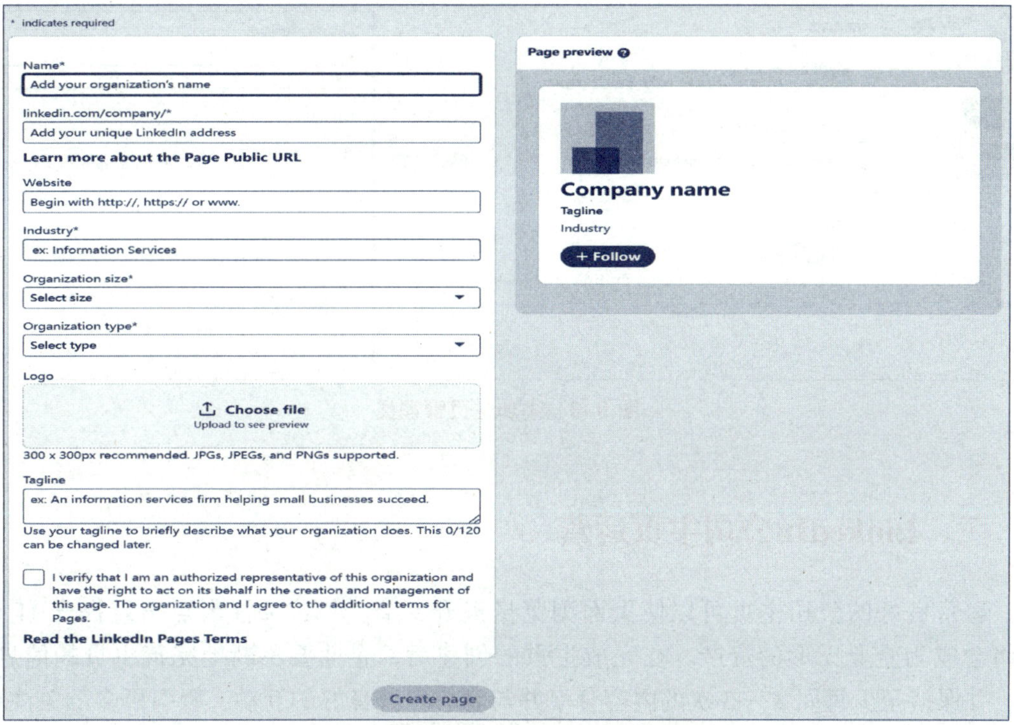

图 9–4 填写企业基本信息（英文界面）

图 9–5 创建主页进度条

完成公司主页的创建后，创建者可以在公司主页后台添加管理员权限（见图 9-6），跨部门协作运营主页。主页管理员的角色有四种：高级管理员、内容管理员、发布员、分析员。高级管理员可以编辑主页和管理所有的管理员；内容管理员可以发布和管理内容、评论，并导出数据分析；发布员可以向员工推荐发布内容，并可以浏览和导出数据分析；分析员仅可以在领英查看和导出数据分析，并对第三方合作伙伴工具有限制访问权。

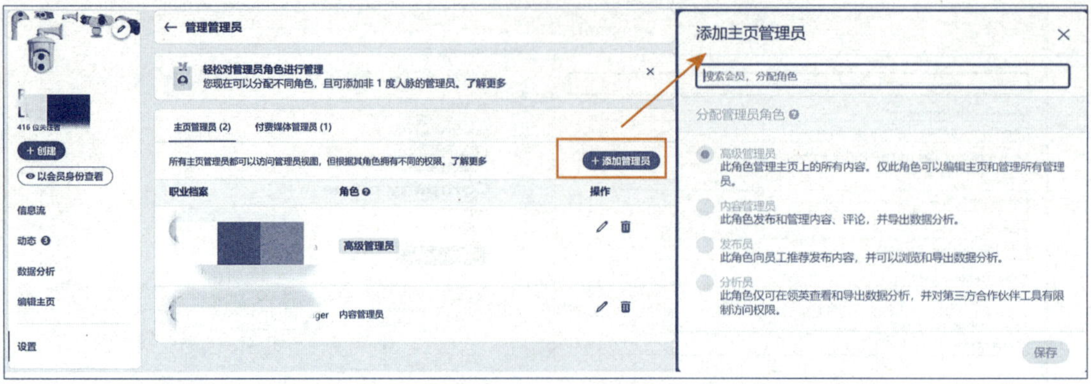

图 9-6　添加主页管理员

三、LinkedIn公司主页运营

运营良好的公司主页可以使页面浏览量提升 5 倍、每位关注者点击量提升 11 倍，这将会成为企业无形的资产。在完成主页的创建后，企业要不断地完善主页的信息展示，并保持至少每周 2 ～ 3 次的内容分享并与客户保持良好的互动，吸引更多的关注者。

（一）完整配置领英公司档案

领英调查数据显示，完整配置文件的公司页面的访问者比页面配备文件不完整的访问者多。所以，企业要完整配置领英公司档案，内容包括公司 Logo、公司描述、官网网址、公司规模、所属行业、公司类型、公司所在地的位置。上传的公司 Logo 及背景图片（Banner）必须符合领英建议的尺寸要求，而且需保证使用的 Logo 与其他社交媒体渠道上使用的 Logo 相同，以打造一贯的品牌形象。填写“关于我们（About Us）”部分的公司简介内容，可以为访问者提供更详尽的公司信息。但是，公司简介的内容最好和公司官网上的介绍有所区别，应突出社交属性、鼓励互动。

（二）让同事参与进来

企业员工是企业领英营销最有影响力的群体之一。企业员工可加入并关联公司主页，有助于向潜在客户展示企业形象。鼓励员工参与并转发公司主页的帖子将有助于传播到员工的领英人脉圈。企业可以使用领英新推出的“员工通知”功能，提示员工转发关键内容。企业员工的领英个人资料应填写完整，这也是传播企业品牌意识的一个方法，因为员工领英个人档案资料中都会嵌入领英公司主页的快速链接，可引导潜在客户进入公司主页浏览。

（三）推广领英公司主页

企业应借助跨数字平台协调推广领英公司主页，从而让关注者随着时间段的推移持续增长。首先，员工可在电子邮件签名和微博等营销渠道中添加领英公司主页的链接或二维码。其次，公司网站中可添加领英的“关注”按钮及其他的社交媒体按钮，这是交叉推广领英公司主页的方法。

（四）使用话题标签

领英公司主页可以添加三个话题标签（社区话题）。企业可以点击进入话题标签汇总，与那些可能尚未关联公司主页的会员展开对话，从而获得更多的关注者。企业要保持每周 2～3 次发布动态的频率，并且在发布图文、视频等动态时，都在最前面添加话题标签。企业既可以使用行业、产品的热门关键词作为话题标签，也可以用时下的热点及热搜词来提高帖子的推荐概率。企业要识别与所属行业和使命相关的话题标签，积极参与这些话题标签的互动。

（五）使用主页数据分析监控营销成效

领英的公司主页和产品专区的数据分析系统是独立的，只有对应的管理员才可以查看。以领英公司主页为例，在领英的公司主页的数据分析中，管理员可以看到访客（Visitors）、公司资讯（Updates）、关注者（Followers）的情况。通过数据分析，企业可以了解公司主页访问者和关注者的构成，包括他们的所属行业、公司规模、地点、职能类别等，来判定访客是否与企业的目标客户接近。同时，企业还可以追踪移动端与桌面端访客数的对比，以及不同话题标题对应的各项数据指标的差异。如果访客是企业比较精准的目标客户，但访问后却没有成为企业的关注者，那么就意味着企业发布的动态内容不足以吸引他们，因此，企业就要不断优化所发布的动态。企业可以通过数据分析不断完善页面内容，以吸引更精准的目标访客，这样在未来的付费推广中也可以更精准地推广到目标客户。

学中做

常见的领英营销工具

常见的领英营销工具如表 9-1 所示。

表 9-1　常见的领英营销工具

	工具	内容
1	内容营销工具——BuzzSumo	按语言及国家搜索产品或品牌关键词，了解趋势
2	获取话题工具——AnswerThePublic	针对大众关心的话题
3	高质量无侵权图片获取工具	Canva、Gratisography、SplitShire、Unsplash、Death to the Stock Photo、PicMonkey
4	有计划性发布文章的工具——Buffer	管理社交平台的 ERP，用户可有计划地发布文章、更新动态，以节省时间、提高工作效率

任务三　LinkedIn 展示专区创建

一、LinkedIn展示专区介绍

展示专区是领英公司主页的延伸，企业可以通过展示专区与目标客户进行信息传递和互动。在公司主页上最多可以创建 10 个展示专区，且展示专区只能与一个领英公司主页关联（称为母页面）。

二、LinkedIn展示专区创建步骤

在完成了领英公司主页的创建后，企业还可以继续创建展示专区，作为主页的延伸。展示专区的创建步骤与公司主页相似，运营方式也类似。

第一步：点击领英首页右上角的“更多”图标，选择“创建公司主页”，然后企业类型选择“展示专区”（见图 9-7）。

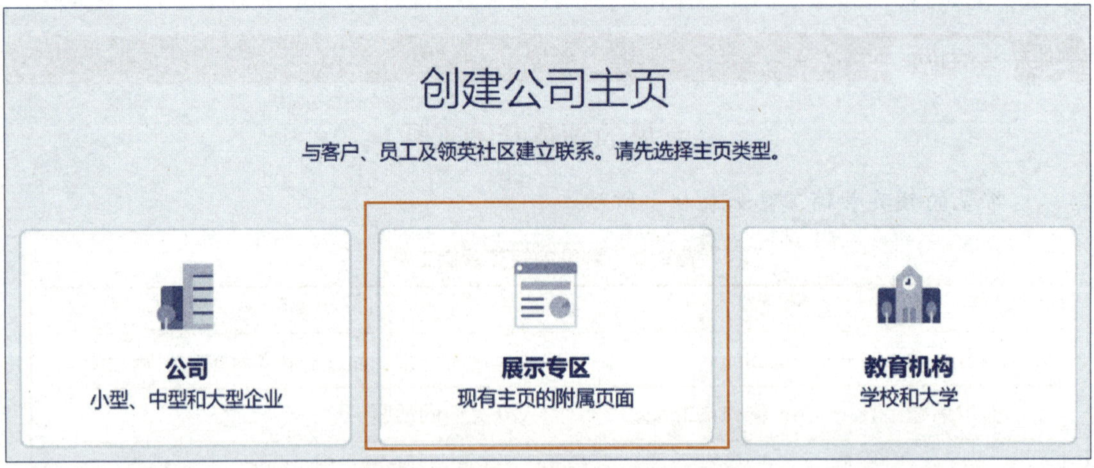

图 9-7　公司类型选择“展示专区”

第二步：填写显示星号的基本信息（见图 9-8）。内容包括已关联组织主页、名称、网站、所属行业、图标、标语等。完成后，点击“创建专区”即可。

图 9-8 填写展示专区基本信息

任务四 LinkedIn 客户开发

一、LinkedIn个人职业档案

领英个人职业档案是职场人士的落地页，是打造个人品牌的绝佳方式。会员可以通过职业档案展示其职业经历和成就。领英档案可以展示普通简历难以体现的个性魅力。完美的领英个人职业档案可以帮助用户找到机遇，是成功开展商业社交的敲门砖。

领英的个人职业档案共分为 5 个等级：Beginner（初级）、Intermediate（中级）、Advanced（高级）、Expert（专家级）、All Star（无敌级）。个人职业档案的资料越完善，等级越高。个人职业档案达到 All Star 级别需要具备 7 个条件：

（1）Profile Picture（在个人职业档案中上传个人头像）；

（2）Industry and Location（填写所在的行业和区域）；

（3）Current Position with Description（目前的职业描述）；

（4）Past Positions（2 份以上的工作经历）；

（5）Education（完善教育信息）；

（6）Minimum 3 Skills（3 项以上精选技能认可）；

（7）At Least 50 Connections（至少 50 个联系人）。

展现一份更加专业的职业档案是成功开展商业社交的关键。领英会员可以分为 5 个阶段来打造完美的职业档案。

（一）定位目标

在建立领英个人档案之前，首先要明确自己的定位。你想向潜在客户展现出一个什么样的形象，如是行业专家、工贸一体的生产企业，还是外贸公司。明确的账号定位决定了档案内容的撰写方向。其次要了解受众，明确目标客户群体，以及对方关心感兴趣的内容和喜欢的写作风格。

（二）基本信息完善

个人职业档案的基本信息即领英的个人名片，位于职业档案的顶部，显示当前的个人和职业状态详情，内容包括姓名、档案头像、背景图片、职业头衔、当前职位、教育背景、地区、所属行业、联系方式、个人简介。

（三）锦上添花

为了让领英个人职业档案更加出彩，可以添加作品文件（Media）资料，如图片、视频、PPT、博客链接等作为补充或证明材料。同时，还可以添加展示曾经完成或者参与过的项目（Project）。如果获得了某些行业资格认证（Certification）、出版了某些作品（Publication）或者获得了某项专利发明（Patent）等，都可以将这些素材添加到个人职业档案的“个人成就（Accomplishment）”部分。领英会员可以将个人职业档案的封面图片（Banner）设置成公司图片、产品图片、工作场景图片等，一目了然地向潜在客户显示自己所属的专业领域。

（四）借力

领英会员可以借力展现自身的优秀，如在职业档案中添加精选技能（Featured Skills & Endorsements）后邀请领英好友认可以增强权重，添加有说服力的推荐信（Recommendation）。精选技能可以用系统推荐的，也可以自创附带所属企业产品和行业关键词的有 SEO 效果的精选技能（精选技能不能超过 50 个）。同时，建议添加 3 份以上的推荐信，有分量的推荐信会带来不少潜在客户的询盘。

（五）宣传与推广前的准备

为了方便领英账户被找到，领英会员要进行必要的 SEO 情况检查、隐私设置和保护，以及 URL 的更改等。首先，领英会员可以在领英个人职业档案中添加企业和产品关键词，如标题（Headline）、个人简介（Summary）、工作经历（Experience）、精选技能（Featured Skills & Endorsements）、联系方式和个人信息（Contact and Personal Information）等模块；其次，个性化领英个人页面的URL，将其更改为包含个人信息或产品关键词的链接，方便被潜在客户找到。

二、LinkedIn人脉圈

在领英，人脉圈中的会员称为好友（Connection），人脉圈包括 1 度联系人、2 度联系人和 3 度联系人以及所在群组的成员。领英会员可通过发送邀请，与其他领英会员和邮件联系人成为好友，或者接受其他会员的邀请来构建人脉圈。

1 度联系人即 Connection，是直接好友，是会员个人接受了邀请或被邀请直接建立联系的其他会员。在搜索结果和会员档案中，其姓名旁边会显示“1st”或“1 度”。对于 1 度联系人，会员可以直接发送消息（Message），查看联系方式，在领英人脉圈看到对方的动态消息，在通知栏知道对方的信息（Notification），通过对方来扩展领英人脉关系网。

2 度联系人是与会员的 1 度联系人建立联系的其他会员，即直接好友的好友。在搜索结果和会员档案中，其姓名旁边会显示“2nd”或“2 度”。对于 2 度联系人，会员一般无法直接发送消息，但可以在付费账号下通过站内信（InMail）向其发送消息；无法查看联系方式；但可以邀请（connect）对方，即向对方发送加好友请求；可以查看与对方的共同好友有哪些。

3 度联系人是与会员的 2 度联系人建立联系的其他会员，即直接好友的好友的好友。在搜索结果和会员档案中，其姓名旁边会显示“3rd”或“3 度”。对于 3 度联系人，会员一般无法直接发送消息，但可以在付费账号下通过站内信（InMail）向其发送消息；无法查看联系方式；如果对方显示会员全名，可以点击“connect”发送邀请；如果对方没有显示会员全名，则不可以点击“connect”加为好友，但仍旧可以通过站内信（InMail）付费与其联系。InMail 是 LinkedIn 的一项高级功能，用户可以直接联系不在联系人中的其他 LinkedIn 成员。

如果打开超出领英三度人脉以外（显示“3rd+”或“3 度 +”）的领英个人主页，那么会看到类似的提示：“你无法查看任何资料”。领英致力于保障平台的生态环境和用户质量，会保护每一位领英用户的隐私。会员只有与对方产生了人脉关联后，才有机会与对方建立直接的联系。

三、LinkedIn客户开发方法

领英拥有丰富的客户资源。由于领英平台具备商务属性和职业属性，因此对于企业来说，领英是一个非常值得利用的客户开发渠道。企业可以通过主动搜索发送邀请来添加人脉，并不断挖掘对方的人脉关系网，实现客户资源的裂变，实现领英 1 度人脉客户数量裂变。以外贸业务员开发客户为例，会员可通过以下两种方法在领英上拓展自己的人脉圈。

（一）初步添加联系人

1. 添加熟悉的客户

外贸业务员可以导入工作时所积累的一些客户邮箱，发送添加好友邀请；或者在领英平台直接搜索老客户名字，向其发送添加好友邀请。外贸业务员平时可以将领英个人主页网址附在邮件下方落款处，客户看到后会主动添加其为领英好友。

2. 添加认识的朋友、同学、校友（竞争对手除外）

外贸业务员可以在搜索栏中输入学校的名称来添加好友。相对而言，校友（朋友、同学）身份通过好友申请的概率较高。外贸业务员可以为前期增加领英的好友人脉做铺垫，一般建议添加 20 ～ 30 个好友。这里要注意的是，在添加校友资源时，尽量避开同行竞争者，以免客户流失。

3. 通过系统推荐添加好友

向领英推荐的对象发送添加好友邀请，平台推荐的对象主要是根据会员的领英个人职业档案资料、现有的领英好友进行相关联推荐的，所以外贸业务员平时添加领英好友时不要追求数量而要保证质量。

（二）精准添加联系人

在领英中精准查找客户，需要先做两个搜索前的准备："关键词"和"重要决策人职位库"。

关键词准备的方法有很多，可以从用户领英个人职业档案的个人简介（Summary）、工作经历（Experience）、精选技能（Featured Skills & Endorsements）等模块寻找，或者在领英公司主页的公司简介中查找关键词。除此之外，外贸业务员还可以从平日客户的询盘、竞争对手或者客户的官网，以及第三方的跨境出口电商平台的产品详情页和平台数据营销词等积累相关的关键词。建议外贸业务员用"精准关键词"来代替"泛关键词"，搜索结果会更接近目标客户。

了解重要决策人（Key Person）职位是另一个精准查找客户的关键。外贸业务员需要建立重要决策人职位库（Key Person Title），根据不同的行业、不同客户的类型、不同的国家和语言来整理重要决策人职位。例如，外贸业务员可以通过搜索"CEO/Boss/Founder/Owner/President"等词来发现企业老板，通过搜索"VP（Vice President）/ Purchasing manager/Sales manager/Marketing manager/Product manager/Project manager/Brand manager/General manager”等词来发现企业的管理层。

领英提供了 8 个搜索维度：People（会员）、Companies（公司）、Jobs（职位）、Posts（动态）、Schools（学校）、Events（活动）、Services（服务）、Groups（群组）。领英的搜索框在页面的左上角，在搜索框的下边就可以看到这些搜索维度（见图 9-9）。但是，Groups（群组）这个搜索维度只有在英文界面中才有（见图 9-10）。全部筛选条件（All filters）是指对搜索结果的总结，按照 People（会员）、Companies（公司）等排序。

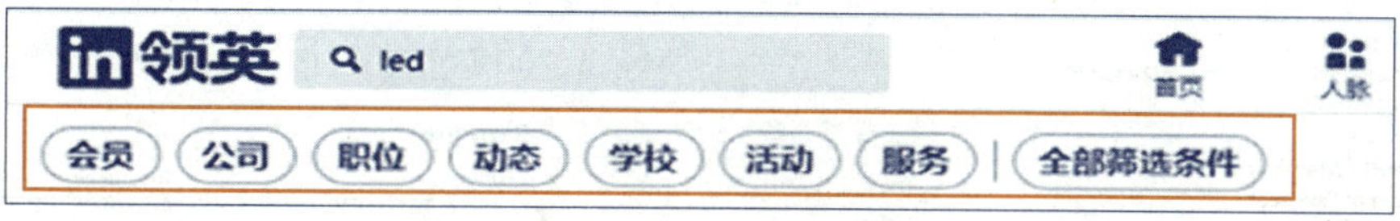

图 9-9 中文页面中的领英搜索条件

图 9-10 英文界面中的领英搜索条件

以不同的搜索维度精准地开发客户的方法大同小异，下面以几种搜索维度为例，看一下具体的搜索方法。

1. 以“公司”维度搜索客户

以“公司（Companies）”的维度搜索客户的具体路径是：公司（Companies）> 员工（Employee）> 按职位找关键人。以“diamond”这个关键词为例进行操作（见图 9-11 至图 9-13）。

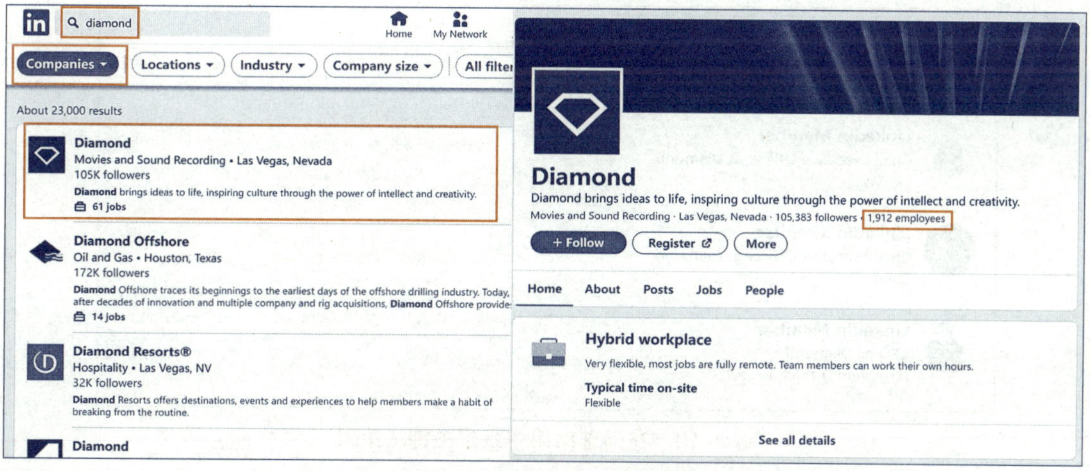

图 9-11 找到潜在客户企业

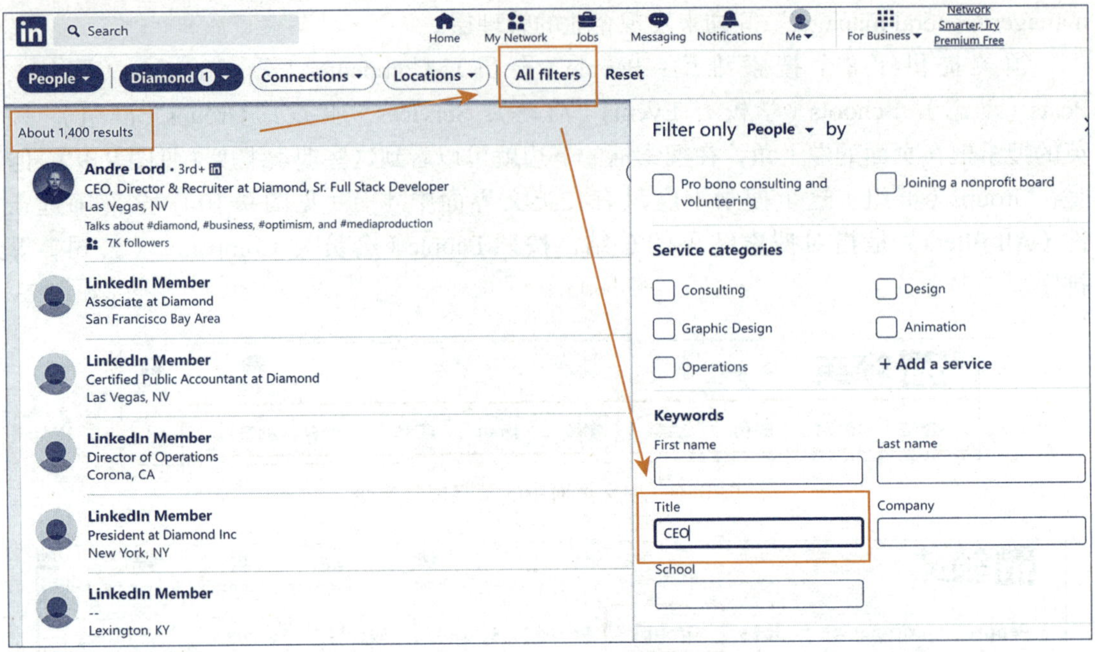

图 9-12　在该企业员工列表中筛选关键决策人

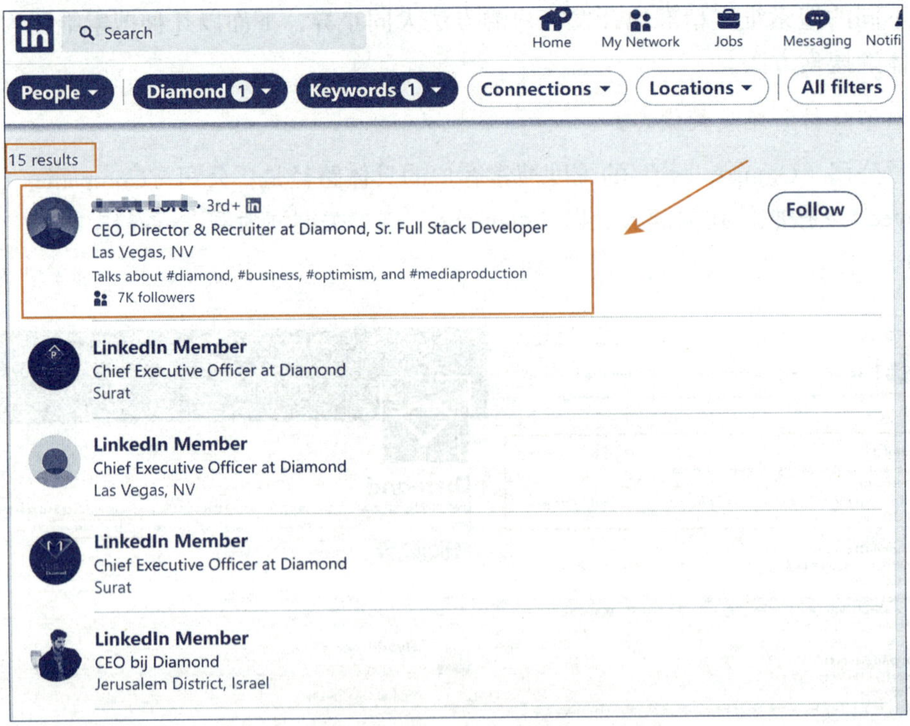

图 9-13　在筛选结果中找到关键决策人

浏览了潜在客户企业的关键决策人的领英个人主页后，外贸业务员可以在页面的右下方看到“猜您认识（People you may know）”模块，从而找到更多同类型的潜在客户

（见图 9-14）。

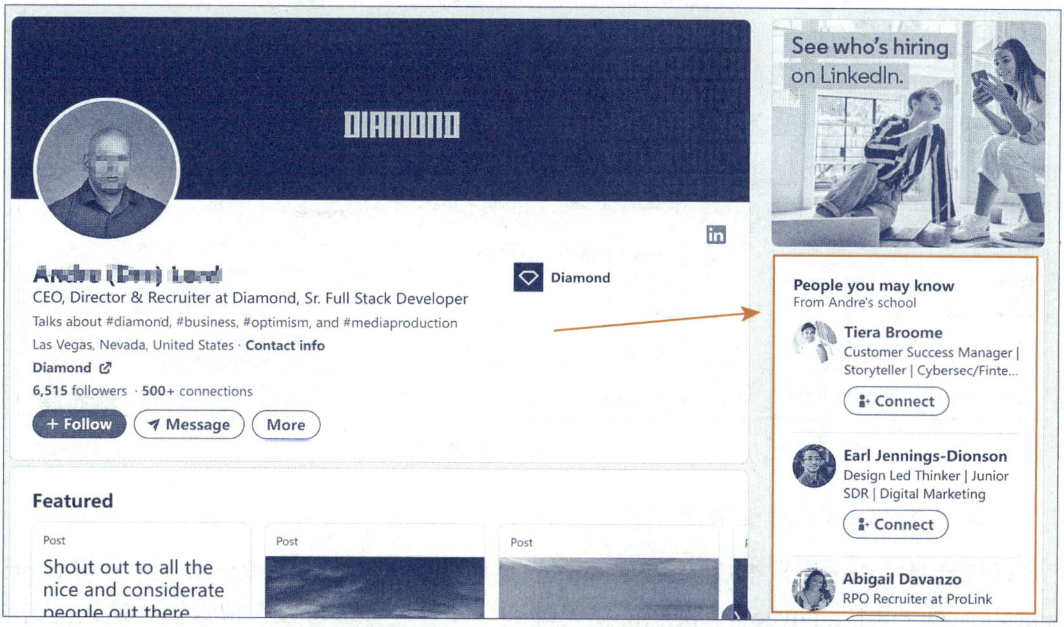

图 9-14　找到更多同类型的潜在客户

外贸业务员可以在潜在客户的公司主页右下方看到“查看相似页面（See all similar pages）”模块，点击可以看到更多潜在客户公司（见图 9-15）。

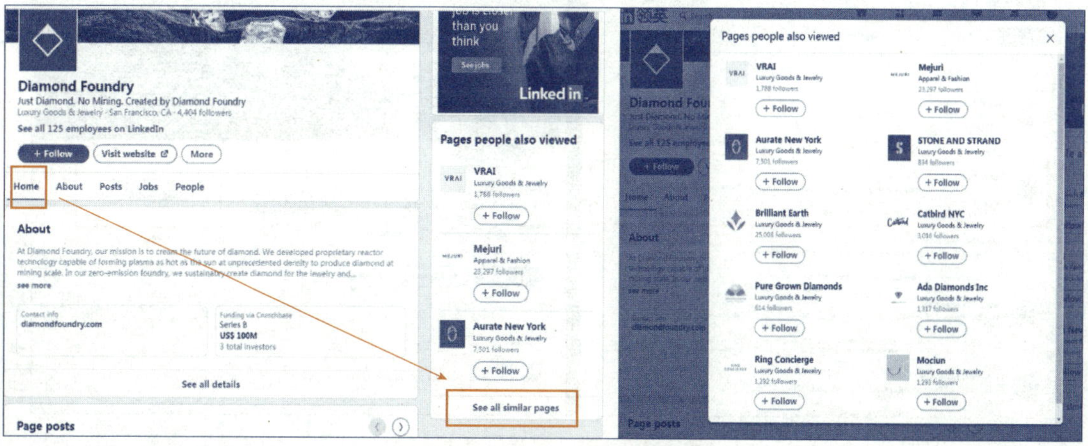

图 9-15　查看相似页面

为了找到更精准的潜在客户，外贸业务员可以继续缩小搜索结果的范围，从而进一步筛选。例如，可以在搜索结果中添加地区（Locations）、正在就职的公司（Current company）、行业（Industry）、职位（Title）等选项（见图 9-16）。注意，这里的“职位（Title）”就是在精准查找客户前准备的“重要决策人职位库（Key Person Title）”中的职位，是找到潜在客户所在企业重要决策人的关键。

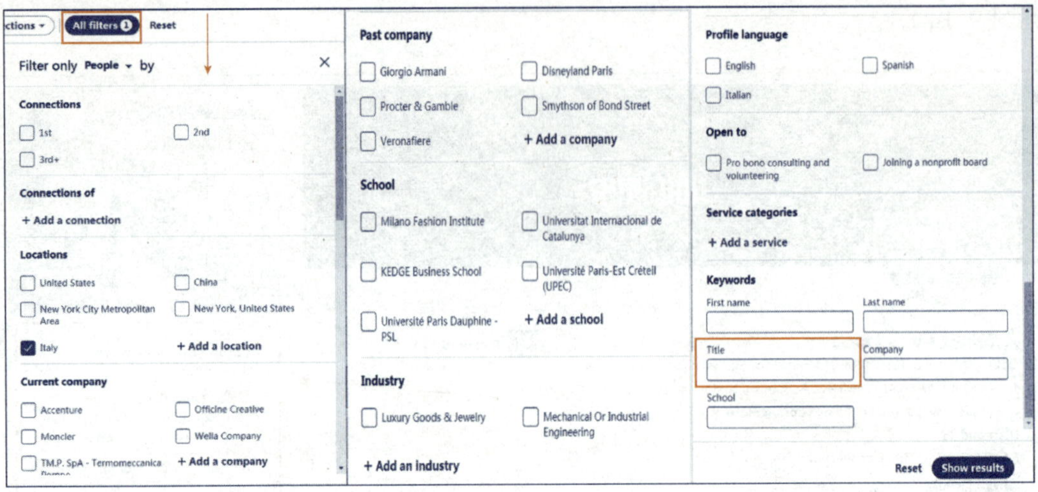

图 9-16　精准筛选框

2. 以“会员”维度搜索客户

以“会员（People）”的维度搜索客户的具体路径是：会员（People）> 公司 (Companies）> 员工（Employee）> 按职位找关键人。外贸业务员可以在搜索框中输入准备好的关键词，并选择“会员”这个搜索维度，在搜索结果中找到符合要求的潜在客户（见图 9-17），并进入其个人职业档案以及所就职企业的公司主页，后续步骤与“公司”维度搜索一样。

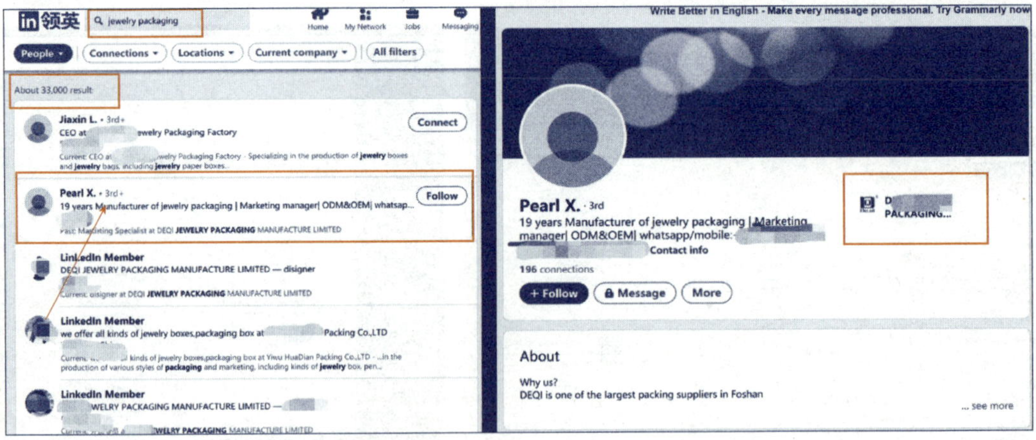

图 9-17　以“会员”维度搜索

3. 以“动态”维度搜索客户

以“动态（Posts）”维度搜索客户的具体路径是：动态（Posts）> 会员（People）> 公司（Companies）> 员工（Employee）> 按职位找关键人。外贸业务员可以在搜索框中输入准备好的关键词，并选择“动态”这个搜索维度，在搜索结果中找到符合要求的潜在客户（见图 9-18）。在动态维度，搜索结果会出现很多文章，点击发表人的头像后就进入其个人职业档案以及其所就职企业的公司主页，后续步骤与“公司”维度搜索一样。

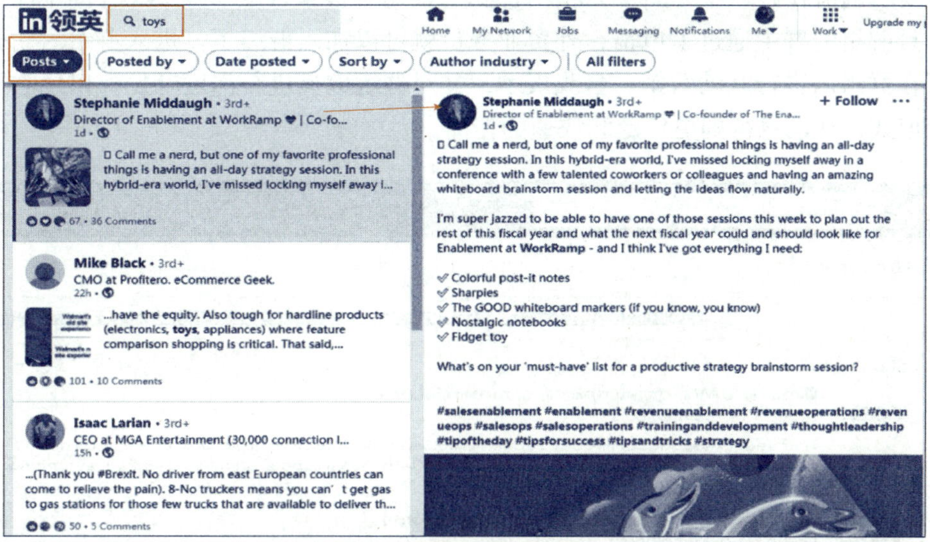

图 9-18　以“动态”维度搜索

4. 以“工作”维度搜索客户

以“工作（Jobs）”维度搜索客户的具体路径是：工作（Jobs）> 会员（People）> 公司（Companies）> 员工（Employee）> 按职位找关键人。我们可以在搜索框中输入准备好的关键词，并选择“工作”这个搜索维度，在搜索结果中找到符合要求的潜在客户（见图 9-19）。在“工作”维度，搜索结果会出现很多招聘广告，点击发表人（通常发表人为该公司的人力资源部门负责人）的头像，进入其个人职业档案以及所就职企业的公司主页，后续步骤与“公司”维度搜索一样。

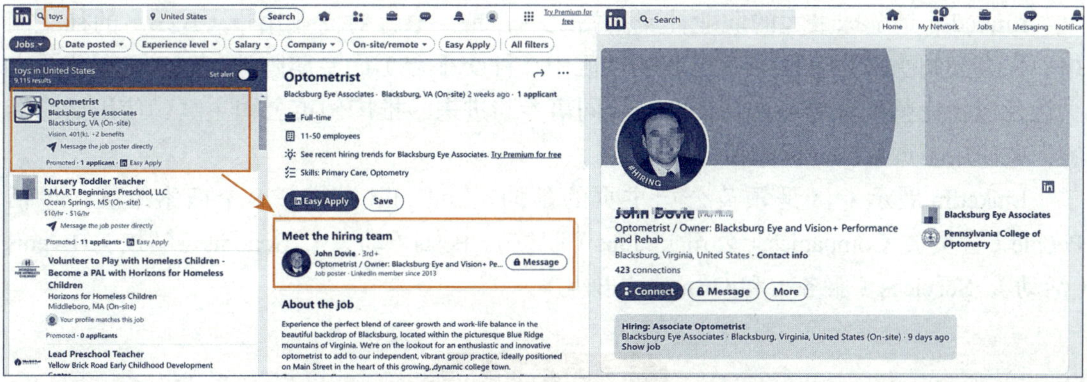

图 9-19　以“工作”维度搜索

5. 以“群组”维度搜索客户

以“群组（Groups）”维度搜索客户的具体路径是：群组（Groups）> 加入群组 > 会

员（People）>公司（Companies）>员工（Employee）>按职位找关键人。外贸业务员可以在搜索框中输入准备好的关键词，并选择“群组”这个搜索维度，在搜索结果中找到符合要求的潜在客户（见图 9-20）。注意，“群组”搜索维度只在英文界面中才可以使用。一旦群组的群主通过了申请，外贸业务员就可以加入群组了。进入群组后，外贸业务员可在群组内进行互动营销、自我展示，并对群组成员进行深度开发，以建立群体互动营销模式，让信息得到更广泛和快速的传播。

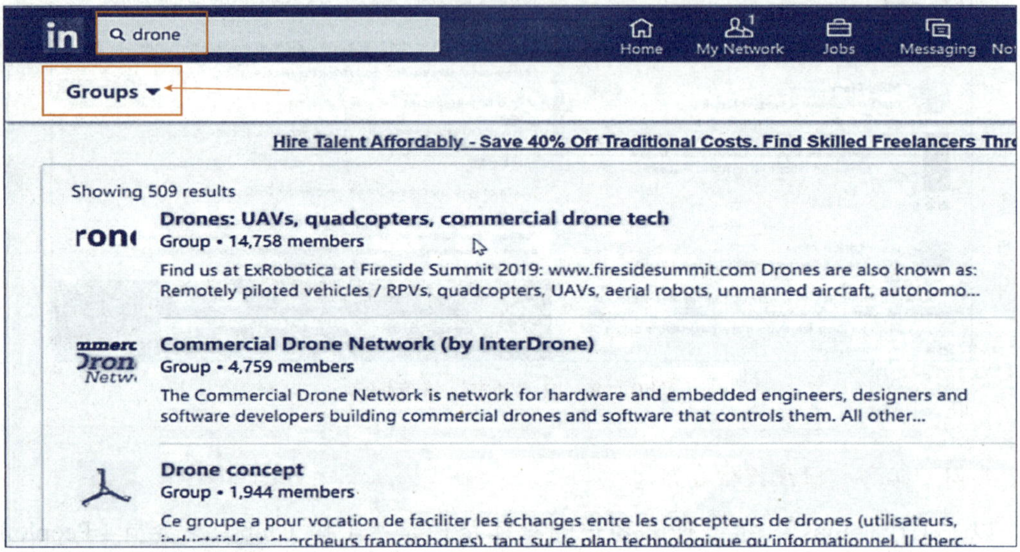

图 9-20　以“群组”维度搜索

项目小结

LinkedIn 是全球最大的职业社交网站之一，是一家针对商业用户（B2B）的社交网络。领英公司主页是企业在全球职场社区中（社交平台）的专属阵地。LinkedIn 公司主页运营包括完整配置领英公司档案、让同事参与进来、推广领英公司主页、使用话题标签，并使用主页数据分析监控营销成效。

LinkedIn 展示专区是领英公司主页的延伸。LinkedIn 提供了 8 个搜索维度，包括 People（会员）、Companies（公司）、Jobs（职位）、Posts（动态）、Schools（学校）、Events（活动）、Services（服务）和 Groups（群组）。

直通大赛

通过本项目学习，完成竞赛任务——开展领英（社交媒体）营销推广。

竞赛名称	竞赛任务
跨境电商创新创业能力大赛（独立站赛道）	创建企业领英公司主页，开展领英营销推广

本项目为 Oohpartner 品牌创建了领英公司主页（见图 9-21），拟开展领英营销推广。

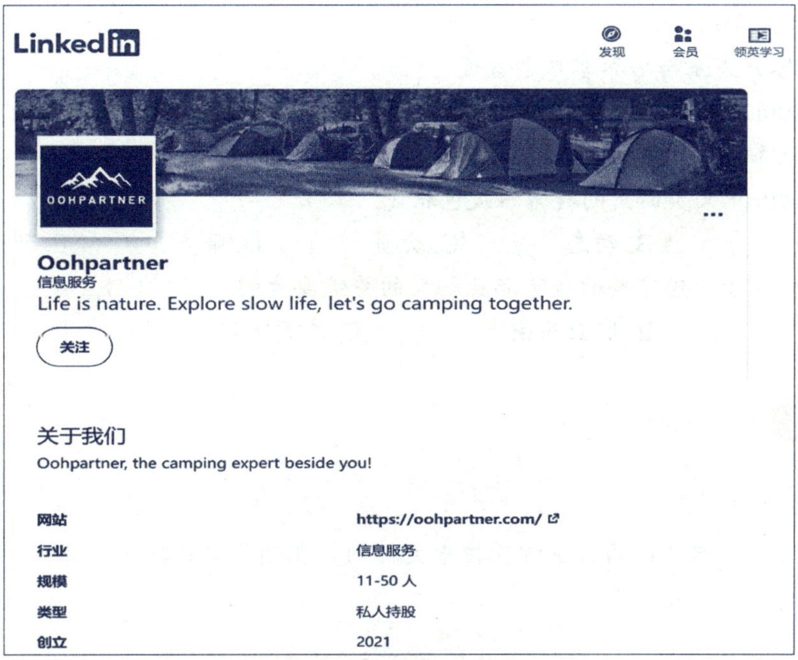

图 9-21　Oohpartner 品牌领英公司主页

知识巩固

应知考核

一、名词解释

1. 1 度联系人
2. 2 度联系人
3. InMail
4. 领英个人职业档案

二、不定项选择题

1. 跨境 B2B 卖家为了吸引更多高素质的专业人士参与企业活动，往往会在 LinkedIn 的（　　）模块发布高质量的内容，进行文章的分享介绍、讨论互动，形成企业的商务社交网络。

A. 发布身份　　B. 精选群组　　C. 隐私设置　　D. 评论设置

2. LinkedIn 营销的场景有（　　）。

A. 塑造品牌形象

B. 打造思想影响力

C. 发布新产品

D. 维护客户关系与培养客户忠诚度

3. LinkedIn 中直接好友的好友是（　　）。

A. 1 度联系人　　B. 2 度联系人　　C. 3 度联系人　　D. 4 度联系人

4. LinkedIn 中文页面下的搜索维度包括（　　）。

A. 群组　　B. 动态　　C. 会员　　D. 服务　　E. 职位

5. 以下不属于一份完整的领英职业档案的关键要素的是（　　）。

A. 照片　　B. 职业头衔　　C. 志愿者经历　　D. 个人简介

应会考核

⊙ 技能应用

请根据自己小组选择的行业背景搜索关键词，在领英中寻找 3 个潜在商业客户，并搜集相关信息，完成表 9-2。

表 9-2　潜在客户信息

公司信息		潜在客户 1	潜在客户 2	潜在客户 3
公司名称				
公司官网				
公司规模				
公司员工数				
企业决策人信息	姓名			
	职务			
	联系方式（如邮箱、领英个人职业档案网址等）			
采购人员信息	姓名			
	职务			
	联系方式			
主营产品				

实践操作

<table>
<tr><td>项目团队</td><td colspan="4"></td></tr>
<tr><td rowspan="4">项目负责人</td><td>姓　　名</td><td colspan="3"></td></tr>
<tr><td>专业班级</td><td colspan="3"></td></tr>
<tr><td>学　　号</td><td colspan="3"></td></tr>
<tr><td>联系方式</td><td></td><td>Email</td><td></td></tr>
<tr><td rowspan="5">项目团队成员</td><td>姓　　名</td><td>学　　号</td><td>专业班级</td><td>分工 / 角色</td></tr>
<tr><td></td><td></td><td></td><td></td></tr>
<tr><td></td><td></td><td></td><td></td></tr>
<tr><td></td><td></td><td></td><td></td></tr>
<tr><td></td><td></td><td></td><td></td></tr>
<tr><td>任务起止时间</td><td colspan="4">年　月　日—　年　月　日</td></tr>
<tr><td>实训内容</td><td colspan="4">结合背景企业实际，为企业创建领英公司主页及展示专区。</td></tr>
<tr><td>实训目的</td><td colspan="4">通过该实训项目，学生能够在领英平台搭建公司主页及展示专区。</td></tr>
<tr><td>实训要求</td><td colspan="4">以教学班级成立的项目团队为单位进行项目实训，明确内部分工。以各项目团队为单位与当地跨国经营企业进行联系，确定企业。</td></tr>
<tr><td>实训操作步骤</td><td colspan="4">步骤一：由实训指导教师介绍实训项目的目的与要求。
步骤二：结合本项目任务，由指导教师介绍领英公司主页及展示专区搭建的相关要求。
步骤三：结合该实训项目的实际情况，在教师的指导下，完成项目团队的组队及任务分工，每个项目团队 6～8 人。
步骤四：各项目团队搜集背景企业的相关资料，包括同行的公司页面设计、背景企业的公司名称、官网网址、邮箱、联系方式、公司简介、Logo、企业实景、工作场景、产品等图文、视频资料。
步骤五：在所搜集的资料基础上，团队展开充分的讨论与交流，为背景企业设计领英公司主页及展示专区的方案。
步骤六：各项目团队在规定时间内完成公司主页及展示专区的搭建。
步骤七：实训成果汇报、质询、评议及成绩综评。
1. 各项目团队推选一名代表采用 PPT 形式进行实训成果汇报。
2. 各项目团队之间互评、师生质询，教师进行适当点评并总结。
3. 教师对各项目团队及其成员进行综合成绩评定。</td></tr>
<tr><td>实训成果</td><td colspan="4">1. 企业领英公司主页
2. 企业领英展示专区
3. 成果汇报 PPT</td></tr>
</table>

续表

实训考评（百分制）	评分维度	企业信息完整性	结构完整性	视觉效果	创新性	帖子内容	汇报者的仪容仪态	答辩	团队分工合作
	百分比	15%	10%	15%	15%	10%	10%	10%	15%
	得　分								

模块六

国际市场推广管理

项目十　国际市场推广计划、组织与控制

项目描述

为了保证企业的营销推广活动按照既定的目标与计划顺利进行，企业必须加强对国际市场推广过程的控制力度，对国际市场推广活动进行有效的监控和管理。

学习目标

■ 知识目标

1. 掌握国际市场推广计划的内容；
2. 了解国际市场推广控制的范围及程序。

■ 能力目标

能够为背景企业编制科学的国际市场推广计划，制定可行的国际市场推广方案。

■ 素养目标

1. 培养“凡事预则立”的习惯，学会自主规划学习、生活和人生；
2. 培养良好的自主学习与合作学习能力；
3. 提升信息处理能力、创新能力、书面表达与口头表达能力；
4. 树立团队协作精神，改善仪容仪态。

知识导图

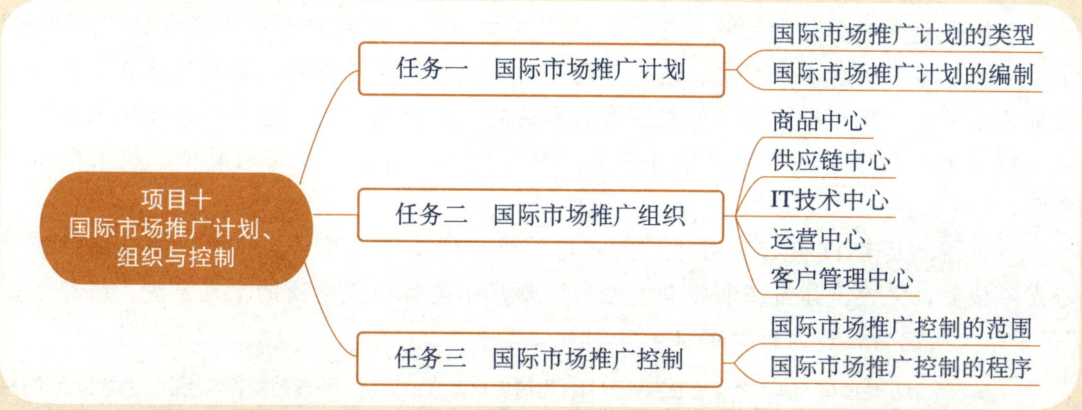

案例导入

跨境电商合伙人制搭建新型组织生态

浙江YS控股实行“阿米巴”经营模式，打造集团内部跨境电商合伙人制，搭建新型组织生态，为解决跨境电商人才短缺等阻碍企业发展问题提供了一种新型的解决方案。

该公司是一家专注出口B2C的跨境电商企业，现拥有总办公面积4.3万平方米，其中包括华东、华南2.7万平方米的现代化仓储物流中心，在美国、欧洲等多地同时设立国际海外仓。公司在运营过程中，出现跨境电商人才引进、保留、激励等难题。公司通过阿米巴经营模式解决跨境电商人才问题，成为跨境电商企业经营管理的典型案例。其经营模式主要体现在以下两方面：

1. 成立跨境电商领军人才孵化的“阿米巴”小型组织

公司于2019年10月25日正式启动“跨境生态园”，逐步完善软硬件配套服务，孵化传统外贸转型企业，扶持优秀初级创业者，提升遇到瓶颈的中级卖家，提供创业辅导、行业培训、供应链资源等服务。从孵化项目到孵化人才，实现人才深度培养，打造专业化的电商孵化基地，推进传统企业快速转型跨境电商和为现有跨境电商企业补齐短板。在孵化跨境电商创业项目的过程中，公司选拔出跨境电商运营方面的领军人物。

2. 成立跨境电商人才激励的“阿米巴”小型组织：合伙人制分公司

公司通过人才的选拔及培养，选出具有发展潜力的中层领导人员成为合伙人，实行分公司的快速裂变计划。公司通过不断分裂新的运营体，快速培养合伙人，为每一位员工创造科学、合理、完善的晋升通道，从而培养出许多具有经营者意识的领导者和在经营管理上具有较强自主性的人才；短短2年共成立合伙人分公司40家，并打造出4家月销售额达百万美元的分公司。除集团总部设立事业部，各分公司也在快速裂变不同平台的事业部。

合伙人制分公司是前线战斗单元，公司成立为前线战斗单元提供服务的“阿米巴”小型组织。各组织从人才引进、绩效管理、财务核算、风险控制、供应链整合、备货及发货等方面全力配合集团业务的推进及订单的处理。这些“阿米巴”小型组织主要提供供应链服务、物流服务、视觉设计服务、平台数据分析服务、金融服务、技术研发服务等。

公司借助运营IT化，使各个“阿米巴”组织的工作成果一目了然，便于绩效管理与财务核算，促使全体员工积极参与经营，形成了支撑跨境电商的生态系统，搭建了以“阿米巴”组织为代表的新型组织生态。

（资料来源：董国辉．浙江盈世控股有限公司打造跨境电商合伙人制，搭建新型组织生态．微信公众平台．（2020-03-09）[2023-07-25].）

问题讨论

一个企业应如何改变组织结构以更好地配合企业战略？

任务一 国际市场推广计划

市场推广计划是指企业对其在将来一定时期内所要达到的营销目标，以及实现这些营销目标所要采取的方法与手段的决策。国际市场推广计划作为整个企业计划的一部分，是保证企业国际市场营销活动正常、高效开展所不可缺少的。

一、国际市场推广计划的类型

（一）长期计划

长期计划，又称远景计划，是企业对自身发展蓝图的规划，是企业为实现本企业长期目标所应采取的行动步骤、分期目标和重大措施。长期计划一般由企业高层管理人员和计划部门人员制订，包括长期营销计划、竞争计划、成长计划等。一般而言，大型组织的长期计划是 15 年，中型组织的长期计划是 10 年，小型组织的长期计划是 5 年。

（二）中期计划

中期计划是根据长期计划提出的长期目标及要求，并结合计划期内企业实际情况制订的计划。中期计划是长期计划和短期计划之间的中介，既是企业长期计划的具体化，又是短期计划目标的依据。中期计划有助于跨境电商企业保持国际营销活动的均衡性和连续性，时间跨度一般为 2～4 年。

（三）短期计划

短期计划是指在企业长期计划的指导和规定下，所作出的较短时间内的具体工作安排。短期计划是长期计划的具体化，更具操作性，时间跨度较短，一般在 1 年以下。

二、国际市场推广计划的编制

（一）运营信息收集

信息的收集是编制国际市场营销计划的前提条件。在编制计划之前，企业一定要广泛收集、整理与分析相关信息，为计划编制提供丰富的素材。跨境企业运营信息收集的内容包括网站使用、流量来源、运营数据及用户数据等。

1. 网站使用

网站访问数据是最基本的分析数据，相关的数据指标包括：（1）页面浏览量或点击量，是衡量网站活跃度的主要指标；（2）访问人数，即访问页面的人数，一个人多次访问一个页面也只算一个人；（3）访问时间，即用户在网站上的浏览时间；（4）跳失率，即显示用户通过相应入口进入，只访问了一个页面就离开的访问次数占该页面总访问次数的比例。

2. 流量来源

流量来源有助于企业监控各渠道的转化率，针对不同的渠道开展有效的营销活动。目前，第三方数据平台如百度统计、谷歌统计、CNZZ 数据专家都可以提供数据监控、收集、分析和下载功能。

3. 运营数据

运营数据的收集有助于企业更好地指导内部运营工作，如制定促销策略、价格策略等。运营数据包括销售额、订单数、客单价、订单转化率和退货率等。

4. 用户数据

跨境电商企业做好老客户的再营销非常关键。跨境电商企业通常会花费较高成本投放广告，以促使用户重复购买。用户数据包括用户的地区分布、重复购买率、用户订单信息等。

（二）运营信息分析

运营信息分析是指在获得信息数据的情况下，对有关数据进行统计与分析，以发现当前网络营销活动中存在的问题，为进一步修正或重新制定网络营销策略提供依据。运营信息分析内容主要包括网站详情分析和用户行为分析。

1. 网站详情分析

（1）转换率：用来衡量网站内容对访问者的吸引程度以及网站的宣传效果。计算公式为：

转换率＝转化次数／总访问量

（2）回访者比率：用来衡量网站内容对访问者的吸引程度和网站的实用性，以及网站是否有令人感兴趣的内容，从而使访问者再次回到该网站。计算公式为：

回访者比率＝回访者数 / 独立访问者数

（3）积极访问者比率：用来衡量有多少访问者是因为对网站的内容高度感兴趣才访问网站的。计算公式为：

积极访问者比率＝访问超过 10 页的访问者数 / 总的访问者数

（4）忠实访问者比率：用来衡量长时间的访问者所访问的页面占所有访问页面数的比例。计算公式为：

忠实访问者比率＝大于 12 分钟的访问页数 / 总的访问页数

（5）访问者参与指数：代表部分访问者多次访问的趋势。计算公式为：

访问者参与指数＝总访问数 / 独立访问者数

（6）访问者比率：这里的访问者是指在 1 分钟内完成访问页面数的浏览者。计算公式为：

访问者比率＝访问者数 / 总访问数

2. 用户行为分析

（1）用户在网站的停留时间。用户在网站上停留时间的长短，反映出一个网站的黏性和吸引用户的能力。

（2）用户来源网站。通过对用户来源网站的分析，可以了解用户来自哪个网站的推荐、哪个网页的链接、常用网站推广措施带来的访问量（如网站分类目录、搜索引擎自然检索等）。

（3）用户所使用的搜索引擎及其关键词。企业借助流量分析软件可以清楚地看到用户是通过搜索哪些关键词后跳转至网站的，有助于企业了解关键词的实际优化情况。企业可以从这些关键词中扩展出新内容，并适当地进行调整。

（4）用户浏览网站的方式。此相关统计指标包括用户上网设备类型、用户浏览器名称和版本、用户电脑分辨率及显示模式、用户所使用的操作系统名称和版本、用户所在地理区域分布状况等。

（三）营销目标确定

企业基于对网络营销环境的分析，确定国际市场推广战略目标，为具体的国际市场推广活动指明方向。

（四）具体营销推广策略制定

企业为实现预定目标需要制定具体的营销推广策略与手段，如推广渠道、广告投入，以及产品、定价、促销等网络营销组合策略。

（五）营销计划编制

经过相关部门、人员的交流、讨论、评估与完善，企业正式的国际市场营销计划编制完成，并在企业内部实施。

学思之窗

凡事预则立

人生之旅从选定方向开始。没有方向的帆永远面临逆风，没有方向的人生不过是在绕圈子。有这样一个故事，西撒哈拉沙漠中的一个小村庄，在很久以前，是一个只能进、不能出的贫瘠之地。在一望无际的沙漠里，一个人如果凭着感觉往前走，他只会走出许多大小不一的圆圈。后来，一位青年在北斗星的指引下，成功地走到了大漠边缘。由此我们可以得出，新生活是从选定方向开始的。企业经营亦如此，企业只有有了计划，才能有正确的战略目标、合适的战术安排，在激烈的市场竞争中正确定位，不断发展壮大。

任务二　国际市场推广组织

国际市场推广组织是指按照一定的宗旨和系统建立起来的从事国际市场推广的集合体，是组织中的一种具体形式。高效的国际市场推广组织结构具有三个条件：一是组织与企业的战略目标相适应；二是构成组织的不同要素具有内部一致性；三是组织与国际市场环境相适应。一个好的组织架构能保证资源和信息流通的有序性，并通过这种有序性，承接战略拆解目标，并稳定和提升组织效率，完成战略目标。

国际市场推广组织的核心部门包括：

一、商品中心

商品中心是电商系统中非常重要的一个模块。商品中心可为商品展示、订单、营销活动提供商品数据支撑；从后端来讲，商品中心可为订单发货、仓库管理、供应商管理、采购提供基础数据支撑。

二、供应链中心

供应链中心负责生产计划排程（对生产计划的优化），根据销售预测和市场需求分析，制订生产、采购计划，并且负责企业的仓储、物流的有效运作以及相关管理工作。

三、IT技术中心

IT 技术中心负责维护开发商城系统、供应链系统、数据中台等，提高企业整体运行效率。

四、运营中心

运营中心负责数据分析、社交媒体策划、红人营销等，制定并落实海外市场整体营销策略。

五、客户管理中心

客户管理中心负责客户维护和沟通，并联合其他中心制定客户关系优化方案。

企业连线 10-1

SHEIN 的企业组织架构

2019 年，SHEIN 进行了一次组织架构调整，所有高层都从内部提拔，并搭建了围绕业务线的扁平化组织框架。SHEIN 共有商品中心、供应链中心、IT 研发中心、数字智能中心、运营中心、客户关系管理中心、组织发展与赋能中心、财务中心 8 个部门。

商品中心：商品企划、服装自主研发、设计、定价和商品推广物料，快速完成商品的优胜劣汰，以“天”为单位进行产品迭代。商品中心有超 800 人的设计师、买手、跟单团队开发服装，以及摄影团队拍摄成片。

供应链中心：负责面料开发、样衣开发、大货生产、品质管理、仓储管理、物流配送的全流程供应链体系。生产采购员工超 1 000 人、仓储物流员工超 9 000 人。

IT 研发中心：维护开发商城系统、供应链系统、数据中台等，提高公司整体运行效率。目前，SHEIN 共自有 300 多个系统，其中供应链系统有 30～40 个。

数字智能中心：负责研发 SHEIN 海外 App、Web 端、个性化推荐算法以及全链条数据协同。

运营中心：数据分析、社交媒体策划、红人营销等，制定并落实为海外市场整体营销策略。

客户关系管理中心：多语种客户沟通，联合其他中心制定客户关系优化方案。客服团队规模庞大，主要位于南京、义乌和菲律宾，SHEIN 还在全球各地招募兼职客服。

组织发展与赋能中心：建设文化、战略、组织、赋能人才。

财务中心：强化对成员单位采购、生产、仓储、销售财务和人力资源管理等业务的财务控制。

任务三　国际市场推广控制

国际市场推广控制是指企业对市场推广计划执行过程的监督和评估，纠正计划执行过程中的偏差，旨在保证既定营销目标的实现。

一、国际市场推广控制的范围

（一）销售额控制

销售额控制主要是通过将每季度、每月、每周的销售数字汇总与预期指标进行比较，以判断各种因素对销售量的影响，以销售额的大小来确定营销开支和推销程度是否与潜在收益相称。从销售额差异的分析中，可以找出造成差异的原因，采取应对措施。从各类产品的不同销售额差异中，可以找出公司扩大生产能力的方向。从各国市场的销售额差异中，可以辨别哪些市场对公司的发展有利。为了使管理部门在实施控制时不仅了解本公司相对于竞争对手所处的位置，而且能够促进本公司的销售，有关销售额的详细报告应当列举采购的数字和市场份额的信息。

（二）产品控制

产品控制主要包括：

（1）建立统一的产品质量标准；

（2）公司总部及地区总部或产品总部设立质检部，定期或不定期地对产品进行质量检验；

（3）控制经销商的服务质量；

（4）各控制管理部门做好客户管理与服务，建立完善的信息反馈系统。

（三）价格控制

国际市场营销的价格控制主要是指控制不同国别市场和产品销售的盈利状况。企业总部可以为国外市场规定一个价格浮动范围，并要求子公司在产品价格超出规定价格范围时向公司总部报告。公司总部还需要关注各地区差价、各销售环节间差价的变动。

（四）渠道控制

渠道控制主要是国际时差与推广渠道的选择，企业应基于企业成本、人员等因素考虑。

（五）促销控制

国际企业的促销形式主要是广告宣传与人员推销。促销控制主要针对广告目标、广告方案、广告效果等方面，以及推销人员的培训、激励等。

（六）利润控制

国际市场推广利润控制主要是通过数据报表查看不同推广渠道的盈利状况。

企业连线 10-2

至关重要的营销管理

2018 年初，某国际制药企业在 A 国的子公司有一种新产品上市，全公司上下都信心十足地定下“2018 销售年度完成 6 000 万元”的销售目标。而到 2018 年 12 月 31 日才完成不到 600 万元且回款仅 200 万元，市场开发费用却是针对 600 万元的销售目标而投入的。目标与现实及投入与产出之间反差巨大。

该企业在 B 国的子公司在 2018 年初也有一种新产品上市，年初定下 600 万元的销售指标，年底却完成了 900 万元。尽管全公司上下对能超额完成任务感到欢欣鼓舞，然而从营销管理角度看，这并非一件值得高兴的事。

二、国际市场推广控制的程序

（一）确定控制目标

确定控制目标是国际市场推广控制的第一步。企业的长期营销计划中的营销目标一般为抽象或综合性目标，企业要进行有效控制，还必须进一步细化营销计划的具体指标，并下达落实到企业的相关部门，使其具体化，易于操作。

（二）选择控制方法

市场营销控制方法基本有两种：一是直接控制，即企业总部有关管理人员直接参与下属机构的经营管理；二是间接控制，即企业总部有关管理人员通过各种杠杆机制干预和调整下属机构的经营活动。间接控制包括下达各种指令性或指导性计划指标、制定和实施一整套完善的规章制度、投入或撤回部分资金等。国际企业应该根据市场营销实际采取不同的控制方法。

（三）确定控制标准

控制的衡量标准与目标的指标是一致的。企业需要依据企业目标制定出用以衡量市场营销业务绩效的标准，以发挥控制机制的作用。确定市场营销的控制衡量标准时应注意三点：一是要充分考虑国外分公司当地的经营环境，如税收、金融、价格、贸易等方面的政策；二是要量化，并要确定相应的范围；三是要顾及某些较抽象的目标，如进入某一国家或地区市场对企业全球战略的意义、提升企业形象等。

（四）选择控制人员

鉴于国际企业内、外部经营环境的特殊性与复杂性，企业要将基本职责、权力和利益落实到具体人员，否则，企业的市场营销控制机制就得不到充分、有效的发挥。

（五）评估营销绩效

绩效评估是指根据已明确的控制标准对市场营销部门及其人员的工作进行检查、分析和评估，以找出实际工作绩效与控制标准的差距，并分析差距产生的原因，以便为下一步纠正偏差工作提供可靠的依据。企业在评估营销绩效时，应该严格依据既定标准，确定被控制单位的业绩是否达到了预期的水平，同时应充分考虑当地的经营环境，如全球性的金融危机、汇率变化、经济不景气、通货膨胀、政府政策变动等都会对企业的营销业绩产生重大影响。

（六）及时纠正偏差

偏差产生的原因主要是：网络市场的变化、企业营销决策或人员决策的失误、网络市场营销计划的制订存在问题。纠正偏差就是对出现的偏差采取应对的措施。纠正偏差通常分两种情况：

一是如果偏差产生的原因是营销目标或控制标准本身不合理，纠正偏差的工作就是重新确定营销目标或控制标准，以达到消除偏差的目标。

二是如果偏差产生的原因是营销本身，纠正偏差的工作就是改进市场营销推广工作，以提高绩效并消除实际与预期目标的差距。

项目小结

国际市场推广管理工作包括国际市场推广计划、国际市场推广组织和国际市场推广控制。国际市场推广计划包括长期计划、中期计划和短期计划。国际市场推广计划编制包括五个步骤，具体是运营信息收集、运营信息分析、营销目标确定、具体营销推广策略制定和营销计划编制。

国际市场推广组织的核心部门包括商品中心、供应链中心、IT 技术中心、运营中心和客户管理中心。国际市场推广控制是指企业对市场推广计划执行过程的监督和评估，纠正计划执行过程中的偏差，旨在保证既定营销目标的实现。企业应确定国际市场推广控制范围，包括销售额控制、产品控制、价格控制、渠道控制、促销控制和利润控制。国际市场推广控制程序包括确定控制目标、选择控制方法、确定控制标准、选择控制人员、评估营销绩效和及时纠正偏差。

直通大赛

通过本项目学习，完成竞赛任务——跨境电商独立站运营项目的组织的核心部门设置和人员岗位设置。

竞赛名称	竞赛任务
跨境电商创新创业能力大赛（独立站赛道）	任务 1 跨境电商独立站项目的组织的核心部门设置； 任务 2 跨境电商独立站项目的人员岗位设置。

根据竞赛的任务和参赛人员情况，设置商品中心、运营中心和营销中心 3 个部门。其中，商品中心设置产品管理专员 1 人，负责产品筛选和供应链管理；运营中心设置独立站运营专员 1 人，负责独立站的日常运营工作及站内 SEO 工作；营销中心设置海外营销专员 2 人，负责站外搜索营销优化、搜索引擎广告、海外社交媒体营销等工作。

知识巩固

应知考核

一、名词解释

1. 国际市场推广计划
2. 国际市场推广控制
3. 回访者比率
4. 网站转化率

二、不定项选择题

1. 企业要想正常而高效率地运转，是离不开（　　）的。

A. 营销组织　　B. 销售促进　　C. 营销计划　　D. 公共关系

2. 制订、实施国际市场推广计划以及评估和控制国际市场营销活动，是（　　）的重要任务。

A. 市场主管部门　　B. 市场营销组织　　C. 广告部门　　D. 销售部门

3. 市场推广组织管理跨度及管理层次的设置不是一成不变的，机构本身应当具有一定的（　　）。

A. 弹性　　B. 灵活性　　C. 随机性　　D. 选择性

4. 以下属于国际市场推广控制的内容有（　　）。

A. 销售额控制　　B. 盈利水平控制　　C. 质量控制　　D. 利润控制

应会考核

⊙ 案例分析

阿里巴巴组织架构变化

“1+6+N”组织调整是阿里巴巴“24年来最重要的一次组织变革”，六大业务集团及业务公司可以独立融资或独立上市，意味着阿里巴巴的整体估值将得到大幅提升。据了解，此次变革中，各业务集团和业务公司分别成立董事会，实行各业务集团和业务公司董事会领导下的CEO负责制，意味着每个集团、公司都是自己生存下去的“第一责任人”，阿里巴巴从过去的对旗下业务人、财、事全面管理的统管模式转向控股模式，以股东身份参与旗下各业务集团、业务公司董事会，行使股东权利、履行股东义务。

阿里巴巴这艘巨轮发展到一定规模以后，势必面临管理岗位传递效率非常低、决策慢等大公司病的困扰。阿里巴巴此次设立各业务集团，在管理上能压缩层级，通过直面市场独立运营，效率会逐步提高。阿里巴巴巨轮分拆下航，不只是解决“大”的问题，还与外部市场压力变大不无关系。在过去几年，涉嫌反垄断遭巨额罚款，抖音电商强势崛起，拼多多、京东抢食市场份额、互联网红利见顶等一系列新变化，均对阿里巴巴形成有力冲击。

阿里巴巴的此次组织变革确实是受到市场竞争环境的影响。例如，以淘宝、天猫为代表的中国商业增速开始放缓，抖音直播电商、京东、拼多多等竞争对手逐步壮大，进而造成竞争压力加大。

从业绩来看，撑起阿里巴巴营业收入半壁江山的中国商业板块收入增速已经明显放缓。2023财年三季报显示，中国商业板块（淘宝、天猫、淘特、淘菜菜、盒马、天猫超市、高鑫零售、天猫国际及阿里巴巴健康等，以及包括1688.com在内的批发业务）占据总营收的69%，其中，第四季度来自中国零售商业的收入为1 657.65亿元，同比下降1%。

对于商业板块业务收入增速的放缓，阿里巴巴表示，主要由于消费需求减少、竞争持续，2022 年 12 月供应链和物流受到影响，进而导致淘宝和天猫的线上实物商品 GMV（剔除未支付订单）同比录得单位数下降。

从外部竞争来看，抖音、快手等短视频平台的崛起，让直播带货正在蚕食传统电商业务。阿里巴巴虽然仍是电商领域的绝对霸主，但竞争对手京东、拼多多等电商平台的强势崛起，无疑对阿里巴巴的电商业务也形成挑战。

随着抖音等新的巨头介入电子商务，给传统电商带来了严重的竞争压力，GMV 增速放缓，沉默用户快速成长等都会影响企业财务报表和资本市场表现，分拆在解决企业效率的同时，也可以避免夕阳业务表现不佳而影响集团整体利益。

（资料来源：佚名．阿里组织架构迎来巨变！拆分为六大业务，或可分别独立上市．百家号．（2023-05-25）[2023-07-25].）

问题讨论

1. 结合本项目所学内容，分析阿里巴巴组织架构调整的原因。
2. 阿里巴巴应如何适应不断变化的全球市场？

实践操作

项目团队				
项目负责人	姓　　名			
	专业班级			
	学　　号			
	联系方式		Email	
项目团队成员	姓　　名	学　　号	专业班级	分工 / 角色
任务起止时间	年　　月　　日—　　　年　　月　　日			
实训内容	结合背景企业实际，针对该企业跨境网络业务开展状况，以及该企业目标网络营销环境，为其制定恰当的国际市场推广管理策划方案。			
实训目的	通过该实训项目，学生能够： 1. 加深对国际市场推广管理重要性的认识，培养实际应用能力。 2. 掌握国际市场推广计划制订、国际市场推广组织设计与国际市场推广控制体系规划的方法与技能，提升综合素质。			

续表

<table>
<tr><td>实训要求</td><td>以教学班级成立的项目团队为单位进行项目实训，明确内部分工。以各项目团队为单位与当地企业进行联系，确定研究对象。</td></tr>
<tr><td>实训操作步骤</td><td>步骤一：由实训指导教师介绍该实训项目的目的与要求。
步骤二：结合本工作项目任务，由指导教师介绍国际市场推广管理的相关知识。
步骤三：结合该实训项目的实际情况，在教师的指导下，完成项目团队的组队及任务分工，每个项目团队 6～8 人。
步骤四：各项目团队研读相关的国际市场推广管理方面的经典范例，作为本实训项目操作的参考。
步骤五：各项目团队成员按各自的分工，搜集、整理与实训项目相关的信息资料，并展开充分的讨论与交流。
步骤六：各项目团队在规定时间内完成背景企业外贸网络营销计划制订、营销控制方案制定等实训任务，形成分析报告，上交指导教师。
步骤七：各项目团队以 Word 文件形式提交格式规范的《××× 企业国际市场推广管理策划方案》，包括：国际市场推广计划制订、国际市场推广组织设计、国际市场推广控制体系规划及实际应用等。
步骤八：实训成果汇报、质询、评议及成绩综评。
1. 各项目团队推选一名代表采用 PPT 形式进行实训成果汇报。
2. 各项目团队之间互评、师生质询，教师进行适当点评并总结。
3. 教师对各项目团队及其成员进行综合成绩评定。</td></tr>
<tr><td>实训成果</td><td>各项目团队按以下要求撰写、提交策划方案一份，字数不少于 1 000 字。文字表述要精练，观点明确，并且善于使用表格、图示等进行表述。
<table>
<tr><td colspan="2">《××× 企业国际市场推广管理策划方案》</td></tr>
<tr><td>时间</td><td></td></tr>
<tr><td>项目团队</td><td></td></tr>
<tr><td>项目负责人</td><td></td></tr>
<tr><td>执笔人</td><td></td></tr>
<tr><td>项目团队成员</td><td></td></tr>
<tr><td colspan="2">××× 企业国际市场推广管理策划方案</td></tr>
<tr><td colspan="2">Ø 目录
Ø 正文</td></tr>
</table></td></tr>
<tr><td>实训考评
（百分制）</td><td>
<table>
<tr><td>评分维度</td><td>信息的处理与应用</td><td>知识的应用性</td><td>分析的逻辑性</td><td>创新性</td><td>实训文本</td><td>汇报者的仪容仪态</td><td>答辩</td><td>团队分工合作</td></tr>
<tr><td>百分比</td><td>10%</td><td>15%</td><td>15%</td><td>18%</td><td>10%</td><td>10%</td><td>10%</td><td>12%</td></tr>
<tr><td>得　分</td><td></td><td></td><td></td><td></td><td></td><td></td><td></td><td></td></tr>
</table></td></tr>
</table>

参考文献

[1] 李海琼，张建辉. 国际市场营销：理论与实训[M]. 3版. 北京：中国人民大学出版社，2022.

[2] 布兰德·盖兹. Google 广告高阶优化 [M]. 宫鑫，等译 . 3 版. 北京：电子工业出版社，2015.

[3] 吴泽欣 . SEO 教程：搜索引擎优化入门与进阶 [M]. 3 版. 北京：人民邮电出版社，2014.

[4] 菲利普·科特勒，等. 营销革命 4.0：从传统到数字 [M]. 王赛，译. 北京：机械工业出版社，2018.

[5] 程镔，等. 网络营销实用教程 [M]. 3 版. 北京：中国人民大学出版社，2019.

[6] 李海琼，张建辉. 国际市场营销实务 [M]. 3 版. 北京：高等教育出版社，2021.

[7] 菲利普·科特勒，等. 营销管理：16 版 [M]. 陆雄文，等译 . 北京：中信出版社，2022.

[8] Matthew A.Russell，等. 社交网站的数据挖掘与分析：3 版 [M]. 苏统华，等译 . 北京：机械工业出版社，2021.